學兄仁孫先生雅正，

區志望

謹上

二〇一五
十二月

北學南移

港台文史哲溯源

（學人卷 II）

鮑紹霖・黃兆強・區志堅——主編

序　「北學南移」學術研討會之緣起及規劃

新亞研究所所長
廖伯源

一

　　香港新亞研究所、香港樹仁大學歷史系、國立中央大學中國文學系合辦「北學南移」學術研討會，將於二〇一三年八月廿九－卅一日三天，假香港樹仁大學及新亞研究所舉行。

　　一九四九年，中國大陸政權轉移，馬列共黨當道。不少學者避居香港、臺灣，憂心中國傳統文化之衰落以至滅絕，故辦學興教，宣揚傳統中國文化，傳道授業，培植中華文化之靈根，此為新亞書院與新亞研究所建立之背景。此二機構所聚集之新亞學人，以溫情與敬意研究中國傳統典籍與文化，並反思近世中國之困厄，求索中國文化之出路。此輩學人，指出中國文化對世界文化之發展，必有重大之貢獻。此學術思潮之發展，乃有日後「當代新儒家」之名目。

二

　　民國以來，中國人文科學及社會科學之發展，深受西方學術影響而日趨現代化。一九四九年之變動，避居香港、臺灣之學者言傳身教，造就人才；今日香港、臺灣之人文學者，多為當日自北南來學人之弟子或再傳三傳弟子，此兩地之學術發展，實繼承一九四九年以前大陸之學術基礎而發揚光大。反之，一九四九年後之大陸地區，以政治掛帥，政治領導一切，學術為政治服務，數十年間，文史哲及社會科學等皆不得自由發展，停頓枯萎，至八十年代改革開放始逐漸復甦。一九四九年之變動，對香港、臺

灣學術界而言，可謂「北學南來」，而對整個中國學術界而言，則是「北學南移」，實為二十世紀中國學術史之重大事件。

三

　　數年前，新亞研究所在臺灣之校友茶聚，臺南成功大學歷史系系主任鄭永常教授語及：一九五〇年代，不少來自大陸之學人在香港創辦學校，傳道授業，此事件為香港教育文化史之大事；而研究南來學者之生平學術及其創辦之文化機構，意義重大云云。我有同感。二〇一一年秋，我回母校新亞研究所服務，熟悉工作數月後，遂提出於二〇一三年暑期舉辦「北學南移」學術研討會之計劃。

四

　　錢穆先生於一九五三年創辦新亞研究所，為新亞書院之附屬機構，蓋為培養中國文史哲學科之大學師資。二〇一三年為新亞研究所成立六十周年，故研究所計劃舉辦「北學南移」學術研討會，作為六十周年所慶系列活動之一。新亞研究所自一九七四年脫離新亞書院後，接受臺灣教育部資助，招收碩士研究生不斷，一九八一年更增辦博士班。一九九七年後，來自臺灣之資助減少，二〇〇三年更完全斷絕。此後，新亞研究所惟賴學生之學費經營，不足之數，則依賴新亞教育文化會之基金挹注支持。然基金數量甚小，僅用作支持教學營運之必要開銷，研討會乃額外籌辦之事項，實不宜動用基金。故初步構想，研討會之講員與聽眾，皆以新亞研究所之校友為主，就「北學南移」之題目，舉辦若干場演講及座談會，地點在本所之誠明堂，不需費用，而達到研討學術之目的。

五

　　此構想揭露之後，臺灣國立中央大學中國文學系及香港樹仁大學歷史系，皆有意合辦此研討會。中央大學中國文學系系主任楊祖漢教授為本所校友，謂該校有研究基金，可以資助中文系及哲學系約十餘位教授來港參加會議之旅費及住宿費，會後如出版論文集，該校可按出席人數之比例攤

付出版費。樹仁大學歷史系副系主任羅永生教授謂該系原有研究「新亞研究所所史」之計劃，而樹仁大學亦可提供研討會之會場及外地學者之住宿客房。經三方會議，決定由三方共同組織籌備委員會，合辦「北學南移」學術研討會。

　　「北學南移」學術研討會以廖伯源、楊祖漢、羅永生、黃兆強、張偉國、鄭永常、李啟文、區志堅為籌備委員，規劃籌備會議。「北學南移」學術研討會，研討之子題如下：　南來學者之生平與學術。　南來學者之教育文化事業。　「當代新儒家」之思潮。　新亞書院與新亞研究所之歷史。　新亞研究所校友及各方學者有意參與「北學南移」學術研討會者甚眾，其中五十四位將於會議中宣讀論文。

六

　　「北學南移」學術研討會之議程規劃，請參看：
newasiaiacs.wordpress.com

＊RH2290

序

中央大學中國文學系
楊祖漢

　　廖伯源兄接掌新亞研究所之初，便提議舉辦學術會議，以慶祝新亞研究所成立六十週年，會議的名稱從「北學南來」，改為「北學南移」，大概是用錢穆先生《國史大綱》中所說「中國文化經濟重心的南移」之意。的確，一九四九年中共政權成立，此後之三十年是中國傳統文化備受摧殘的時代，而香港、台灣則成為有幸逃離大陸的中國知識份子托命之地，如果沒有港台學人的艱苦奮鬥，中國文化能否像現在於神州大陸有再起的機運，是誰也不敢肯定的。從此意來看，北學南移，或中國文化的重心在一九四九年之後的三十年，已經移到港台，是說得通的。而且即使是開放改革了三十多年的現在，中國大陸是否已恢復作為中國文化的中心的地位，還是令人懷疑的。如果沒有真心肯定傳統的中國文化，不肯定儒學是中國文化的骨幹，而且進一步順著儒家內聖外王的理想，開出民主、法治的精神，傳統的中國文化精神便不能真正的在現在的中國土地上昂首挺立。故如何使現代的中國真正體現中國文化，表現從古到今一直都存在的活的中國文化精神，是往聖先賢的共同願望。儒道佛三教及中國的傳統史學、文學與藝術的精神，都表現了高度的理性與智慧，那裡有以理性的精神為內容的文化思想會反對民主、法治與科學？如果中國文化的重心真正回到大陸上，則海外的中國知識份子所堅持的文化理想、人文精神必須在大陸上重新作主，不然此一北學南移的趨勢不會停止。

　　這次會議得到香港樹仁大學歷史系參與主辦，使得遠來的學者能夠順利出席會議，做了深度的學術交流。對於樹仁大學，尤其是該校歷史系的仗義幫忙，吾人十分欽佩與感激。國立中央大學香港研究中心為了支持此一會議，在經濟拮据的情況下，仍支持了中央中文系及哲研所的師生七人

參加，又提供了會議印製論文及一些雜支的費用，我們對香港研究中心的主持人李誠教授，特表謝意。

編者序

編輯
鮑紹霖、黃兆強、區志堅

　　香港學術文化的特色既傳承自中國傳統文化，又吸收西方文化，漸漸形成一種東西文化交融的特色。從香港的新界祠堂及學塾，已見香港蘊藏的中國文化乃傳承自中國內地，隨很多學者相繼自內地遷往香港，進一步把中國傳統文化廣披香江；另一方面，自清末、民初，中國出現的新文化、新學術、新史學和新思潮，及後也隨學人南下，更把新文化與傳統文化流播香港、澳門、臺灣及東南亞等地，南下的中國傳統文化，又與香港的歷史文化相融合，也因南下學人執教港、臺等地高等院校，把學術靈根繁殖香港，培育年青一代學者，「北學南移」成為一時精神的重要特色。同時，隨早前南下的當代學人，如錢穆、唐君毅、牟宗三、徐復觀、牟潤孫、全漢昇、嚴耕望、王德昭、郭廷以、余英時等學者的著述，相繼在中國內地重新出版，使早前在港、臺的學術研究成果及觀點，得以傳返內地，故有學者提倡「南學北移」之論。談及一九四九年初「北學南移」對香港、臺等地的影響，不可不注意新亞研究所及整個新亞文化事業的發展，新亞研究所及新亞書院更是當代新儒家發展的基地，新儒家學人首先在新亞相聚，結合成量，其後更成為影響海外的鵝湖學派，新儒家學脈得以廣傳海外，新亞研究所及新亞書院，極具貢獻！今天處在二十一世紀的開端，相信是一個重要的時刻，為學界提供一個討論平台，總結上世紀「北學南移」的學風，正值二〇一三年為新亞研究所成立六十周年，故研究所計劃舉辦「北學南移」學術研討會，作為六十周年所慶系列活動之一，因感新亞學人不獨對香港的歷史文化教育貢獻甚大，畢業生日後均任教海內外的高等院校，也於國內外延續新亞辦學精神，居功至偉！香港樹仁大學歷史也是以推動歷史文化教育為己任，更深刻地感受到新亞辦學精神對啟導香港文化教育的重要，自是義不容辭地與新亞研究所，及臺灣的

中央大學文學院於二〇一三年八月二十九日至三十一日，合辦「北學南移國際學術研討會」。

　　是次研討會得到中國內地、港、臺及海外學者參加盛會，惠賜鴻文，在此謹代表大會先向各位與會者致以衷心感謝，更代表大會向新亞研究所及中央大學文學院，感謝給予合辦是次研討會的機會，因為各人的努力，使是次研討會得以順利舉行。在是次研討會之後，各位與會者均贊成出版論文集，保存是次研究成果。有關是次論文集內各位學者的觀點，現概括如下：

　　其一，通論及宏觀北學南移發展的論文，多述及一九四九年前後中國學者及學風自北方遷往香港及臺灣的流播情況。呂芳上（中央研究院近代史研究所、國史館）在〈「文化跨海」：戰後初期臺灣學術與文化走向—以許壽裳、傅斯年領導的機構為例〉一文，研究一九四五年八月中國戰勝日本，隨著臺灣光復，中華民國政府接收臺灣，民國政制及文化跨海而往臺灣，許壽裳受命創辦臺灣編譯館，使中華文化在臺灣廣播，至一九四九年國民黨與蔣介石遷臺，臺灣成為民國政府托命所寄，中國文化也以完全不同於中國大陸的命運而延續，傅斯年也於此時主持臺大，傅氏辦學既上承日人辦學的傳統，也具有五四以來學術自由、教育獨立精神，此文尤可以呈現臺灣在二次大戰後，文化與政治的互動關聯下，重塑臺灣社會文化的面貌。李瑞全（中央大學哲學研究所）在〈當代新儒家之課題與發展：論唐君毅、牟宗三、徐復觀三先生之學思方向〉，指出唐君毅、牟宗三、徐復觀三位先賢從中國大陸撤走至港、臺時，正值四十的壯年，唐、牟二先生在哲學界早具名聲，他們視港、臺為暫避戰亂之地，牟先生曾慨歎是否要遠走新加坡，存中國學脈於海外，然而他們對發揚中國文化，歸宗儒家，樹立心懷宇宙的典範，均具貢獻！廖伯源（新亞研究所）在〈錢穆先生與新亞研究所〉一文，宏觀地研究過去新亞書院及新亞研究所的發展，突出五十年代南來學人如錢穆先生、唐君毅先生等學者，任教新亞書院及新亞研究所的情況，並研究錢先生帶領下，新亞學人的凝聚、南來學人治學方法、新亞的課程設計、學人培養，與學風形成的關係。陳學然（香港城市大學中文及歷史學系）發表〈從「失養於祖國」到「被逼回歸」：南來與本土論述中的香港變貌〉，從域外殖民者、南來香港的文化人與作家，本土論述中的文學作品與評論等，觀察香港從過去到現在的歷史身份塑造問題，及自我認同趨向問題，展示一個從早期「失養於祖國」的「壓

抑」到回歸前後「被逼回歸」的「反抗壓抑」思想發展脈絡，進而反思目前香港的定位與走向。劉建平（西南大學文學院）在〈當代新儒學的「西遷」與「南移」〉一文，指出當代新儒家的「西遷」和「南移」為二十世紀的重要事情，「西遷」的新儒家「價值闡發」也為「南移」後新儒家的「價值重構」，確立理論及思想基礎。

　　其二，也有論文研究自北方南下學人及作品對地域學風的影響。趙雨樂（香港公開大學人文社會科學院）發表〈北學南來的地域文化反思—談1927年的《魯迅在廣東》〉一文，指出一九二〇年代中期，魯迅成為新文學陣營的代表人物，因魯迅嚴厲批評北京腐敗政治人物，致有南下廈門大學及中山大學之舉，此文研究一九二七年鍾敬文編《魯迅在廣東》內多篇論文，以見南北地緣與新舊學問的觀念分歧，和近代中國在轉折期內微妙的學術變化。許振興（香港大學中文學院）在〈北學南移與香港大學〉研究二次大戰後香港為不少學人避地南來的駐足點，香港大學的中文系與東方文化研究院成為戰後其中一批南來學者的匯聚地，他們的貢獻為戰後復校的香港大學中文系確立發展基礎。姚繼斌（香港教育學院社會科學系）的〈南來學者與國史教育：以1950年前後香港教師會出版刊物為中心〉一文，指出香港教師會創辦於一九三四年，為早期香港的重要教師組織，此會於一九五〇年前後出版刊物 *Common Room-Monthy Magazine of the Hong Kong Teachers' Association* 和 *The Path of Learning-The Journal of the Hong Kong Teachers' Association*，此兩份刊物為南來學者及教育工作者，提供發表歷史教育論文的園地，他們的言論對國史及文化教育均甚有影響。鄭永常、范棋崴（成功大學歷史系）在〈戰後（1950-1997）香港私立研究所對學術人才培育之貢獻〉中，指出一九四九年，中國內地出現了大規模的政治運動及經濟困難，不少來自內地高等院校，相繼在香港復校，有些學者更認為七、八十年代香港仍有十三間私立高等院校，而且不少私立高等院校在臺灣教育部立案，又擴建發展研究所，自過去至今，香港一地的私立高等院校均為培養港、臺二地人才的重要地方。區志堅（香港樹仁大學歷史系）發表〈非僅指的是吃苦奮鬥—從《新亞校刊》看五十年代「新亞精神」的實踐〉一文，指出新亞創校精神及辦學宗旨，既指示新亞辦學團體的發展方向，而且師生在校園生活也實踐新亞精神，作者研究一九五二至五七年新亞知識群體出版《新亞校刊》，尤注意此刊物記載新亞師生的生活，引證新亞師生不獨過著「吃苦奮鬥」的生活，更在生活中實踐了

「新亞精神」及推動中國文化教育的活動，還有，在《新亞校刊》發表文章的年青人，不少成為影響港、臺等地的重要學人。

　　當然也有學者發表一九四九年後，隨北學南移之風，對臺灣歷史文化教育的影響。李元皓（中央大學中國文學系）在〈從北京到臺北─京劇《硃砂痣》演出變遷考略〉一文，表述了《硃砂痣》首見於一八八七年代刊行的京劇劇本集《庶幾堂今樂》，《硃砂痣》後為京劇後三傑的常演劇目，並為孫菊仙「孫派」的代表作，及至一九五〇年代孫派風格僅保留在臺灣，成為僅存的孫派完整全劇錄音的資料之一。侯勵英（香港教育學院文學及文化學系）的〈陶鑄後進：郭廷以與學生的學術承傳〉表述一九四九年前，已就讀東南大學及任教中央大學歷史系的郭廷以，其後隨國府遷臺，任教國立師範大學歷史系和任職中央研究院近代史研究所首任所長，郭氏致力培育臺灣史學的發展，尤注意為研究近代史學人才的培訓工作和建立近代史學研究的學術制度，確立下中研院近史所為臺灣和國際學術界的重要地位。

　　其三，談及學術自北南移，要注意學風傳承與創新的研究課題，這樣便要研究個別學人的治學觀點。

　　新亞知識群體在香港辦學，日後也使香港成為宏揚新儒家思想的中心，促使香港歷史文化在國際學術上，扮演了一個把傳統文化植根香江，又把香港成為中外文化交流的要地，這樣必要談及學人治學觀點和其研究方法，與塑造一代學風的關係。研究新亞學人的文章，有徐國利（安徽大學歷史系）的〈錢穆新史學理論的創建及其與傳統史學的關係〉一文，研究錢穆先生在一九三六至三七年發表〈論近代中國新史學之創造〉等四篇文章，其後也發表多篇文章闡述歷史的本質及特性，錢氏倡導的新史學既有傳統史學的因素，也呼應民國新史學界提出的觀點。陳勇（上海大學歷史系）在〈錢穆與港臺新儒家交往述略〉表述新亞書院創辦人錢穆先生與港臺新儒家代表人物唐君毅、徐復觀等學人的交往，和他們對文化關懷，考察一九四五年錢氏拒簽〈為中國文化敬告世界人士宣言〉的原因，並分析錢氏與當代新儒家治學理念及思想相異之處。宋敘五（新亞研究所）在〈一九四九年前後，北學南移潮流中的張丕介先生與楊汝梅先生〉以兩人合傳的方式，把張丕介先生及楊汝梅先生合傳，並述二位先生在南下香港之前的成就，同時，也談及二氏來港後對香港社會及發揚新亞文化的貢獻。李學銘（新亞研究所）在〈牟潤孫先生與「南來」之學〉一文，研究

牟潤孫先生治史的觀點與陳垣先生及柯劭忞先生的淵源，並述及牟先生秉承師教，以北方所學，南下香江教導學生，使北學南下，又略述牟先生為香港培育史學人才的貢獻。梁耀強（新亞研究所）在〈羅夢冊教授─站在二十世紀中途　論析中國社會形態〉研究青年時的羅夢冊先生，已致力推動中國新文學運動，三十年代的羅先生更研究中外法制，四十年代的羅氏更成為「主流社」的領導者，並撰述《福利宣言》，而居港後的羅先生籌辦《主流》雜誌，致力推動民主政治教育。官德祥（新亞研究所）發表的〈我印象中的嚴耕望教授〉一文，記述了作者受學嚴耕望先生的情況，也闡述嚴先生研究中國史的精義，此文對了解嚴先生治學風貌及精神，甚有幫助。

　　還有，研究新儒家學者的文章，有盧雪崑（新亞研究所）的〈關於「天理人欲，同行而異情」的哲學解釋〉闡述朱子提出「蓋必其有以盡夫天理之極，而無一毫人欲之私也」的觀點，並從牟宗三先生提出的觀點，作進一步的引伸。韓曉華（新亞研究所）在〈論牟宗三先生對王塘南「透性研幾」的詮釋〉一文，先指出牟先生曾評論黃宗羲對王塘南詮釋「良知」是「最為諦當」的說法，再依此研究牟先生對王塘南「透性研幾」的定位，從而得見牟先生判語的真知灼見。何一（宜賓學院政府管理學院）發表〈北學南移：現代新儒家的遺民情結及其價值─以唐君毅為例〉一文，指出唐君毅先生為新儒家的代表人物，表現在清理傳統文化，繼續傳統文化的價值及實踐，保持了華人世界東西文化生態的平衡，保留了公共知識份子的存在及中國傳統文化的價值。岑詠芳（Institut des Hautes Etudes Chinoises, Collège de France）在〈唐君毅及牟宗三兩位先生對《楞伽經》中如來藏思想的詮釋〉一文，表述作者以個人受學於唐、牟二先生的經歷，又引用二位先生的著作，得見二氏詮釋《楞伽經》中如來藏思想的相異處。楊祖漢（中央大學文學院）發表〈牟宗三先生對宋明理學的詮釋〉一文，認為牟宗三先生對朱子學的衡定，可以作出微調，作者更認為從康德與朱子，孟子與陸王二種學術系統，既可以會通，也是儒學發展的兩個不可少的義理型態。蔡家和（東海大學哲學系）的〈唐君毅對船山「心性理氣」概念之闡發─以《中國哲學原論・原教篇》為例〉指出唐君毅先生於《原教篇》闡述船山學的理、氣、心、性、才、太極等概念，又認為先生的船山學，是準確而能合於船山的本意。周國良（香港樹仁大學中國語言文學系）發表〈從「實現之理」及「形構之理」論牟宗三先生及

唐君毅先生對中西形上學之了解與會通〉，認為唐君毅先生及牟宗三先生曾在著述中用過一對概念：「實現之理」、「形構之理」，二氏均顯示中國與西方對形上學的「本體論」與「宇宙論」的了解及詮釋，在性格及形態上的區別。賴柯助（中央大學哲學研究所）的〈以「心具眾理」作為詮釋「心」之意涵的起點：不同於牟宗三的「詮釋進路轉向」探究〉表述牟宗三先生以「心之知覺」作為「心具眾理」的先決條件之詮釋進路，牟先生更能清楚及廣泛詮釋朱子的文獻。周栢喬（港專社會科學研究中心）在〈牟宗三的生命與學問〉先述及牟宗三先生的主要學術貢獻，再述及牟先生相信生命有其活力，須要調適，而且不滿足於達己，也在達人的觀點，最後述及牟先生一生堅決反對的事情。呂銘崴（中央大學中國文學研究所）在〈朱子讀書法的工夫進路—以唐君毅的朱子學詮釋為考察〉認為唐君毅先生及牟宗三先生，二氏理解朱子言心的意義，均有不同。楊俊強（新亞研究所）在〈錢穆、唐君毅、牟宗三先生對惠施歷物學說析論之比較〉先研究先秦名家代表惠施倡「歷物之意」，又比較錢穆、牟宗三、唐君毅，三位先生析論惠施學說的異同。何仁富（浙江傳媒學院生命學與生命教育研究所）在〈從錢穆、唐君毅釋「誠明」看新亞的教育理想〉指出錢穆先生及唐君毅先生闡釋新亞書院校訓「誠明」觀點的相異處，從而可知「誠明」雖為新亞人提供有性情的教育人生目標，由是以此解釋當新亞教育理想面臨挑戰時，錢先生可以「理性」地離開，唐先生則用自己的全副生命引證「真理」的行為。黃兆強（東吳大學歷史學系）發表〈徐復觀與毛澤東之接觸及對話〉一文，指出徐復觀先生治史，多述研究歷史要宏揚道德心的觀點，而徐先生批判毛澤東的觀點，是具有史學、史德、史心及史才的治史特色。楊自平（中央大學中國文學系）在〈徐復觀論《易》析論〉一文，探討徐復觀先生闡述《易》學的要義，並確立《易》學在現代的地位，作者也指出徐氏治《易》是回應了同時代古史辨派的觀點。容啟聰（香港理工大學中國文化學系）在〈民主社會主義、儒學傳統與現代化：張君勱晚年政治思想研究（1949-1969）〉一文，研究張君勱先生於一九四九年後在美國的政治活動及著作，以見張氏晚年對民主社會主義和儒家傳統的看法，及其對儒家傳統與中國現代化關係的觀點。

　　也有學者從追源溯流的觀點，研究新儒家的論文，尤注意研究一九四九年新儒家學者提出的觀點，對後世的啟發。吳明（新亞研究所）在〈論賀麟新心學及對辯證法唯物論之批判—〈唯心論與現代中國哲學〉

節錄〉分析賀麟〈近代唯心簡釋〉的要，並述及賀麟自我否定及自我竄改的問題。許剛（華中師範大學國學院）在〈獨步古今，自證體用，平章華梵，對話中西─熊十力先生「欲為」之作中的學術旨趣與文化理念〉表述熊十力先生對中西哲學、道德文化的關注，更以心性體悟中國文化的重要性，熊氏提出的觀點，對日後新儒家治學影響甚大。區永超（復旦大學）在〈馬一浮詩學：從徐復觀先生所藏「馬一浮遺墨《詩人四德》」論「北學南移」〉研究馬一浮先生倡導「詩人四德」的觀點，及此觀點被香港學界的接受情形，從而探討一九四九年政治轉變、人物遷徙與香港學術發展的互動因緣。

　　當然，也有學者研究除了新亞學人及新儒家以外，其他南來學人的治學特色。蕭國健（珠海書院中國文學系）在〈羅香林教授及其香港前代史研究〉，指出先後任教香港大學中文系及香港珠海書院文學院的羅香林先生，對香港史、香港宗教文化史的教研工作，貢獻甚多！文中更闡述羅先生的治史特色。李宜學（中央大學中國文學系）在〈論葉嘉瑩閱讀李商隱詩的三次視野改變─審美、感覺的閱讀〉一文，論及葉嘉瑩先生一生的學術事業，尤注意葉嘉瑩鍾愛李商隱詩，作者便以李先生研究李商隱詩的三個階段，及分析在不同階段視野轉變的原因、內涵，及其體現詩學意義。胡春惠（珠海學院文學院）發表〈南流臺灣的鄒文海景蘇先生〉一文，研究自北方南流往臺灣的學者鄒文海先生，表述了鄒先生的治學思想、心志及行事，更述及鄒先生開拓臺灣學風的貢獻。張文偉（聖公會鄧肇堅中學）發表〈融貫耶儒，交匯中西的教育思想與實踐：以何世明法政牧師的文化教育事工為例〉一文，研究何世明法政牧師的教育思想及實踐工作，並指出何氏對教會中的牧養及教導，融貫神學的探討，致力於建立國學化神學，及對香港聖公會發展的貢獻。侯杰（南開大學歷史學院）在〈倓虛法師與北學南移─以《影塵回憶錄》和《香港佛教・倓虛大師追思錄》為中心〉中，倓虛大師為近代中國著名三虛之一，於一九四九年法師應香港佛教界的邀請，與弟子十多人南下香港弘法，作者以倓虛法師口述，弟子大光記述的《影塵回憶錄》及其他相關文獻，以見佛學自北學南移進程中，法師的心路歷程。

　　誠然，本論文集主要從縱、橫兩方面，研究一九四九年前後，學風自北方南下粵港及臺灣的情況，更關注一代學風的形成與學人生活和治學觀點，及每一時代的政治文化之互動關係，同時，為求深入了解各學者處

於世變時之所思所想，由是作者也發表專題論文，研究各位學者及先賢的治學思想、特色及其建立一個時代學風的貢獻。本論文集的各位編輯，深信學術研究成果得以推陳出新，必然是建基在前人研究成果之上，這就是「傳承與創新」的成效，並寄望本論文集的出版，能帶動學界多注意「北學南移」的課題，藉闡發前賢學人的治學及行事特色，以為後學所效法。又是次研討會得以舉辦成功及本論文集可以順利出版，除了有賴新亞研究所、中央大學中國文學系及香港樹仁大學歷史系的研究生和行政人員的協助外，特別感謝李學銘教授、李啟文博士給予寶貴意見，郭泳希先生、禤駿生先生協助校正文稿，更感謝秀威出版社編輯蔡登山先生及秀威出版社的出版團隊，答允及協助出版本論文集，也要感謝兩位評審人評論本論文集各篇論文，當然，尤為重要者，是感謝參加「北學南移國際學術研討會」的各位學者，及在研討會後，惠賜修改文稿，並予以出版的各位學友，沒有以上學術機構，各位行政人員及各位學者的支持及鼓勵，本論文集不能順利出版，謹此致以衷心感謝！

編輯　鮑紹霖、黃兆強、區志堅　謹識
二〇一四年九月三十日

學人卷Ⅱ　目次

學人 卷 II

第一章　一九四九年前後，北學南移潮流中的 張丕介先生與楊汝梅先生

新亞研究所
宋敘五

一、前言

　　一九四九年前後，中國學術界中人，曾經大批逃來香港。

　　在中國歷史上，社會集體逃難的事，曾經發生過許多次。當然最可觀的，要說五胡亂華，當時晉朝皇室大族，集體逃亡，平民百姓也相率逃散；但是，一九四九年前後，大陸變天，社會人士相率離開大陸，逃來香港、台灣者，規模亦甚可觀。其中學術界逃來香港、台灣者，人數亦不在少。本研討會，以「北學南移」為名，正因此。

　　所謂「北學南移」，也須要有一些條件，即是這些逃亡的學人，他們本身應該有了可觀的「學術成就」；並且在南來之後，又能夠把他們的學術成就，有效移植，並在移植之後，在港、台地區「開花結果」。

　　根據以上條件，本文選擇張丕介先生及楊汝梅先生，而將他們兩人的經過，作為國內成學，移來南土又開花、結果的事例，加以講述。

第一篇：張丕介先生與楊汝梅先生分傳

張丕介先生

第一節、張丕介先生少年成長期簡述

張丕介先生小學時期，就讀於武訓第二義學。武訓在生時期，曾親自創辦了三間義學（其他人用武訓之名，創辦的義學不計）；張丕介先生的父親張耀宗先生，最初是武訓第二小學的教師，後來因為環境改變，張耀宗先生接辦了這間義學，並且把她搬到了他們的家鄉（即山東省館陶縣艾寨），張丕介先生就在這間學校完成了他的小學教育。小學畢業後，張丕介先生，因為受到武訓精神的感召，一心想當教師，所以他就選擇了升學到東昌師範學校，東昌，即是今天的山東聊城。

東昌師範學校畢業後，按照張先生當時的意願，他就要去教書，教育他們家鄉的窮苦農民子弟；但是，北伐軍起，張先生家鄉一帶陷於戰亂，張先生想要教育貧苦子弟的心願的環境，已經失去。張先生得到國民政府的獎學金，到德國去留學。

第二節、張先生學成回國後，從事大學教育

一九二九年，張先生到德國留學，到一九三五年回國，張先生得到經濟學博士學位，張先生的博士論文是《中國農業經營中的「土地碎割問題」》，可見張先生所專注的是中國農村，及中國農民。

一九三六年，張先生受聘於張謇（季直）先生所創辦的南通學院農科（所謂「農科」即等於後來的農學院），張先生在南通學院農科中的「農業經濟系」擔任教授。張先生後來回憶說：他剛剛從外國回來，初登講壇，毫無經驗，但是因為有外國博士學位，所以是「教授」，他自己認為不合理，但是當時制度如此，無可奈何！

從一九三六年，到一九四九年，張先生一直在國內各大學教書，在此期間，為了對中國農村情況深切了解，因而參加中國農林部為調查中國農

村情況，特別組織的「墾務總局西北調查團」，並自任團長，在一九四七年七月到是年年底，差不多半年時間，在西北地區農村作實地調查。

附　張丕介先生在國內從事大學教育年表（1936-1949）

時期	任職機構	擔任職務	任教科目
1936年8月 至1937年7月	南通學院農科 （江蘇南通）	農業經濟系教授	經濟學、農業經營學及中國土地問題。
1938年10月 至1939年夏	國立西北農學院 （陝西武功）	院長兼農業 經濟系主任	農業政策及土地經濟學。
1940年 至1949年	中央政治學校 （國立政治大學 前身）（註）	地政系主任 兼中國地政學會 秘書長	土地經濟學、農業經營學及墾殖政策。
1941年7月 至年底	農林部墾務總局 西北調查團	團長	調查西北墾務工作之可行性為中國長期抗戰之支援。
1939年夏 至1940年秋	華西墾殖公司（雲 南建水縣羊街壩）	經理	為中國長期抗戰後方糧食生產作準備，並作新式耕作、育苗、育種方法之試驗。
1943年 至1946年	貴州大學農學院 （貴州花溪）	院長兼農業 經濟系主任 兼農場場長	農業經營學、農業政策、土地經濟學、中國經濟問題。

（註）中央政治學校（國立政治大學）地政系教授兼系主任，始終是張先生的正職，其間離開政大到其他學校服務，全是借調或請假。

　　為了深入瞭解中國農村及農民情況，張先生參加「華西墾殖公司」並自任經理。「華西墾殖公司」，在雲南建水縣羊街壩，該處有大片荒地，尚待開墾。據張先生到香港後，於1954／55年間撰寫《粉筆生涯二十年》，說到在「華西墾殖公司」，一年多的時間中，開墾可耕地四萬餘畝。張先生說：該地氣候溫和，雨量充足，極適宜穀物生長，但在一九四〇年秋季，正值收成之時，日軍佔領安南，直逼滇邊。張先生不得已離開雲南，回到重慶。

　　在「華西墾殖公司」一年多的時間中，張先生作了幾件事：第一件事，是開墾荒地，種植糧食，以供抗戰軍、民之用；第二件事，張先生在親自種植中，作了許多農業技術的實驗；第三件事，是試行「三七五減租」辦法。因為張先生在1936年，回到中國，在南通學院教書時開始，就已經參加了當時的「地政研究」運動。因為在張先生回國之前，已經有許多地政界的前輩，譬如蕭錚先生，以及在南通學院擔任農科科長（等於農

學院院長）的湯惠蓀先生，他們已經在作著「土地改革」問題的研究，當時並且已出版一本《人與地》半月刊，刊登土地改革理論研究的文章。

也即是說：在張丕介先生於一九三六年回國之前，土地改革的研究已經開始，主事者為蕭錚先生及湯惠蓀先生等，而在張先生回國後，由於張丕介先生對農民問題及土地問題的專注，並且對土地改革的研究特別用功及成績卓著，贏得許多老前輩的讚賞。1940年開始，張先生受聘於中央政治學校（國立政治大學前身）地政系主任。與此同時，一般地政研究者，又成立「地政學會」及「中國地政研究所」，均由蕭錚先生任董事長，張先生任秘書長，更形成了張先生在地政研究方面的領導地位。

研究工作之外，張先生隨時尋找機會，從事農業技術的實驗，及土地改革方案的實驗。前面說過：1939年夏到1940年秋，大約有一年半的時間，張先生在雲南建水縣羊街壩主持「華西墾殖公司」，曾抓緊機會從事多項實驗外，1943-1946年，張先生出任貴州大學農學院長（兼農業經濟系主任，又兼農場場長）時，又作了許多實驗。本來，農場場長由農經系主任甚或農學院長兼任的，非常少見；因為，能夠出掌農經系主任，甚至農學院院長者，更不願意兼任農場場長，但是，張先生在受到貴州大學借調出任農學院長時已說明：必須兼任農場場長，否則他就不受借調出任貴州大學農學院長的。張先生在來到香港後，曾撰寫《粉筆生涯二十年》，回憶在貴州大學時期的經過，他說：

> 但佔據我兩年（其實是三年）中，最多時間的，不是課程，而是農場。其中大半是熟地，早已分租於附近居民，小部分是起伏不平的荒山；在貴大成立前，實驗場有地而無設備，荒地亦未開發。……這時，農經系同仁頗肯努力，願作一番新的農業改良試驗，……一年中，建立了農事試驗場及經濟農場各一所。其次，我發動一次土地改革試驗也竟告成功。原來學校早已租出土地的條件和本地習慣相同，即二五對分土地收穫物。我向張校長（他亦是地政學會會員）建議，改革租佃制度，照土地法規定的三七五比例收租，而且只限於「正產物」。……佃農保留產量的千分之六百二十五，學校只收其餘的千分之三百七十五。……。

從上面一段，可見張先生在貴州大學，藉著農場之便，所作的試驗，

既有農耕技術的，又有土地改革（即後來的「三七五減租」方案）政策的。貴大原來向中央政治學校借調張先生一年，但張先生在貴大前後停留了三年。（按：貴州大學校長為：張梓銘先生。）

到張先生來到香港，參與創辦新亞書院時，最初擬議中，新亞書院想開辦的系，包括農學系。但後來也是因為香港政府不能撥地給新亞辦農場，因而作罷。

第三節、張先生離開中國大陸後，在港、台兩地之事功

甲、辦理《民主評論》半月刊

一九四九年六月十六日，《民主評論》半月刊，第一期出版。《民主評論》半月刊，由徐復觀先生為東主；張丕介先生任主編，是一種綜合性，又偏於學術性的刊物。但是，在一九四九年，這一個敏感時期，出版這一種刊物，是既考功力，又考膽量。

首先，他要藉著這一個刊物，維繫著一班作者（也是學者）。因為當時這一班流亡在香港的，既是學者、又是作者的人，本身生活成問題，全靠有《民主評論》的稿費，對這些人的生活，聊作維持。茲以錢穆先生及唐君毅先生為例，他們二人，幾乎每期都有寫稿，有稿必登。而且，在無稿之時，可以「預支稿費」。預支稿費的數目是：錢穆先生每月一千（港元）；唐君毅先生，每月八百。如果熟悉當時生活水準的人，都可以知道：一千、八百，在當時可以令一個中等家庭，過著非常優裕的生活。除錢、唐二先生外，其他流亡在港（有些後來到了台灣）的學術界中人，都可以藉著在《民主評論》中寫稿，維持生計，在可以勉維生計的情況下，徐圖後計。

其次，藉著《民主評論》，凝聚一般作者，學者，用學術研究方式，探討中國未來的動向，對國家民族，亦是一種貢獻。

乙、設計並參與台灣的土地改革

研究「土地改革問題」，在張丕介先生已經有好多年了。最初是在1936年，從德國讀書回來，在南通學院教學之時，追隨在蕭錚先生及湯惠蓀先生之後，其後到1941年，張先生受聘於中央政治學校（國立政治大學

前身），擔任地政系主任，又再擔任「地政研究所」祕書長，在「地政研究」方面，佔了領導地位。

在「地政研究」的領域，張先生應已有相當多的「心得」；這些心得，原是想用在中國大陸；但不意軍事形勢不利，國民政府被迫退守台灣。張先生的土地改革方案，後來終於在台灣實現。

1949年，國民政府撤退到台灣，開始在台灣全島實行「三七五減租」。1953年一月，政府公布「耕者有其田」實施條例。開始實行「耕者有其田」政策。

在「耕者有其田」政策實行之先，政府首先曉喻民眾：從今以後，唯有「耕者」才能「有其田」；政府不再容許有「佃農」（租賃別人田地耕種者）及「地主」（有地不自耕，而依賴地租收入為活者）存在。

「土地改革」政策，分以下階段完成：第一階段，是由政府徵購地主之土地。政府對地主之土地，先要作法律徵購手續。即是由政府向地主買入土地。至於付款方式，地主可以選擇：

1. 由政府發給土地債券給地主，再由政府分期向地主購回債券，即是政府將地價分期歸還給地主，另加利息。

2. 地主可以要求政府分期用實物（稻米）償還，可以避免因貨幣貶值而招致的損失。

3. 地主可以要求取得四大公營事業的股票（當時台灣有四間大型而且穩定獲利的公營事業），可以在收回地價過程中，兼賺股息及股票升值的好處。

在佃農一方面，可以分期攤還土地的購買價，即是按每年繳租的方式，分十年交還（地價）給政府，另加利息。如果佃農願意提早成為自耕農，他可以提早歸還地價，節省利息。據統計，有相當多的佃農，在第一年就繳足地價，變為自耕農了。

又有一些佃農，欠缺獨立耕作的經濟條件，於是政府的金融機構（台灣土地銀行），與農村復興委員會便來幫忙，可以貸款給他們購買農具等等。

由於台灣土地改革的順利完成，農業得以發展，社會消費力普遍增加，又由於原來的地主提早取得補償金可以轉業工、商，台灣經濟起飛由此而起。

台灣土地改革順利完成，全世界都認為是奇蹟。其實，台灣土地改革方案，是張丕介先生聯同政校地政系，及中國地政研究所諸位學者多年來

研究的成果。

以上各事均顯示：台灣的土地改革，是由中國地政研究所及中國地政學會策劃及主持，而土地改革方案，則是張丕介先生等人，積十年之努力研究所得。正所謂：「台上一分鐘，台下十年功。」

張先生逝世後，徐復觀教授為張先生撰〈墓誌銘〉、〈銘〉曰：

> 張君丕介，歷任南通學院、西北農學院、政治大學、貴州大學教授、系主任、院長等職，……設中國地政研究所，君實負籌劃推行之責。後十餘年，台灣有土地改革之舉，其基實奠自君等。

是則張先生對台灣土地改革方案之研究，規劃之功，可謂有目共睹矣！

丙、創辦香港新亞書院

早期創辦新亞書院的一班學者中，只有錢穆先生一個人，是專門為了辦學校而來香港的。一九四九年春天，錢先生在廣州，遇浙江大學張曉峰先生，張當面邀請錢先生來香港辦學校，錢先生答應了。張曉峰先生當時亦預計，在稍後時間，即來香港，與錢先生會合，一齊辦學校。但是，就在錢先生到香港之後的極短時間內，張曉峰先生即應蔣總統（老蔣總統）電召，逕赴台灣，出任教育部長。

其他幾位原打算與錢先生一起來香港辦學校的人，如謝幼偉（後去了印尼辦報）、崔書琴（後來去了台灣）等先生，亦均不能參加。因此，錢先生乃另邀唐君毅、張丕介兩先生來共同創辦新亞書院。

張先生不但與錢、唐兩先生共同創辦新亞書院，而且在新亞草創時期，最艱難的階段，擔任總務長。

一九四九年十月十日，新亞書院開學典禮。初開學時，學校命名為「亞洲文商專科學校」，在開學典禮時，錢先生演講，講題為《宋明時代的書院制度》；唐君毅先生講題為《中國文化與其遭遇之危機》；張丕介先生講題為：《武訓精神》。當時張先生可能已經預見到：新亞可能會有一段艱苦歲月，必賴「武訓精神」始期渡過難關。

壹、桂林街時期：

張丕介先生在新亞的時間，由一九四九年參與創辦新亞，到一九六九

年退休，為期二十年。在這二十年之中，可以分開作兩個時期，即是桂林街時期（一九四九至一九五五）六年，及農圃道時期（一九五六至一九六九）十四年。新亞書院在一九五六年，搬入農圃道，到一九七三年搬入馬料水，新亞的「農圃道時期」應該是由一九五六到一九七三，但是，張先生在一九六九年年中已退休，所以張先生的「農圃道時期」應該是一九五六到一九六九。

在桂林街時期，張先生的職務是經濟系主任兼總務長，張先生的經濟系主任的本職，只可說是「平平穩穩」的渡過；但總務長這個「兼職」，卻是「度日如年」。到了一九五五年，張先生已經放下總務長的擔子，雅禮協會的資助已經來到，學校已經離開以前的艱苦歲月，張先生在撰寫《粉筆生涯二十年》時，提起當年的艱苦情形時說：

> 我幼年就讀於武訓義學，終身景慕武訓先生。但自從在大學任職以來，所經歷的全是條件相當齊備的學校。所以除去少數行政職務和課程，對學校的生存與發展，可說根本沒有責任。因之，武訓先生的崇高，也就無法想像於萬一。自從經過六年來參加新亞工作的艱苦奮鬥，才明白武訓精神的難能可貴。這不是說辦新亞的幾位先生，果然已做到武訓先生的地步，而是藉此表示這個教育事業的特別艱苦，確非平常辦教育者所可比擬。新亞書院的誕生，可以說是少數書生的冒險，教育理想和社會需要，是她的先天基礎。但是她自始就缺乏應有的物質條件。於是她的窮成了她的最大特點，也成了她生存與發展的最大威脅。最初四年的情形特別壞，有時壞到使人幾乎絕望的地步。
>
> ……學生既是流亡青年，又都是當然免費生。一切最低開支，只賴零星的捐款。大亂之餘，又在一向不特別重視文化、教育的地方，這種募捐辦法之少所收穫，自在意中。
>
> 過度的經濟困難，其結果是非常可慨的。……樣樣都限制了教育計劃的進行。而師生教學雙方，又必須親自操作，執行一切事務，更增加精神負擔。至於日常恐懼的討債者的難堪面孔，更不用提了！
>
> 學生方面的困難更大，他們多半是隻身流亡的青年，心在祖國，志在求學，然而生活則毫無著落，免費入學，仍不能繼續讀

書，而課外工作，機會又很少，看他們那種精神沮喪與體力衰退的
情況，鐵石人也要為之心酸！

以上是張丕介先生在一九五五年，回憶起桂林街時期，艱難困苦的
情形。

由上述張先生所說的情形，學生多數是流亡學生，本身生活無著，無
力繳學費之外，連本身的生活也要學校幫忙解決，難怪張先生要把張師母
的首飾等物拿出來典當。

《誠明古道照顏色》（新亞書院五十五周年紀念文集）第127頁有潘
重規先生《悼丕介張先生》一首詩。詩云：「魯國真男子，剛陽似古人。
河山蹈海淚，黌舍避秦春。鬻釧艱危際，懸車寂寞辰。最憐匡濟略，鬱鬱
到窮塵。」

下面又有註文說：「新亞書院創校初期，備極困厄，先生歷試諸艱，
匱乏之際，嘗鬻夫人釧鐲，以給黌舍租金。新亞舊生，至今有垂涕泣道其
事者。」

潘重規先生是一九五七年，才由新亞聘請，離開南洋大學來新亞就
任中文系主任。他來新亞時，新亞已經搬到農圃道，離開桂林街已經一
年多。可能有舊同學向潘先生說起桂林街舊事，潘先生記在心裡。而在
一九六九年，張先生逝世後，潘先生心有感觸，因而作詩。上述潘先生的
詩，刊登在《新亞生活雙周刊》第十三卷，第五、六期合刊。可能該刊是
紀念張丕介先生逝世一周年專號。

貳、農圃道時期：

一九五六年暑假後，新亞正式搬入農圃道校舍，開始了所謂「農圃
道時期」。新亞書院在一九七三年搬入馬料水，所以，新亞書院的「農圃
道時期」應該是1956-1973，但是，張先生在一九六九年由新亞退休。所
以，張先生的農圃道時期，應該是1956-1969。

在農圃道時期，張丕介先生對新亞的貢獻，有如下述：

第一、出任「章則委員會」主席：

在桂林街時，學校窮，學生亦少。一切因陋就簡，學校的制度、章
程也不完備，行政人員的編制亦少。來到農圃道，錢先生提出「行政制度

化」的要求，一切要按照章程辦事，由張先生出任「章則委員會」主席，為學校訂定各類章則，作為一切行政措施的依據。

上文提到的《誠明古道照顏色》（新亞書院五十五周年紀念文集）第113頁，有一段提到張丕介先生，該段話是說：

> 張丕介，……一九四九年從內地到香港，參與新亞創建。……參與並主持本校各種委員會，對學校制度的擘劃及校政的推行，出力極多。……。

這一段話，可能就是指張丕介先生出任學校「章則委員會」主席，負責制訂或更訂學校各類章則，作為學校各項行政措施之依據。

因為在學校搬到農圃道的初期，錢先生就提出了三個口號。這三個口號是：

（1）行政制度化；

（2）學術研究化；

（3）生活藝術化。

從上述三個口號看來，錢先生的確是一位「與時俱進」的領導者。因為：在桂林街時期，那一種艱難時期，學校以「存活」為第一，一切口號都沒有實際意義；到了農圃道時期，學校的經費已經寬裕，所以，學校應該訂定發展目標，不能再向以前一樣，「盲人瞎馬」。

但是，提出口號來，必須有實行家，才能令到許多口號，付諸實行。好像一輛車，你必須替這輛車裝上輪子，如果有車無輪，車也不要行。有口號不能實行，也是空言。

在新亞三個創辦人之中，錢先生及唐先生都是理想家，張先生則是實行家，而張先生出任學校「章則委員會」主席，正正達成了錢先生行政制度化的要求。

第二、創辦《新亞書院學術年刊》：

為了達成錢先生第二個口號，即是「學術研究化」的要求，張丕介先生創辦了《新亞書院學術年刊》。《年刊》第一期，在一九五九年十月十日（國慶日兼校慶日）出版。

當年的新亞校慶日，選擇在十月十日（國慶日），顯示當時學校尚有

政治立場。後來，香港政府認為新亞選擇十月十日為校慶日，政治立場太
過明顯。新亞於是接納唐君毅先生的意見，將校慶日改在九月廿八日（孔
子誕辰），所以，《新亞書院學術年刊》，由第二期（1960）起，每年均
準時於九月廿八日出版。

《學術年刊》一直出版到十七期（1975），始終保持著足夠的篇幅
（200至300版），相應的水準，準期在每年九月廿八日出版。

第三、創辦《新亞生活雙周刊》：

為了達成錢先生的第三個口號的要求，亦即是「生活藝術化」的要
求，張丕介先生創辦了《新亞生活雙周刊》。《雙周刊》在一九五八年五
月五日，出版了第一期。最早的編輯委員會，共有五人，計為：

張丕介先生，創辦人兼主編；

陳士文先生（藝術專修科主任）；

曾特先生，訓導主任（當時新亞尚未設訓導處，未有訓導長）；

李素女士，（名作家，當時在新亞圖書館任編目主任）。

孫國棟先生。

當時孫國棟先生剛剛在研究所（第一屆）畢業，開始任教中國通史，
是錢先生非常鍾愛的一個學生。

《雙周刊》名為《新亞生活》，就因為響應錢先生「生活藝術化」的
號召。編輯委員會中，有陳士文先生。陳士文先生，當時是新亞藝術專修
科主任，到一九五九年，藝術專修科升格為藝術系，陳士文先生升為藝術
系系主任。張丕介先生是希望陳士文先生幫忙，多選一些藝術圖片以及與
藝術有關的資料，登在《雙周刊》上，陳士文先生也不負張先生所望，每
一期都選許多和藝術有關的資料，登入《雙周刊》。而張丕介先生也三番
五次地在《雙周刊》上寫一些短文，讚揚及感謝陳士文先生的幫忙。（讀
者可參閱《雙周刊》第一卷各期，張先生讚揚及感謝陳士文先生各文。）

第四、創辦數學系：

一九六〇年，新亞書院創辦理學院，先設生物及數學兩系。生物系請
任國榮先生擔任創系系主任。數學系由張丕介先生兼系主任，負責建系工
作。數學課程則由經濟系借調秦茂端先生擔任。一九六一年，潘璞先生應
聘來校出任數學系高級講師兼系主任。張丕介先生辭數學系系主任職。

第五、創辦新聞系：

一九六五年，新亞創辦新聞系，由張丕介先生兼系主任，負責籌劃建系之責。一九六五年九月，聘請美國南伊州大學教授Charles C. Clayton任客座教授，魏大公博士任講師。仍由張丕介先生兼系主任。一九六七年，魏大公接系主任職，張丕介先生離開新聞系。

楊汝梅先生

第一節、楊先生少年求學經過和他的《無形資產論》

楊汝梅先生，字眾先，意喻梅花為群花之首，眾花之先也。綜觀楊先生一生，無論在學術，在事功，均可謂領袖群倫，不愧為眾人之師，群倫之首也。

楊先生祖籍河北省磁縣。京劇〈四郎探母〉，楊四郎唱：「家住在山後磁州小縣」，即是現在的河北省磁縣。楊先生真正是「北宋楊家將」的後人。

楊先生出生於1899年8月22日，早年畢業於北京鐵路管理學院（即交通大學前身）。畢業時，以第一名優異成績，獲保送赴美國深造。

1919年，楊先生20歲，赴美國密西根大學，主修經濟學。1923年，獲經濟學博士學位。其博士論文《商業及其他無形資產》（Good-Will and Other Intangibles）對當時尚未成型的許多無形資產的概念，作有系統的整理，並提出許多創新見解，當時即受到密西根大學之導師柏登教授（Profesor W. A. Paton）之讚揚。

上述楊先生的博士論文，在1927年由美國The Ronald Press Company出版，當即被美國各大學採用為教科書及參考書。1978年，美國紐約時代出版公司（ARNO Press, A New York Times Company）出版《世界近代會計學思想叢書》（The Development of Contemporary Accounting Thought Series）時，又將楊先生這本書收錄在該叢書內。該書在1978年出版後，尚有不少美國大學採用為教科書或參考書。在上個世紀（即二十世紀，1901-2000）的上半葉，美國尚未吹中國風，而楊先生的這本著作，竟能在美國學界風行逾半個世紀（1927-1978），誠屬難得！

2009年，上海立信會計出版社，曾在《會計經典叢書》項目中，出版了楊先生的《無形資產論》。該書〈作者及作品簡介〉中，有如下的介紹：

> 楊汝梅，字眾先，河北省磁縣人。1921年畢業於北京鐵路管理學院，後赴美留學，獲密西根大學經濟學博士學位。先後任上海暨南大學、香港中文大學的商學院院長等職。他所著《商譽及無形資產》一書，於1926年在美國出版，1936年，由施仁夫會計師譯成中文，改名為《無形資產論》，作為立信會計叢書，由商務印書館出版。

又在同上書《總序》（即《會計經典叢書》總序）中說：

> 河北楊汝梅的《無形資產論》，是他1926年在美國密西根大學的博士學位論文，論文具有一定創新價值，一度在美國廣為引用。是中國人在世界會計界產生影響的第一部著作。這部書曾被施仁夫先生譯成中文，譯名為《商譽及無形資產》，這次出版，經過仔細校譯，也將以嶄新面貌出現在讀者面前。

又說：

> 楊氏此書，在世界會計史上，具有重要意義。他提出有關無形資產的理論，為西方會計學者所公認。他的導師──密西根大學佩頓（W. A. Paton）教授，在其所著的《會計手冊》中，曾多次引用了此書的某些觀點。楊氏因此書而成為中國第一個列入《世界名人錄》的會計學者。

從上引兩段，我們可以確定：

第一、1936年，中國內地、各城市中，就有施仁夫的中文譯本：《無形資產論》。

第二、2009年，上海「立信會計出版社」仍然有出版這一本書。

第二節、楊先生由美國學成回國後，從事大學教職的經過

楊先生在1927年回國，1927年至1937年，即抗日戰爭爆發之前，楊先生主要是服務於教育界。1927年，至1933年，楊先生主要任教學校，是上海暨南大學，在上述期間，楊先生在暨南大學任商學院長（開始時（1927年）楊先生只有28歲），會計系主任，又兼教務長。另外，楊先生又在上海各大學兼課，楊先生兼課的大學有：交通、齊魯、光華、滬江等。

第三節、1937年之後，楊先生在國內從政經過

1937年，中日戰爭爆發。政府在戰時，必須籌措戰費，及必須在金融方面有所改革，而改革之重點在於四間國家銀行。楊先生應政府之徵召，出任中央銀行會計長。其後，中（央）、中（國）、交（通）、農（民）四行總管理處成立，楊先生出任四行總管理處會計長。抗戰中後期，因武漢地處重要戰略地位，楊先生又兼任中央銀行（四大國營銀行之首）武漢分行行長。上述期間，楊先生對國家金融政策之籌劃、改革，貢獻良多。為使計劃有效執行，楊先生並引薦早年在暨南大學會計系之學生曹振昭先生，入四行總管理處服務。

第四節、楊先生來港之後，參加新亞書院

1948年，楊先生來香港，1949年底，楊先生已經參加新亞，籌組商學系。根據紀錄，商學系第二屆（1953）已有畢業生（陳負東），新亞當年是「四年制」，1953年畢業的學生，即必須要在1949年入學。證明楊先生在1949年已來新亞。

1950年，3月1日，新亞書院遷入桂林街校舍。3月1日公佈學校建制及人事安排為：

1. 文史系主任錢穆，兼院長；
2. 哲教系主任唐君毅，兼教務長；
3. 經濟系主任張丕介，兼總務長；
4. 商學系主任楊汝梅，兼會計長。

在一般人的說法，楊汝梅先生不算是新亞書院的創辦人。但是，他在1949年就已經是商學系的系主任並兼新亞書院會計長；是在錢、唐、張三位先生之外的第四位。就好像三國時期劉、關、張之外的趙子龍。

一九五八年，楊先生應美國國務院之邀請，於是年二月底，離港赴美，作個人訪問。四月十七日，楊先生在美國，致函錢院長，報告訪美情形。

茲將楊先生致錢院長之函件，節錄如下：

> 弟在密西根大學住約五周，期中曾赴附近迪初安城，參觀工廠及學校一周，已於昨日起程來芝加哥，參觀芝加哥西北大學，及參加下周在此地舉行之工商研究會議。4月底，擬赴美國南部，參加在田納西舉行之全國商業教育年會。照現定計劃，5月4日可抵哈佛大學，然後再由哈佛南下，前往東部各大學。雅禮協會定於6月8日開會，屆時當前往參加。通計在美期間，至6月中旬截止，然後即飛英國。預計8月上旬之末，或中旬即可返港。雅禮對吾校新建築經費，已有九十萬之準備，此事自為一大可慶之消息。弟今後兩周行程殊為短暫，俟抵哈佛大學後，再行去信。——4月17日於芝加哥。

上函雖然簡短，但已包含了許多事：第一，楊先生說：「弟在密西根大學住約五周，期中曾赴附近迪初安城，參觀工廠及學校一周，已於昨日起程來芝加哥。」可能楊先生先去了密西根。楊先生是密西根校友，又因為《無形資產論》一書而聞名世界，所以密西根非常歡迎楊先生的到來。

第二、楊先生要到芝加哥，參加芝加哥西北大學，及參加下周在芝加哥舉行之工商研究會議。四月底，擬赴美國南部，參加在田納西舉行之全國商業教育年會。

是楊先生已經非常清楚瞭解，美國各個地方舉行的與工、商業教育有關的重要會議，於是把握時間，儘量參加。

楊先生接著說：「照現定計劃，5月4日，可抵達哈佛大學。然後再由哈佛南下，前往東部各大學。」

又說：「雅禮協會定於6月8日開會，屆時當前往參加」。……「雅禮對吾校新建築經費，已有九十萬之準備，此事自為一大可慶之消息。」

哈佛及雅禮，是與新亞有關的學校，楊先生去哈佛訪問，又預定前往參加雅禮協會定於6月8日之會議，當對新亞有助。楊先生又說：「雅禮對吾校新建築經費，已有九十萬之準備，此事自為一大可慶之消息。」從上面語氣看來，「雅禮對吾校」新建築費已有九十萬之準備，此事在新亞尚未知，而楊先生已先知。所以說：「此事自為一大可慶之消息」。這一筆新建築費九十萬，後來就用在新亞靠近天光道這一邊的一棟校舍。

1969年，新亞書院出版《新亞書院二十周年校慶特刊》，在該刊中，關於新亞校舍建築之經過有謂：

> 1956年，農圃道第一期校舍落成，9月，遷入新校舍（即農圃道第一期校舍）。……新亞第二校舍（即靠天光道之一棟樓）落成於1960年11月，建築費全由雅禮協會捐贈（即是前引楊汝梅先生致錢先生函件中所說的九十萬元）。自第二期校舍建成，本校得以擴設理學院。

由上述楊先生在美國訪問之經過，再聯繫到新亞早期的發展經過，看出楊先生在早期新亞的發展中，有一定的貢獻。

1958年8月，楊先生結束美國訪問後，回新亞，成立工商管理系，為翌年新亞成立文商兩院作準備。

第五節、楊先生對香港中文大學之貢獻

1959年，為了應對香港政府擬將各間私立專上學院整合為一間大學之新形勢，新亞書院於是改組。是年10月27日，新亞公佈新建制如下：

1. 本院院長改稱校長，
2. 聘吳俊升博士為副校長，
3. 唐君毅先生為文學院院長，
4. 楊汝梅博士為商學院院長。

在此日之後，楊先生在新亞的新建制中，為商學院長兼商學系系主任兼會計長。

1959年之後，三院（即崇基、新亞、聯合）組成「香港專上學院聯會」，統籌並推動各科系之教學、研究及課程、人事之安排諸事宜。各科

系成立「系務會」，在商學及工管範圍內，設立兩個系務會，即：

①會計財務系系務會（The Board of Studies in Accounting and Finance）和

②工商管理系系務會（The Board of Studies in Business Administration）。

兩個系務會的成員，包括新亞、崇基、聯合三間書院商學及工管系的教員，而兩個系務會的主席，都是楊先生。

大學成立後，上述兩個系務會合併為「商學系務會」，仍由楊先生任主席。計由1959年到1968年楊先生退休為止，首尾近十年，這十年，包括大學成立前（1959-1963），及大學成立後（1964-1968）。這段時間中，有關三院商學院之成立，課程之安排，教師之聘請，均須楊先生構思，及在三院間之協調與合作。大學商學院由奠基至發展，楊先生功不可沒。

1968年，楊先生在新亞退休，隨即為香港浸會學院（香港浸會大學前身）禮聘為會計系系主任兼商學院院長。楊先生在浸會學院任教至其逝世為止，其教學不厭，誨人不倦的精神，堪為後輩楷模。

第二篇：作為系主任的張丕介先生與楊汝梅先生合傳

在本文的第一篇，我們已經分別記述了張丕介先生與楊汝梅先生的故事，包括他們二人從青、少年時期的讀書經過，以及南來之後，在港、台各地之事功，以及參加新亞書院的經過。

在以下的部分，我們將合併記述他們二人，在作為新亞書院經濟、商學兩系的系主任，他們二人彼此尊重，互相信賴、合作無間的過程中，造福兩系同學的經過。

在歷史人物中，每見有聰明才智相近，地位相同者，多有瑜、亮情結，少見管、鮑交誼。而張丕介先生與楊汝梅先生，能夠融洽相處，合作無間者，則是少之又少。而在張、楊兩位老師，融洽相處、合作無間的過程中，主要受益者，是新亞經濟、商學兩系學生。

因為經濟、商學兩系，是在桂林街開始時就已有，在許多舊同學（即由桂林街過渡到農圃道者）的感覺中，經、商兩系是不分家的。

第一、兩系學生大多情況之下，同在一班上課，也就是：經濟系的課，商學系同學亦來選修，商學系的課，經濟系的同學亦來選修。商學系的同學，多來選修許多理論性的課，如〈經濟史〉，〈經濟地理〉，〈經

濟思想〉，〈經濟理論〉等。經濟系同學，除《會計學》是必修外，又修習許多會計、財務的課，如〈高級會計〉、〈成本會計〉、〈銀行會計〉、〈公司理財〉、〈審計學〉等等。

第二、兩系的老師，特別是兩位系主任張丕介先生及楊汝梅先生，對兩系的學生，一視同仁。這件事情，說起來簡單，做起來並不簡單。因為若兩系的系主任，對另一系的學生，一視同仁，則要兩位系主任，彼此互相尊重，彼此信任，彼此毫無猜忌。這樣的例子，在我一生中，也只看到張先生、楊先生這個例子。

為了說明這一件事，我們可以舉孫南學姐作一個例子。孫南學姐是經濟系第七屆（1958）畢業。她當年年紀輕，成績好，在經濟系裡是天之驕女，在楊先生眼中，也是天之驕女。所以她一畢業（1958年暑期），就作了商學系的助教，其後又經楊先生推薦，到楊先生的母校密西根大學深造。後又回中文大學（聯合書院）做了教授。在新亞（或其他學校亦然），一般的系主任，都是用自己系的畢業生作助教，少有用其他系的畢業生作助教的，但是楊先生以商學系的系主任（1958年楊先生尚未作院長，到1959年10月，楊先生才作了商學院長）請了經濟系的畢業生作助教，這顯示張丕介先生與楊汝梅先生二人，互相信任，毫無猜忌，才能如此。

除了孫南學姐這一個特例之外，在其他同學，也是如此。一般情形是：商學系早期同學，對經濟系許多理論課程的深入瞭解，並不低於經濟系同學，這對他們畢業之後，在就業過程中，大有裨益。而經濟系的畢業同學，則差不多與商學系畢業同學一樣，對商學系所開許多會計課程，多能掌握。有些經濟系同學，在畢業之後，可以教會計，可以教多種會計。譬如朱錦麟學長（1958經濟），他由1970年代後期，一直在香港能仁書院，擔任全校所有會計課程：包括〈基本會計學〉，〈成本會計〉，〈公司理財〉，〈高級會計〉等等……，一直到他去世為止。這一些事例，都可以看到：張丕介先生與楊汝梅先生，合作無間的成果。

第二章　牟潤孫先生與「南來」之學

新亞研究所
李學銘

一、牟潤孫先生「南來」的經歷

　　牟潤孫先生（1908-1988）原名傳楷，生於北京，祖籍山東省福山縣。小時在家塾曾讀朱熹（1130-1200）注《四書》、《詩》、《書》、《春秋》及諸子書。中學在聖公會崇德中學、北京四中肄業，並從北京四中的石湘彥學習桐城古文義法和崔述（1740-1816）的《考信錄》。中學畢業後，先後就讀於中法大學和俄文法政專門學校。曾撰寫《談遷著述考》、《張岱著述考》及其他論文，部分論文刊載於燕京大學學生會辦的《國學專號》上。1929年，在北京四中同學吳祖光的堂兄吳祖剛鼓勵下，潤孫先生報考燕京大學國學研究所，最後通過著述審查和面試獲得取錄，老師是陳援庵（垣）先生（1880-1971）和顧頡剛先生（1893-1980）。1931年，潤孫先生又從柯蓼園（劭忞）先生（1850-1933）受經史之學。1932年，潤孫先生畢業於燕大國學研究所，畢業論文是《歷代蕃姓考》，由援庵先生指導；畢業後，曾在中學教了四年國文，後來先後任教於河南大學和輔仁大學[1]。

　　1948年，潤孫先生由北京往上海，任教於同濟大學文史系和暨南大學歷史系，這是他挾所學南移的開始。1949年，因受時局的影響，潤孫先生計畫移居臺灣，途中為盜賊所劫，財物盡失，被困於舟山群島。幸得臺灣大學校長傅斯年（1896-1950）出手幫助，在取得入境證後前往臺灣，

---

[1]　參閱牟潤孫：〈談談我的治學經歷〉，《海遺叢稿》二編（北京：中華書局，2009年），〈附錄〉，頁295-297。又參閱拙編：《牟潤孫教授編年事略》，《注史齋叢稿》，增訂本下冊（北京：中華書局，2009年），〈附錄〉，頁786-788。

並經傅氏的推介，任臺灣教育廳編審委員會委員。1950年，潤孫先生所撰《折可存墓誌銘考證兼論宋江之結局》發表於《臺大文史哲學報》第2期，深受傅氏欣賞，因而獲聘為臺灣大學中國文學系副教授，1953年晉升為教授[2]。

1954年，潤孫先生接受錢賓四（穆）先生（1895-1990）的邀約由臺灣來香港，任新亞書院文史系主任、新亞研究所導師兼圖書館館長。在1957年至1958年間，文史系改組分為中文系和歷史系，潤孫先生轉任歷史系主任，仍兼新亞研究所導師。1959年，香港中文大學籌備成立，潤孫先生即負責新亞、崇基、聯合三院歷史系統一文憑考試及其他有關事務的統籌、協調事宜，並自1963年起任香港中文大學歷史系第一位講座教授。1966年香港中文大學研究院（後改稱中國文化研究所）成立，潤孫先生又兼任歷史部主任導師，直至1973年退休；退休以後，曾任香港中文大學中國文化研究所的研究員[3]。

以上所述，是潤孫先生由北而南的簡要經歷。在由北而南的過程中，潤孫先生有兩個學術活動的重要平台，一個是臺灣的臺灣大學，另一個是香港的新亞書院、新亞研究所以及後來才成立的香港中文大學及研究院。

二、「吾道南矣」的感歎

援庵先生是潤孫先生的老師，出生於廣東新會縣石頭鄉富岡里，長期在南方受教育和工作，1913年當選眾議院議員，前往北京任職，從此在北京定居。在北京，他經常去京師圖書館，閱讀、查對《四庫全書》[4]。以後他無論任職或講學、研究，都在北方，但他的內心，卻仍不免有南方之情。例如他一直很關心《新會縣志》的纂修；又例如他的詩作不多，但頗有些是涉及南方親友和嶺南鄉土風物舊事的[5]。這就難怪他知道潤孫先生在上海教書時，有「吾道南矣」的感歎。潤孫先生在《敬悼先師陳援庵先生》一文中說：

---

[2] 參閱拙編：《牟潤孫教授編年事略》，頁788。

[3] 同前註，頁789-793。

[4] 參閱劉乃和：《陳垣年譜》，（北京：北京師範大學出版社，2002年），頁1-24。

[5] 參閱拙作：《史學家陳援庵先生藝文考略》，《新亞學報》第30卷（2012年5月），頁323-325。

> 筆者在上海教書時，先師就有「吾道南矣」的話。……今後將以我
> 有生之年，傳播先師的學說，以期無負於他老人家的教導。[6]

上海，當然不是援庵先生的故鄉──廣東新會縣，也不涉及嶺南的鄉土風
物，但卻是當時不少知識分子由北而南走向時往往會留駐的地方。通過這
個地方，有人會去東南亞地區，有人會去臺灣，有人會來香港。潤孫先生
則由上海去臺灣，再由臺灣來香港。可以推想，援庵先生所說「吾道南
矣」的「南」，是概念較大的南方，而不必理解為實指上海。

　　至於「吾道南矣」的「道」，究竟是甚麼？上文潤孫先生提到要「傳
播先師的學說」，可見援庵先生的學說──學術思想，就是「道」。除此
以外，「道」還應該是治學或治史的方法。所謂「方法」，主要是「使學
生實事求是，腳踏實地用功讀書」[7]，即所謂「規矩」。潤孫先生在《勵耘
書屋問學回憶──陳援庵先師誕生百周年紀念感言》一文中這樣說：

> 我所得自勵耘書屋的並沒有甚麼祕訣，只是極平常卻極重要的規
> 矩。離開了這個規矩，便不能走入史學正途，正所謂「可使之成方
> 圓，而不能使之巧」，勵耘書屋學風之可貴應即在於此。[8]

潤孫先生遵從師教，常提示學生須篤守規矩。不過，篤守規矩只是個原則
的要求，在原則下，怎樣「實事求是」、怎樣「腳踏實地用功讀書」，還
應有具體的提示和指導，聽過潤孫先生的課，受過他的指導，讀過他寫的
文章，應該會有印象。這方面，下文會有進一步說明。在說明之前，我還
要提提潤孫先生來自蓼園的學術淵源。

三、蓼園之學也「南來」

　　據潤孫先生的自述，他「南來」講學，史學淵源自援庵先生，而蓼
園先生對他治經史之學，也「啟迪良多」，對「師承淵源，未嘗一日或

---

6 見《海遺叢稿》二編，頁88。
7 語見同前註，頁93。
8 同前註。

忘」[9]。潤孫先生在《蓼園問學記》一文中這樣記述：

> 1931年（辛未），柯先生在家講學，我始得執經問難，受業於柯先生。那年他已八十二歲，我才二十四歲。……老師至老記憶力一直不衰退，以八十二歲高齡為我們講《春秋》，先《左傳》，次《公羊》，最後《穀梁》，經、傳、注、疏，手不持卷，背誦如流。發揮《穀梁》傳義，詳盡明白，結語總是說《穀梁》義最深厚。……先師在《穀梁傳補注》中不僅不排斥《公羊》，也時時引《左傳》以為佐證。柯先生的經學既能通其大義微言，又不廢考據。[10]

以上所述，是潤孫先生受教於蓼園先生《春秋》之學的大略和治經的大旨。

蓼園先生治學，兼通經史，而史學方面，又側重於經世致用。在老師的影響下，潤孫先生的治學和講學，也常有「致用」的色彩。潤孫先生在《蓼園問學記》中，引述江瀚（1853-1935）對蓼園先生的追悼之詞：

> 鳳蓀先生為經世致用之學，上紹亭林（顧炎武），薄戴（震）、段（玉裁）、錢（大昕）、王（念孫、引之）而不為。民國初年設地政講習所，請柯先生批改學員課卷，柯先生往往批上千數百言，指陳歷代土地政策的利弊得失，如數家珍，無一字不說中肯綮。足見柯先生的典章制度之學的精湛。若非將歷朝史志及《通典》、《通考》等書爛熟於胸中，積蘊了豐富的知識，豈能有如此的表現！[11]

聽了江瀚這番話，潤孫先生恍然明白老師的「致用」之學，與清學後期魏源（1794-1857）、龔自珍（1792-1841）等經世致用派以研治西北史地為目的，可說並無二致。蓼園先生教人治史須先去讀《資治通鑑》[12]，就因為這部史書有許多資治、致用的資料和提示。

可以說，我們在談到潤孫先生「南來」之學的淵源時，固然不可忽略勵耘書屋，也不可不提蓼園。

---

[9] 參閱牟潤孫：《蓼園問學記》，《海遺叢稿》二編，頁64。
[10] 同前註，頁64及67-68。
[11] 同前註，頁66。
[12] 同前註。

四、牟潤孫先生的治史主張與方法

主張與方法，兩者關係密切，有時甚至難以作清晰的判分。但為了討論的方便，姑且分開說明。下面所述六項，只屬擇要舉隅，並不全面，期望年輕的讀者，或有多於六項的所得。

甲、治史主張

1.經史互通

潤孫先生在講課、演講和寫文章時，常常強調經學之源即史學之源。他批評章學誠（1738-1801）在《文史通義》中雖有「六經皆史」之說而不知史出於巫，即沒有明白經史同源的原始原因，因而未能說明史與巫的發展關係。潤孫先生更指出，在《文史通義》中，只有《易教》、《書教》、《詩教》、《禮教》諸篇而沒有《春秋之教》篇，把《春秋》視為《書》的支裔而不視為史書鼻祖，就因為章氏不知《易》、《書》、《詩》、《禮》和史（《春秋》）同出於巫，春秋時代巫史仍然不分。由於經史同出一源，兩者關係密切可想而知，因此經史互通，是理所當然的事[13]。所以潤孫先生不時強調，治史的人，須通經學，不通經學，有時就會不能解決史學上的一些問題[14]。

以上意見，據潤孫先生的自述，主要當來自蓼園先生的提示或啟發。有人認為，援庵先生不懂經學，所以在經學方面對潤孫先生不會有甚麼提示或影響，更不會有經史互通的教導。其實治史的前輩學人，大多以研讀經籍為基礎，又怎會不懂經學！論者因援庵先生不講經學，也沒有經學專著，才以為他是外行。潤孫先生曾記得援庵先生這樣說：「在中國語文裏有許多詞彙是出自古代經書，成為我國語文的主要傳統，尤以《論》、

---

[13] 同前註，頁70-71。拙文《烏臺正學兼有的牟潤孫教授》，也有說明。參閱同前註的〈附錄〉，頁310-311。

[14] 參閱同上兩文，頁數亦同。在香港的現代學者中，潤孫先生是一位較重視經史互通的史學家。他在「中國經學史」和其他史學課中，會不時舉述論據，辨析經史互通之道；退休在家後，他寫了不少內容兼含經史的文章，而且更常為來探訪的學生、後學，講論通經對治史的必要，講得興起，有時會揭開書本，口講指畫，顯示了熱切鼓勵的神情。

《孟》為最重要，所以我要選些給學生讀。」援庵先生在《元西域人華化考》中所說的「華化」，正是指出西域人來到中國後，捨棄了原有的宗教、禮俗、學術而治儒家之學[15]。不懂經學的人，能知語文詞彙與古代經書的關係嗎？能明確指出西域人的華化就是儒家之學嗎？可以說，援庵先生的「華化考」以至「尋史源」、「表微學」等等，都是現身說法，提供實例，向學生、後學傳達經史互通的訊息。

2.通史致用

潤孫先生治史主張通史致用，而且身體力行。他指出「古為今用」，「通史以經世致用」是我國史學的傳統，一切治國理民之道都在史書，所以司馬遷（前145-?）著《太史公書》（《史記》），就是要「通古今之變」。自唐杜佑（735-812）、宋司馬光（1019-1086）、李燾（1115-1184）、徐天麟（生卒年不詳）、李心傳（1167-1244）、陳傅良（1137-1203）、王應麟（1223-1296）、馬端臨（約1254-1323）以至清初顧炎武（1613-1682）、黃宗羲（1610-1695）、王夫之（1619-1692）等等，都把史學經世致用的精神充分發揮。晚清的魏源、龔自珍研究西北史地，正是為了認識西方過去的情況，作為現實施政的參考。康有為（1858-1927）和他的同道，更是借了經學來講變法[16]。

潤孫先生更指出，蓼園先生精研典章制度之學，歷史史志及《通典》、《通考》爛熟於胸，所以能指陳歷代土地政策的利弊得失，如數家珍，且能深中肯綮。他為《春秋穀梁傳》作注，也重在發明其中今義[17]。至於援庵先生在日軍侵華時於淪陷區中所撰的《明季滇黔佛教考》、《清初僧諍記》、《南宋初河北新道教考》、《中國佛教史籍概論》、《通鑑胡注表微》等書，都是努力闡發古書中的今義，表現出中國史學的功用[18]。潤孫先生秉承師教，不斷提倡通古史以為今用的傳統主張。凡與他有較多接觸的同輩、晚輩或學生，在這方面應有一些具體的印象。我們試讀他晚年發表在報刊上的文章，可見他不時援引史書、史事來談時事、評

---

[15] 參閱牟潤孫：《敬悼先師陳援庵先生》，《海遺叢稿》二編，頁82。

[16] 參閱牟潤孫：《從〈通鑑胡注表微〉論陳援庵先生的史學》，《海遺叢稿》二編，頁101；《蓼園問學記》，頁66。

[17] 參閱牟潤孫：《蓼園問學記》，同上。

[18] 參閱牟潤孫：《敬悼先師陳援庵先生》，頁85-86。

政局、論人物，只因為他沒有忘記自己作為史學家的責任。在《六十五歲自詠》詩中，潤孫先生說：「明古用今史所司」，「生民休戚關史筆」[19]。這兩句詩，可用來概括他自己的治史主張，這個主張，大抵直接或間接也會影響他的學生。

3.史不廢文

潤孫先生是史學家，但他也重視語文教學、文字訓詁和文章撰作，經常向學生強調：歷史研究者須文史兼通。他秉承老師援庵先生之教，很重視文章的讀和寫[20]。他常向學生強調：治史之道，第一是文章，第二是文章，第三也是文章。意思是：研究歷史，要能讀懂文章，即要懂得篇章的文字語句和字裏行間的言外之意，也要懂得寫文章。他認為寫學術論文，講求材料剪裁、篇章組織和文筆表達，也是很必要的。他最不耐煩去讀那些資料堆塞、論點羅列、組織鬆散、文筆乾巴巴甚至語句不通的論文[21]。他常在講課或談話中提到，古代優秀的史家，大多是寫文章的高手，他們的史學著作，往往是可品讀的文學作品，例如司馬遷的《史記》、范曄（398-445）的《後漢書》等等。

潤孫先生在中學時學過桐城古文的義法，他的經史老師蓼園先生則是桐城派古文大家吳汝綸（1840-1903）的女婿；蓼園先生的長輩如張裕釗（1823-1894）、梅曾亮（1786-1856）也是桐城派中人。不過，蓼園先生雖詩文兼工，但當時只刻有詩集而沒有文集。潤孫先生曾問過理由，老師的答覆是：「天下哪有以文章為學問的！」這樣說，看似不重視文章，其實不是。潤孫先生特別強調：「先師願作學人，而不願作古文家」，「他不屑局限於桐城派之中」。[22]換句話說，蓼園先生所蘄向的，是學人之文而不是古文家之文。援庵先生有相同意見，他曾勸告學生不要學寫韓愈（768-825）、歐陽修（1007-1072）之文，而要學寫顧炎武《日知錄》

---

[19] 全詩見《海遺叢稿》二編，頁287-288。所謂「六十五歲」，是虛齡。當時是1972年，潤孫先生應是六十四歲。

[20] 參閱车潤孫：《勵耘書屋問學回憶——陳援庵先師誕生百周年紀念感言》，《海遺叢稿》二編，頁89-90。

[21] 這是潤孫先生常在講課、談話中提到的意見，仍然記得的同學應有不少。

[22] 參閱车潤孫：《蓼園問學記》，頁71-72。

之文[23]。柯、陳的意見，影響了潤孫先生，潤孫先生在提倡文史兼通的同時，常教導學生要盡力寫簡淨清晰、理達事暢的學人之文。

乙、治史方法

1.目錄應用

據潤孫先生自述，他年輕時，因為讀了梁啟超的《國學入門書目》、《清代學術概論》、《清代學者整理舊學之總成績》，於是按目求書；後來更找來《書目答問》、《四庫全書總目提要》，不斷往下鑽研[24]。可見潤孫先生開始治學，就懂得從目錄學入手。到了受教於陳援庵先生時，潤孫先生在老師的指導和影響下，對目錄學之用更為重視。原來援庵先生深通目錄之學，他自己治學由目錄入手，教學生也從目錄入手，而且親自編製了許多重要書籍的篇名索引和專題索引。他把目錄學視為治學的鑰匙，認為有了它，就可以知古、知今和知外[25]。潤孫先生曾特別撰寫文章稱道老師的目錄學，正可見他自己對目錄學的看重[26]。

蓼園先生沒有目錄學家之名，但他博聞強記，經、史、小學、詩文、金石、曆算都有精深造詣；他主持修撰的《新元史》，所據資料甚為繁富，論者多認為較舊史為優；他又能清楚指陳歷代土地政策以及典章制度的利弊，顯示精熟歷朝史志及《通典》、《通考》等書[27]。上述種種，或可間接證明蓼園先生像許多前輩學人一樣，也是一位懂得通過目錄學之用去掌握資料的學人。潤孫先生受教兩年，自有會心之得。潤孫先生還提到前輩徐森玉（1881-1971）版本目錄之學冠絕當世，自己能略知清代書籍的版本，多數得益於徐氏。潤孫先生在北京時，為了找書，常翻目錄學參考書，還常去隆福寺琉璃廠逛書鋪，又常入北京圖書館善本書室看書，特別是多看清刻善本、清人批校本或稿本，這使他對清代書籍版本目錄的認

---

[23] 參閱蔡尚思：《陳垣同志的學術貢獻》，《陳垣校長誕生一百周年紀念文集》（北京：北京師範大學，1980年），頁27。

[24] 參閱牟潤孫：《談談我的治學經歷》，頁295-296。

[25] 參閱牟潤孫：《勵耘書屋問學回憶——陳援庵先師誕生百周年紀念感言》，頁91。

[26] 潤孫先生所寫的文章是《陳援庵先生的目錄學——〈中國佛教史籍概論〉讀後》，參閱《海遺叢稿》二編，頁106-114。

[27] 參閱牟潤孫：《蓼園問學記》，頁64-66。

識大大增長[28]。潤孫先生在新亞書院和新亞研究所教學時，常在課堂上強調老師、前輩治學之所以能得到大成功，是因為深通目錄學之用。他指導研究生時，經常提示他們要翻閱《書目答問》、《四庫全書總目提要》、《續四庫全書總目提要》及各類書目引得，並不時查問他們最近讀了些甚麼新出版的書刊；他不能忍受學生對研究範圍參考資料所知的寡陋。他認為，研究要達到竭澤而漁的目的，非要借助目錄學的知識不可。

2.史源考尋

潤孫先生教學生研究歷史，常要他們做史源考尋的工作。所謂史源考尋，就是根尋史料的來源。我們如果要審核前人的史學著述或史料，就必須追尋這些著述或史料的根據。知道這些著述或史料的根據所在，我們才可以具體地認識前人怎樣選取材料、剪裁材料、組織材料、熔鑄材料，這樣既可認識前人用功細密的地方，又可了解人家出錯的原因，而前人駕馭文字、材料的造詣，也可得而揣摩學習。潤孫先生在「《資治通鑑》研究」課中，就曾用《史記》、《漢書》、《後漢書》、《三國志》為學生示範怎樣先去找出《資治通鑑》所依據的材料，然後再用出處材料與《資治通鑑》的原文對讀，藉以了解司馬光刪削、組織、熔鑄材料的高明處和疏漏、偏失處。同時他也畫定範圍，要學生上課前先做根尋考查的工作，以備上課時接受考問。

史源考尋，原是援庵先生為學生指點治史的重要門徑。四十年代，援庵先生曾先後在北平師範大學、輔仁大學、北京大學講授過「史源學實習」（初名「史源學研究」）這門課，教材主要是趙翼（1727-1814）的《廿二史箚記》、顧炎武的《日知錄》、全祖望（1705-1755）《鮚埼亭集》，有時也會採用錢大昕（1728-1804）的《廿二史考異》、王鳴盛（1722-1797）的《十七史商榷》和其他學者的一些著作，目的是「擇近代史學名著一二種，一一追尋其史源，考正其訛誤，以練習讀史之能力，警惕著論之輕心」。方法是：看其根據是否正確；引證是否充分；敘述有無錯誤；判斷是否的確[29]。潤孫先生善用師教，把這種方法教給學生，引領他們進入史學之門，讓他們知道第一手資料的重要，同時他也常常運用

---

[28] 參閱車潤孫：《買書漫談》，《海遺叢稿》（二編），292。

[29] 參閱陳智超：《陳垣史源學雜文·前言》的引述，《陳垣史源學雜文》（北京：生活·讀書·新知三聯書店，2007年），頁2。

這種方法，為自己解決史學上的一些問題[30]。蒙園先生沒有像援庵先生那樣，明確地教導學生考尋史源，但有人問他治史的入門，他教人先去讀《資治通鑑》。潤孫先生點明老師的用心，說：「我那時用《通鑑》與正史對讀，尋求《通鑑》的取材來源，以研究它的剪裁、取捨、安排等等問題，已經用功數年，了解到蒙園先生教人讀《通鑑》，正是要人通過這個途徑去學習溫公的史學。」[31]可見潤孫先生「南來」之學中有史源考尋的要求和方法，追源溯始，應與兩位老師的言傳身教有很密切的關係。

3.體例歸納

　　體例，指一篇論文或一部專書的操作條例和內在規律，也就是它的系統。潤孫先生很重視著述的體例，他無論指導學生寫論文或講課，都會強調體例的重要。他談到前人或時人的著述，往往著眼在體例的分析，使學生對著述的內容，既可有深入的理解，同時又可掌握著述的內在規律。其實這方面的講求，正是他的老師援庵先生的講求。據潤孫先生的憶述，援庵先生常從體例的角度，去批評前人的著述，例如他批評葉昌熾（1847-1917）的《藏書紀事詩》，材料很多，可惜用錯了體例；又指出葉德輝（1864-1927）的《書林清話》，內容只是分條羅列的筆記，沒有規律的組合，屬「體例太差」之作。對於俞樾（1821-1907）的《古書疑義舉例》，援庵先生認為有很好的著述體例，足為後學效法。至於援庵先生自己的著述，據潤孫先生的述說，「則必自有義例而成系統」[32]。此外，援庵先生更有不少很有分量的史學著述，就是根據所見材料，理出其中規律，然後再以舉例的方法，把體例歸納出來，形成系統，最後寫成出色的作品。例如《史諱舉例》、《校勘學釋例》（《元典章校補釋例》）、《元西域人華化考》、《舊五代史輯本發覆》、《元祕史譯音用字考》、《通鑑胡注表微》等，都是這方面著述的顯著代表[33]，特別是《通鑑胡注表微》一書，更受學術界評為歸納胡注材料成系統的扛鼎之作。在老師的深切影響下，難怪潤孫先生也要把這種治史方法，教給他的學生。

---

[30] 參閱牟潤孫：《勵耘書屋問學回憶——陳援庵先師誕生百周年紀念感言》，頁91-92；《從〈通鑑胡注表微〉論陳援庵先生的史學》，頁100-101。

[31] 參閱牟潤孫：《蒙園問學記》，頁66。

[32] 參閱牟潤孫：《勵耘書屋問學回憶——陳援庵先師誕生百周年紀念感言》，頁92-94。

[33] 參閱牟潤孫：《敬悼先師陳援庵先生》，頁84-85。

　　蓼園先生似乎不多講撰作體例，也沒有強調體例的重要，但主持修撰《新元史》的學者，又怎會不重視體例？潤孫先生曾問《新元史》為甚麼沒有《藝文志》，蓼園先生告訴他，《漢書》之所以有《藝文志》，因為有漢中祕藏書目作根據，要是看不到元內府所藏書目，又怎能為《新元史》撰《藝文志》！也就是說，《漢書‧藝文志》並非西漢一代所有書籍的目錄，而只限漢代中祕藏書。這樣的提示，啟發了潤孫先生對各史《藝文志》、《經籍志》體例的認識[34]。類似這種有關體例的提示，我相信當有不少，可惜潤孫先生沒有一一記述下來，但潤孫先生一生講求著述體例，也應有蓼園先生的影響。

五、「南來」之學與史學人才的培育

　　潤孫先生年輕時在北方受教育，有名師的言傳身教，又得學有根柢的友朋互相切磋，加上有訪書、購書的條件，自己又肯問學鑽研，因而能學兼經史，識見通達而不固陋。他以所學先在河南大學、輔仁大學講學，後來前往上海的同濟大學、暨南大學任教，稍後轉往臺灣，在臺灣大學任職。1954年，潤孫先生接受賓四先生的邀請自臺灣來香港，時年46歲。由這時開始，直至1973年退休，潤孫先生把他中晚期十九年的時間，都貢獻給香港大專院校的學生了。如果加上上海、臺灣講學的日子，潤孫先生「南來」培育人才的時間，約有二十五年。至於他退休以後不斷發表文章對晚輩、後學所造成的啟發和影響，還未計算在內。

　　潤孫先生在香港中文大學成立前後所講授的史學科目，主要有：「中國史學史」、「中國學術思想史」、「中國史學名著評論」、「經學史」、「魏晉南北朝史」、「史學方法論」、「《漢書》研究」、「《三國志》研究」、「《資治通鑑》研究」等等。從他講授的內容，我們知道他是一位博通經史的學者。讀過他的著作、聽過他講課和受過他指導的研究生，更知道他精熟目錄版本之學，重視目錄學之用，講究著述體例，強調經史互通，實踐史源考尋，講求通史致用，主張史不廢文，而對各代歷史、經學史、明清學術思想史，都有深入研究。由於潤孫先生長期主持新亞書院、香港中文大學的歷史系和新亞研究所、中大研究院的歷史部，又

---

[34] 參閱牟潤孫：《蓼園問學記》，頁69。

長期講授史學科目及指導研究生，而且在任職期內更公開發表許多次與史學問題有關的學術演講[35]，因此在香港可說培育史學人才甚眾。

　　為了讓大家有較具體的印象，我姑且以潤孫先生在新亞研究所的指導工作為例，說明他的貢獻。由1957年至1965年間，新亞研究所畢業生有九屆，人數共五十六名，其中史組畢業生有四十三名，在這四十三名畢業生中，由潤孫先生指導撰寫論文的就有三十二名，約佔史組畢業生總人數百分之七十四。至於指導的範圍，由戰國、兩漢、三國、兩晉南北朝、隋唐以至宋、元、明、清都有涉及，內容也廣及多方面，可知潤孫先生的博學通識，不是一般以專門學問名家的學者所可及[36]。其他並非由潤孫先生任論文導師的史組研究生，大抵也曾聽過他的課。我們談「北學南來」，談新亞書院、新亞研究所、香港中文大學等院校所培育的史學人才，當然不能也不應忘記賓四先生的功績，但潤孫先生十九年所貢獻的心力和所造成的影響，又怎能輕易忽略？

六、餘論

　　潤孫先生受業於援庵先生和蓼園先生，學有淵源，經史兼通，重考據不忽視義理，講求有博通基礎的專精。他的學問，無疑有自己探研的所得和領悟，但對老師的教導，卻常懷感激之情。這是中國傳統不忘本的美德。他在一篇紀念老師的文章中這樣說：

> 我運用老師的方法在臺灣、香港教了若干學生，有人因而進入史學之門。他們的成就縱有高低之不同，甚至他們不提個人治學淵源於勵耘書屋，而他們之受援庵先師影響，則是無法塗飾或擦掉的。[37]

由於文章有特定的紀念對象，所以潤孫先生在文中只提援庵先生的教導，但我認為，潤孫先生所云「老師的方法」，也應該含有蓼園先生的教導。

---

[35] 根據《新亞書院二十週年校慶特刊》的記載，由1961年10月至1966年3月，潤孫先生在新亞書院及新亞研究所共作19次演講。參閱上述《校慶特刊》（香港：新亞書院，1969年），頁172-173。

[36] 參閱《新亞研究所概況》（1990-2000）（香港：新亞研究所），頁61-67。

[37] 見牟潤孫：《勵耘書屋問學回憶——陳援庵先師誕生百周年紀念感言》，頁92。

潤孫先生秉承師教，引領學生進入史學之門，其中有不少學生，能在國內外包括臺灣、香港的大學任教，有一部分更在史學界頗有成就或聲名。他們有人不提治學淵源於潤孫先生，不提學術影響來自援庵先生和蓼園先生，自有個人的理由或顧慮，我們不必評論，但談論「南來」之學，潤孫先生在史學方面的成就、貢獻和影響，應該是「無法塗飾或擦掉的」。如果有人存心抑「土」崇「洋」，刻意塗飾自己的治學淵源，或以功利為前提，去考慮「忘本」或「不忘本」的選擇，那實在不足取；而且他們的表現，也可能會「教導」自己的學生作有意「忘本」的選擇。

第三章　羅夢冊教授──站在二十世紀中途論析中國社會形態

新亞研究所
梁耀強

一、前言

　　羅夢冊教授（1907-1991）[1]河南南召人，中國著名教育家。畢生不屑名士作態，盼求學道救民，並以「為往聖繼絕學」為己任，一九三〇年以「告大海」一詩享譽全國。一九三一年「九一八」事件，因感國家將臨近苦難，羅教授的治學興趣從文學轉移到政治方面。一九四六年國共政治協商會議破裂，再從政治轉移到革命。一九四九年，因中國政權更迭，羅夢冊教授南移香港。同年「亞洲文商夜校」亦正式開課，藉張丕介教授引薦羅教授遂在亞洲文商夜校執教。

　　上世紀五十年代羅教授移居香港後，對中國政治發展仍甚關注，續辦《主流》雜誌。該刊物倡議的政治理想，既盼望能成為當世的主流思潮，亦寄託成為闊別中國後個人政治生命的延續。二十世紀七十年代，羅先生深感個人政治理念難得以實現，冀望個人不平凡的經歷轉化作研究的有力工具。在萬籟俱寂的香港既傳述對國家天下的關懷，又從現象學論述中國社會形態。

　　多年來學界對於探討羅夢冊教授的學術活動，需取得不少成果。但同時存在一些不足，尤其羅教授移居香港以後。為彌補這些不足，本文從所

---

[1] 《主流月刊》海外版第十四、五聯號，總號第卅八、九聯號（香港：主流社，1953年9月20日），頁13。

搜集的資料，加強對個案和局部問題的探討，從一個獨特的視角，觀察羅夢冊教授「北學南移」其學術上的演變。

二、羅夢冊教授生平簡述

　　羅夢冊教授於一九〇七年出生河南南召縣，自幼得父母的悉心培育，研誦四書五經和諸子百家學說，養成了對中國傳統文化的鍾愛，特別是對儒學和法家的研習，更有濃厚的興趣。[2]一九二七年，羅先生考入國立開封第五中山大學（今河南大學）法科；同年，應陳治策的邀約，與任訪秋、白壽彝、張源、徐纘武等籌組成立一個文學社，經各成員商議，該社定名為「晨星社」；其意：一、是因為社員少，寥落如晨星，二、是寄託曙光早點來臨的期待；並定期出版《晨星半月刊》。而刊物內容分別有徐纘武的小說，羅夢冊的詩，張源的童話，陳治策、白壽彝和任訪秋的論文，其中任訪秋的論文主要針對茅盾三部曲的評論。刊物在開封受到了好評，接連出了五六期。[3]一九三〇年羅教授以「告大海」一詩享譽全國。[4]一九三一年，羅先生於河南大學法學院獲法學學士學位；翌年，考入國立北平師範大學攻讀教育學碩士學位，師承余家菊先生研習國家主義概論，以及效法英兩國的民主政治制度等學科，尤對創造新的社會意識有較深刻的認識。[5]一九三五年，羅夢冊教授獲取研究院公費，遠赴英國倫敦大學留學，專研法律學及中外法制史研究。羅先生在居留英國時期，正經歷「七七蘆溝橋事變」，深切感受到世界危機和民族大難日近，於無言的沉思與無名的鄉愁，在積累既久而「一旦豁然貫通」的心緒，縱然孕育構成《中國論》的主要概念。[6]留在英學習與遊歷的四年間，曾與費邊社會主義相遇接觸，加強了羅先生對和平革命的信念。[7]促成他的研習興趣從文學轉移到政治方面。

2　〈羅夢冊：享譽中西法學界的愛國教育家〉，《大河報》，2012年7月11日。
3　姚偉文：〈晨星社彙聚青年才俊〉，《大河報》，2010年7月29日。
4　《主流月刊》海外版第十四、五聯號，頁13。
5　張振光主編：《薪火集：河南大學人物傳（上）》（河南：河南大學出版社，2002年），頁140。
6　羅夢冊：《中國論》（重慶：商務印書館，1942年），頁2。
7　《主流月刊》海外版第十四、五聯號，頁13。

抗日戰爭的最艱難時期，羅教授因感國家之苦難日深，「抗日建國」大業之艱鉅，毅然從英國返回中國。回國後，基於對國家和民族之自我認識的要求，遂將旅居英國時期，與好友漫談的資料，鎔鑄為較為具體的論文，藉以和國人交換意見。一九四一年，羅先生主編《現時代的意義》，藉以評論「戰國派學者們」之『戰國時代重演論』的論述，並倡議『是解放時代之來臨』！[8]與此同時，羅先生為《東方雜誌》和《三民主義週刊》撰寫政治論文，其中幾篇題為：〈兩洋一海之風雲變局與世界前途〉、〈中國勝利就是東方歷史的勝利文化〉、〈中國歷史走到了西方歷史的前頭〉、〈論中國之國〉、〈論中國之國（下篇）〉等著名論文，這時期在港渝等地曾為之波動一時。[9]因而聲望大著，被公認為一個政治思想家。其後，從事教育事業和政法專業的教學科研工作，先後受聘擔任國立政治大學、重慶中央大學和國立河南大學教授職務。

值得一提，羅教授在河南大學對中國通史學生講述歷史哲學和政治哲學等科目，藉著執教之便，遂將在英國肄業期間作為與友漫談的資料，較有系統地編輯成《中國論》。一九四二年，在戰時首都重慶成立之參政會，[10]羅夢冊教授被選為國民第三屆參政會參政員。一九四五年，河南大學遷回開封辦學，羅教授受聘除擔任法學院院長，還當選為中央研究院院士。[11]

抗戰後，國民政府為和平整頓國內事務在重慶召開政治協商會議，參加是次會議黨派共有中國國民黨、中國共產黨，以及各民主黨派（民盟、青年黨、民社黨等），而中國國民黨與中國共產黨恰是該次政治較量的最高潮。一九四六年國共政治協商會議破裂，使中國政治情勢陷於不穩定局面，羅教授毅然放棄教務工作，融入社會，向民眾直接提出他的政治主張，促成「主流社」作為推動一個新革命運動的組織。[12]同年十月，發表〈讓我們來促成一個新的革命運動〉[13]一文，於一九四七年一月《主

---

[8] 羅夢冊編：《現時代之意義》（重慶：新評論社，1941年），頁1。

[9] 羅夢冊：《中國論》，頁2。

[10] 在抗戰時期，國民政府成立「國民參政會」，該特殊政治機構的性質和作用，是中國戰時政治民主的集中的體現，集中了中國各主要政治派別、各社會階層的重要代表，它對抗戰時期中國的政治、經濟、軍事、外交等重大問題都有所觸及。

[11] 張振光主編：《薪火集：河南大學人物傳（上）》，頁140。

[12] 《主流月刊》海外版第十四、五聯號，頁13。

[13] 見《上海大公報》，1946年10月26日。

流月刊》創刊，隨後發表了以下的文章：〈一代的意志與行動〉、〈新革命運動與新革命者〉、〈初論勞文〉、〈民主主義的政治與社會主義的經濟〉、〈論費邊社〉、〈以不流血的革命推開新時代之門〉、〈改造中國社會的第一步〉、〈和平革命者在三勞（勞文，勞工，勞農）旗幟之下集結起來〉、〈中國歷史的再認識〉、〈以第三世界之長成消除資共世界的對立〉、〈立促一代主流的形成〉、〈以民主自由社會主義的革命救中國〉、〈兩極政治與內亂〉、〈世界之路,革命之途〉、〈我們需要一個什麼樣的國際〉、〈中國之國之自我再認識〉、〈政治病源與文化診斷〉、〈天下烏乎往〉、〈論人類思想人類制度不容再落在人類生產力量之後〉、〈看今日世界之偏流逆流與主潮〉。[14]一九四八年，又當選為立法院立法委員。河南大學搬遷蘇州後，羅夢冊教授一九四九年三月辭去法學院院長職務，[15]同年四月，《主流》停刊，而羅教授則南移居寓香港。

　　第二次世界大戰後，中國政治處於不穩定情勢，國共兩黨互相爭持。一九四九年十月，中國政權更迭，國內不少學者紛紛避居香港。與此同時，「亞洲文商夜校」亦告開課，藉張丕介教授的引薦，羅夢冊教授遂在亞洲文商夜校執教。然而，錢穆與羅教授於抗戰時期在重慶政大曾有一席之談話，至「亞洲文商夜校」錢氏、羅氏遂成為同事。[16]

　　一九五〇年時期，香港社會環境相對國內較穩定，因而潛藏出現第三勢力組織的活動。第三勢力的組織是有其錯綜複雜的國內外背景因素存在，但是以香港為依託，其成員以海外軍政人員、知識份子為主體；藉辦報刊宣揚個人的政治理念，以及表達訴求和推動運動。而羅夢冊教授亦為第三勢力組織成員之一。據羅教授自述「第三勢力原本不是一個壞的名詞，組織第三勢力，亦不是一個壞的傾向，有一個時期，確為國人及世人之所切望。然不幸，第三勢力的醞釀和籌備，始終是未能走上大道與正途，而每為自私與落後之所籠罩。一年多可貴的時間虛度了，而一事無成」。[17]

　　羅夢冊教授居寓香港，對中國的事態仍深表關懷，一九五〇年一月，

---

[14] 《主流月刊》海外版第一號，總號第二十五號（香港：主流社，1952年7月20日），頁2。

[15] 張振光主編：《薪火集：河南大學人物傳（上）》，頁140。

[16] 錢穆：〈新亞書院創辦簡史〉，《誠明古道照顏色——新亞書院55周年紀念文集》（香港：香港中文大學新亞書院，2006年），頁4。

[17] 《主流月刊》海外版第一號，總號第二十五號，頁4。

先在《民主評論》發表〈站在世紀的中途看世界〉一文，隨後成立「時代思想研究所」、恢復籌辦「主流社」，冀望掀起一場新和平主義革命運動以代表中國思想革命的發展和躍進，藉以喚醒國民為總目標：「新和平主義的興起，擴展與深入及其成功，乃是吾人時代之中國事業與世界事業，亦是一道史無前有得歷史歷程」。[18]一九五〇年發表了《福利宣言》；翌年，英文版的《福利宣言》隨之世界流行。於一九五一年在新亞文化講座發表〈吾人時代之國家學說〉，一九五二年發表《新和平主義的興起》，同年七月開始發行《主流月刊》海外版，至一九五四年五月《主流》停刊。到了一九五九年，隨著中國大陸政策之民主作態以示寬大，所謂人民政府的聲威，日益彰顯，羅夢冊教授因而接受中國國家周恩來總理邀請重回北京觀光。[19]值得一提的是，羅教授有感孔子有聖人之德，應居王者之位，然卻『當王而竟未王』的反常，曾引起世人的抱憾的不平。於一九五七年撰寫《孔子未王而王論》，然完稿後，擱置於一九七二年二月才出版。而在該著作〈後序〉羅教授補充說明「本書之作，非出於一時的興會；今根於古，而通於古，且並可反照前古，個人親履的時代風霜雷雨，當會增進對往聖前哲的瞭解」；其撰述的意義「不擬於孔子作任何辯護，只盼以事實廓清近五百年間中國舊王朝以『師』限『聖』的烟霧，略事恢復孔子的原來面目和行事，以及其對中國的真實影響」。[20]

　　二十世紀七十代是羅夢冊教授學風轉折的開始。他深感個人政治理念難得以實現，冀望個人不平凡的經歷轉化作研究的有力工具，在萬籟俱寂的香港把生命完全灌注於教育和學術研究中，又從現象學論述中國社會形態。先後發表的論文計有：〈說渾沌與諸子經傳之言大象（上、下）〉、〈中國社會根柢之天下體制、天下哲學〉、〈透過戰國之讓國運動及秦漢之地下哲學看中國〉、〈中國歷史社會之行程與中國辯證哲學〉、〈中國文化之天下形態〉、〈中山先生在中國歷史中的地位〉。而在新亞研究所只專責兩門學科，一是「中國古代社會史」、二是「中國古代社會思想史」。羅教授極重視上課，每節課堂羅老師除了穿上西裝和結領帶，頭髮總不見凌亂，儀容端莊；每每看見學生進入課室，總是展露慈祥微笑，尤顯儒雅溫厚的氣魄。羅老師沒有課的時候，在研究所辦公室閱覽書報，偶

---

[18] 同前註，頁5。
[19] 張振光主編：《薪火集：河南大學人物傳（上）》，頁140。
[20] 羅夢冊：《孔子未王而王論》（法國：巴黎第七大學東亞中心出版，1972年），頁297。

與學生相遇，好侃侃談論當代知識份子藏頭露尾的形態，不以為然地使人感受時代良知的脈動。羅教授對於國事紛爭，不是妄作調停，而是轉化儒家經世的王道，以忠恕為本的仁愛為人類未來發展的根本力量。

三、站在二十世紀之中途看中國

　　據羅夢冊教授著的《中國論》所述中國，或「中國之國」，是一個「國家」，又是一個「天下」──是一個「天下國」；所以她每能進入於「天下太平」之最高級的政治境界。一旦「天下太平」就可以達到社會安定，文物制度進步，人民生活改善的境地，而且在「遍天下之內」所有國民都在安居樂業中，各自只有其自有發展。[21]中國人在「中國天下」世界慣常追求之救治生活或政治境界，早已不是初級的「和平」，而是高級的「太平」。[22]而中國歷史上治理「中國之國」早在先秦時期已出現「一治一亂」的循環迹像，例如：孔孟亦常常提及，孔子『天下有道』和『天下無道』相對比。羅貫中著的《三國演義》一書如下幾句話「話說天下大勢：合久必分，分久必合」！說出了中國歷史「合」與「分」的關係。羅貫中所論的「合」，就是中國歷史上「治」；他所說的「分」，也就是中國歷史的『亂』，就是所謂中國歷史上的『一治一亂』。

　　這種治理「中國之國」沿著『一治一亂』之表徵，頻見於中國歷史，是由於王朝執政者治理「天下」之「善」和「不善」。「天下之治」，就是說當時的王朝或政府之善於治理，或有力於治理；「天下之亂」，就是說當時的王朝或政府之不善於治理，或無力於治理。由於舊王朝之已不善於治理，自然鬧得「天下大亂」；不善於治理「天下」，或無力於治理「天下」之舊王朝或舊政府自不能讓路於一個新王朝或新政府的到來。而由於新王朝或新政府之善於治理，或有力治理，也就結束了「天下大亂」，而另開一個「天下之治」的時代到來。[23]

---

[21] 羅夢冊：《中國論》（重慶：商務印書館，1943年），頁78。

[22] 同前註，頁67。

[23] 同前註，頁77-78。

（一）中國立國的再認識與改措之道

　　觀乎十九世紀中葉，中英鴉片戰爭，中國戰敗，英國戰勝。中國之戰敗而究其原因，是中國人民不及西洋人之勇武和愛國，不惟中國的國家組織、政治機構，不如西方列強的國家組織機構的嚴緊生動有力；就中國人民的民族意識、國家觀念、團結精神、以及愛國心，不如西洋人。甚至中國人民沒有國際知識，不善於同西洋人辦外交，而且沒國防和軍備等等。[24]由於中西兩世界之猝然地相遇和自交，受到了戰敗的頓挫，又加上西方民主思潮的衝擊，在中國社會呈現靜海翻波。

　　羅教授指出，研究中國之改革或改造的問題，能夠很基本地從中國之傳統的文化和政治研究起，這自是一種很好的趨勢。但更重要必須注意到近代中國所置身於當代世界之後，已發生的變化。尤是「自鴉片戰爭以來所已發生的質變，以及她在今日所處的世界與時代，早已非鴉片戰爭以前的世界與時代，反而過分地強調舊中國之種種傳統，而導引出一種脫離了「時」、「空」之自我孤立的改造論或蛻變論，則將大有問題；因為這樣的改造或銳變，就形同復古了」。「鴉片戰爭之後，中國之國又何以不能再退回到東方去，仍舊把中國的大門關上，反而非學習他人不可，這即是受到了彼時已經興起主世界性與現代性的文化與政治力量之所驅使，無法抗拒」。在近百年以來，「唯因中國之國的改造運動或民主實踐一再地犯了錯誤，所以她迄今仍未能趕上今日的世界與今日的時代，亦未曾迅速興起，銳變為一個她可能銳變之富強而進步的大國，來領導東方，左右世界，反而仍然落伍於他國之後，或至少同他們一樣的落後」。上述犯的錯誤不外兩種：

　　　　一、是她在她著手改造自己之際，排拒了中國之外的世界，亦排拒了鴉片戰爭之後的時代，亦即是她排拒了中國之外的世界與鴉片戰爭之後的時代所具之世界性與現代性之文化與政治，而妄冀來一個中國本位之孤立的亦懸空的銳變或改造。

---

[24] 同前註，頁92。

二、是她們全面地忘掉了中國之自身，以及其文化傳統，政治傳統之潛力，或過分地卑視之，仇視之，在否定中國之一切的一切，而力主全盤西化，或全盤某化的錯誤下，盲目而矢志地區模仿西洋民族國家之某一國，甚至其本身的一切即在銳變中之某一國，或其者本身的一切已其為反動落後的某一國，反而忽略了整個世界所代表之立世界性與現代性的東西。[25]

承百代之流，而會乎當今之變！人類歷史到了二十世紀五十年及六十年代，展示一個重大的事實，一國之內，國民之間，有看貧富走極大懸殊，以及由此產生的不平，當然是落後的不合理的現象，應該加以消除。所謂經濟的民主，不僅是要拒絕接受資本主義舊形態的經濟，而且還要排除共產主義以及其他舊式社會主義舊形態的經濟，因為這兩者都是不民主的。

（二）資本主義與共產主義在於時代錯誤

查看資本主義的功過，固因為人類帶來偉大生產力，然而他亦曾把人類隔離於貧富之兩岸。少數富有者憑著他們的財富，可以佔有一切，並蹂躪一切，這樣也構成了社會不平之源泉。[26]

論共產主義的功罪，其在暴露社會之不平，貧富問題之嚴重，以及在提高工人大眾之政治意識反政治地位諸方面，曾有其不世之功。然而它企圖著要接代人類建造起一個新的社會，而乃在它既要建造的社會民側重在一切的一切要和資本主義相反，其思想和制度乃時代逆潮。[27]

然而羅教授是指出了兩個大錯誤之後，提出一個新的認識，一個新的方向自從吾人意識中產生。就是國家或政府建立一套鞏固的新經濟的模式，為每一個勤勞善良的國民，應該且必須各自主有一個可以經他自己立在自己腳上之最起碼的經濟腳石，或有以捍衛他自己的獨立與自由之最起碼的經濟堡壘。或「福利經濟」；因為有了它，人之「人權」。人之「福利」，才有了保障；它不但能保障人之所以為人之起碼的生存，而且必要

---

[25] 《主流》：〈論中國之國與民主〉海外版第五號，總號第二十九號（香港：主流社，1952年11月20日），頁7。

[26] 羅夢冊：《福利宣言》（香港：主流社出版，1950年），頁6。

[27] 同前註，頁10-11。

時它可以支持並捍衛人之尊嚴、獨立與價值。這類的經濟腳石，或經濟堡壘，如果一定要使他含有一點財產意義的話，亦無不可地可釋之為「人權財」。

然如何能夠實現此類的新經濟，這又待吾人在政治方面的努力，首先應是揚棄幾千年來的舊政治，另行開拓新的政治代替之。開拓與建立新政治的精神和意向，將一反往昔人統治人，人壓迫人之「權力政治」的舊形態，而代之以人服務人，人款待人的新精神。這類的政治，我們可以名之為「福利政治」，因為它——福利政治之政治，不再以統治者或統治階級之「權力」為重心，而以人類的，「福利」須依歸。[28]羅教授闡述：

> 所謂科學的自由主義（亦即資本主義）之既得利益者，自然仍是堅決地認定，亞當斯密的學說，仍定千古不易的真理，仍應繼續地遵照著走下去。但是其他的來人，卻持著相反的見地，亞丹斯密式的自由主義，亦即所謂科學的自由主義，亦即資本主義的自由主義，非立即停止下來亦不可了。[29]

為了補救自由主義所已發生的災害，避免出現一套聖西門等提出三氏的社會主義學說。但因初期的社會主義與初期的自由主義一樣，有理想，無辦法，不能滿足人類的願望。而另一極端性之共產主義，亦即所謂科學的社會主義，因之興起了。

但所謂科學的社會主義，不但反資本主義，反亞當斯密式之科學的自由主義，人類之一切的自由，一切的民主，亦都在其反對打倒之列了。這自然。無可避免地要激起真正的自由主義者與民主主義者的反抗。[30]

二次大戰後，由於掀起一股民主的或自由的社會主義思潮，該股思潮不但是已可和共產主義在世界分庭而抗禮，而且還引導著業已誤入了迷途的自由主義走出迷途，而轉入一個較正確的新境地。就是福利哲學，福利思想，福利路線，被視它為一條通達自由的道路。

---

[28] 同前註，頁57-59。
[29] 同前註，頁70。
[30] 同前註，頁70。

（三）走向福利國家與自由社會

自二次大戰之後，在英國新經濟學家風起雲湧。而「全民福利」的聲浪，漸次的傳遍了全歐洲。福利政治開拓了，人權經濟的實施，自然是可以順行而無阻。

一九五〇年十月，羅夢冊教授發表《福利宣言》，指出「有理由，或尤有責任，繼近世之獨立宣言（Declaration of Independence），人權宣言（Declaration of the Rights man），共產黨宣言（Communist）之後訂立，繼共產黨宣言之後，來一個新的宣言──福利宣言（Declaration of the Welfares of Man），以宣告此一『人權經濟』及『福利政治』」[31]之新政治新經濟之到來，亦稱之為第四宣言。一九五一年福利宣言英文版的世界流行，隨之得到西方的讀者回覆說：「此書之所以卓越者，尤在它所提出的新道路，乃是一條富於實際性的新道路，在這裏，不是單純的某學說的一個新學派的建立；」「而這一條道路，在政治上說來，也是我們前所未知的」。於一九五三年九月九日「主流社」總編輯王永怡代表羅教授出席英國布萊雪夏令集會宣讀《福利宣言》，並受到關注。[32]

《福利宣言》是從哲學方面進行討論：它把普遍接納西方思想觀念，從和當前世界實況的對照中予以重新評估，同時，也顧到關於實證宇宙性質改變中的新觀念對於人性觀及正統的社會組織觀的固有舊觀念所產生的影響。[33]福利宣言不僅說它是費邊主義之革命性的質變，亦被視為一種全新的政治哲學，一種全新的時代思潮，已跨過了資本主義、共產主義及費邊主義而前邁。在宣言的結尾，羅教授提供一個嶄新之政治的及社會的方案大綱，是「人權經濟」與「福利政治」，在人權經濟制度的運行不是如資本主義經濟一樣，也不是如社會主義經濟，為統治者與被統治者之間的支配命令的運行關係；人權經濟是以人類福利作指導的運行關係，以人權財作基石，以人類福利經濟作指載的經濟運行的結果，而能真正達到經濟

---

[31] 同前註，頁4-5。

[32] 《主流》：〈王永怡在布萊雪及其他〉海外版第十六號，總號第四十號（香港：主流社，1953年10月25日），頁20-23。

[33] 《主流》：海外版第十四、五聯號　總號第卅八、九聯號（1953年9月20日），頁13。

的平等，經濟的民主。[34]而在人權經濟的原則下，企業的經營，勞動的進行，是要儘可能地遵循著民主的方式，自發的精神，並符合人權的條件，且必需是為整個社會之需求與交換而生產的。換一句話，一切生產，慨不為資本家，又不是為統治者的政權之鞏固而生產。而是為人民全體之福利而生產，這也是說，資本主義刺激生產的方法是用「利潤」作誘餌，共產主義刺激生產的方法是用政府的權力作鞭策，人權經濟刺激生產的方法是人民自身的福利；所謂「福利」，概略而具體言之，即生產者的生產成果，直接歸屬於生產者本身整個社會。[35]

　　嚴格來說，政治的民主和經濟的民主，都不是目的，而是手段，是人或人類要實現他們自己的目的，應採取政治民主與經濟民主的前進。才能引導著人類一步步地接近，所謂人這個生物，是一些天賦人權之「政治人」，這種「理性人」「經濟人」和「政治人」之綜合的一致的人格的實現，才是全稱肯定的人。

　　「理性人」和「政治人」不是「經濟人」的上　建築或影子傀儡，受「經濟人」的愚弄和支配；相反地「理性人」卻是「政治人」及「經濟人」的制約者，「政治人」卻是「理性人」的實踐者，「經濟人」之代求滿足者及保障者；自然，「經濟人」亦是「理性人」及「政治人」之催促者及支持者，交互言之。[36]

　　在傳統政治學而言，「政治」是人「對付」人，人「統治」人的東西；因而他們總是把「政治」和「權力」觀念不可分割地聯繫。也就是說，他們總是把「政治」和「武力」相互聯繫，亦即和軍隊及警察聯繫著。[37]民權思想之興起乃為近代的民主政治之嘗試和推進。而民主政治之最初的目標及最初期的形態，只在要把政治權力從少數的統治者手中奪回或收回，掌握在人民之手，而替人類建立起一個由「多數統治」的政治，為爭取此一目標，人類曾經過幾百年的奮鬥，也流了民主鬥士多量的鮮血。[38]然而，民主政治如果是只停留到此一點上，便不能再向前邁進。在人類歷史上首先認清政治之真正確的意義與正確的使用，福利宣言指出，

---

[34] 羅夢冊：《福利宣言》，頁87。
[35] 同前註，頁75。
[36] 同前註，頁55-56。
[37] 同前註，頁88。
[38] 同前註，頁91。

這絕不應是人對付」人，人「統治人的東西」，剛剛相反，應是人「服務」人，人「款待」人的東西；只看人「服務」人，人「款待」人的政治；這即是不必要，再和什麼「權力」、「武力」等觀念聯繫著，再和什麼軍隊警察聯繫著，甚至什麼種族、階級、教條、特務等聯繫著。既然政治之為物，是以人「服務」人，人「款待」人的東西，它就應該要和「福利」觀念聯繫著，要和科學、知識、技術、各行各業的專家、通人、技術人才、人民自己、及最基本的民主原則聯繫著。因為這些知識、人物與技術，都是今日人「服務」人，人「款待」人的新政治所所最必需具備的東西。這當然是人類在其政治自覺與政治實踐之途程上一大躍進。此類的新政治，暫名之為福利的政治；因寫它不但有別於往昔之以統治人民為目標之權力政治的舊政治，或統治政治的舊政治，而且是以福利人民，服務人民，須依歸。這也是能夠造福於人類，才能替人類建立起一個合理的世界。[39]福利政治開拓了，人權經濟的實施，自然是可以順行而無阻。這也是二十世紀四十、五十年代，中國人對當前人類處境的全新的現代化的看法。

四、從現象學論述中國社會形態

　　二十世紀四十至六十年代是中國身處激盪時代，羅教授自一九四九年寓居香港，一直對於中國大陸社會形態仍表關懷，惟望掀起了一個遍及全國的民主與和平的浪潮，隨之續辦「主流社」。從他個人生活經驗的反思發表《福利宣言》，傳播著一個新的革命來臨；呼籲全國人民和平地興起，和平地奮鬥：在一個不流血的民主革命中建立起一個政治民主、經濟平等、個人尊嚴及社會正義得其協調變革中國。隨著中國與世界局勢的激變，一九七〇年之後，羅教授深感個人政治理念難得以實現，冀望個人不平凡的經歷轉化作研究的有力工具，其學風轉折穿透不同的生活世界，重回中國社會形態方面。

　　一九七一年發表〈說渾沌與諸子經傳之言大象（上、下）〉[40]，該論文是羅教授當年參與一項研究工作的成果輯集成書，擬簡稱《元本三

---

[39] 同前註，頁93-94。

[40] 羅夢冊：〈說渾沌與諸子經傳之言大象（上、下）〉，《東方研究》第9卷第1期及2期（香港：香港大學，1971年）。

書》，次名的命名：

《元本一書》──〈攷渾沌、原道、心〉；

《元本二書》──〈攷盤古、原性、命〉；

《元本三書》──〈攷三五（三皇五帝）、原人間〉；

此三書，亦稱之為：《原無書》、《原有書》、《人間書》；《元本三書》之「元本」當係「元元而本本」的簡稱。待三書完成，以通俗而命名稱之為《中國歷史語言及其哲學元本》。

一九七二年五月，因緣際會，羅教授得友人李克曼博士（DR P. Ryckmans）為他付印《孔子未王而王論》出版。書中對中國人對孔子之聖而不王，應王未王，和嬴政劉邦等人之不應王而王，視作為歷史的反常，深表不滿，拒絕承認，拒絕接受，所發生之一次大規模的思想反叛。這也許更是應為我們之所深察而特加注意的：經過了這次的反叛或革命，中國歷史的發展，即從此發生嚴重的分裂和分化，化一而為二：一者是實然的歷史，即歷史發展的實然；一者是影子的歷史，即理想中的歷史，亦即歷史之民意的造型。[41]

孔子的哲學思想的發展，正同其生活的和人生的實踐一樣，也同是從「學」與「思」開始。由「學」與「思」達成了一個總的「學」，再以此推演，由學而「知」，「知」而「仁」，「仁」而「聖」，「聖」而「道」，「道」而「德」：一個完整的哲學體系。[42]孔子的政治理念及其推行的政治活動，乃一托上古之制以改夏、商、周之制的新制或革命。所謂「五帝官天下」和所謂「大道之行也，天下為公」云云的理念及其實踐，不只為中國世襲王朝之走向極權化，且並為生息於此類極權王朝之下的人們之所不易了解。[43]

中國歷史的發展，曾為孔子之聖而不王，亦應王未王，而分裂：中國人不只是終於王孔子於春秋，亦即王孔子於人間，還要王孔子於天上，而並曾使漢後中國歷史的發展平行於實然應然之對立。而同時，孔子之學之發展和再發展，亦終於達致內聖外王之學的建立，中國人不只是可以自由地出入於天人王國或心性王國之王國，而他們之所生息其中之地面的王

---

[41] 羅夢冊：《孔子未王而王論》，頁26-27。

[42] 同前註，頁43。

[43] 同前註，頁79。

國，一個「天下為公」的新時代，也終於為之開啟。[44]究其原因，可能較為複雜，也許，承唐代世襲王朝制的強化，又加以蠻族的入侵，首先是孔子的地位會發生了逆轉和變化。兩漢以後，直至隔代，朝野之看孔子，始終是以聖王或素王稱道之，並尊視之。

隨著時間的前邁，由孔子開其始，或可說，由春秋和論語兩本書所分別代表之不同之學培其胎，構其體，而由莊子點其睛，的內聖外王之學，經過了孟、荀和莊子努力，再經兩漢天人之學、魏晉玄學和兩宋道學的發展與演變，好像是又來了一個大的逆轉，於先行完成其內聖之學之後，[45]宋學的優點，是它已完成了中國之內聖之學，而已能為中國人開拓出一個永恆而無限之天人王國之王國或心性世界之世界。但其弱點，因宋學之並未以內聖之學為界範，而每每統「內聖」與「外王」之道而任之；但他們之於外王之學，卻並未切實地講究之。以致一般宋儒之與外王之學，實甚空疏，且極迂闊。[46]到了明末清初之際，已由內聖之學而推及於外王之學。

承百代之流，而會乎當今之變，當孔子之學已作其更為近代的發展，由內聖之學已推及於外王之學之際，由於中西兩個世界之猝然地相遇和自交，受到了戰敗的頓挫，又加上西方民主思潮的衝擊，在中國，靜海翻波，古老的記憶重新，孔子在古代的地位亦因之又告恢復。[47]這是隨太平天國運動之失敗，出現康有為和孫中山先生。康氏之所認識的孔子，乃是漢代緯書所介紹的孔子，並非公羊春秋祖述的孔子。而是一位代人制法的制法主，而非重現禪讓，當統應運作新王的孔子。康氏之假聖卻為孫中山先生的出現鋪其道路。中山先生之學是確曾受西方近代民主思潮及社會主義的影響；然而，中山先生之學更主要更基本的是，受禮運篇「天下為公」之義的影響深鉅，亦實可視其為孔子之學的近代發展的再發展。[48]

中國歷史因受到漢人王孔子的影響，已曾發生了實然之史和應然之史的分裂，並作其對立性的發展。羅教授所言「孔子真面之被改變，正是在這一道若肉似魔法符咒之下發生的。於孔子的生命歷程，固不無其教學作師階段，而孔子之為孔子，當在其不避艱險地從事救世運動，為中國建新

---

[44] 同前註，頁32。

[45] 同前註，頁30。

[46] 同前註，頁28-29。

[47] 同前註，頁30。

[48] 同前註，頁31

制、開太平。羅夢冊教授所著《孔子未王而王論》，不擬於孔子作任何辯護，也略事恢復孔子的原來面目和行事。

羅教授還有其他闡述中國社會形態的探究：

其一、〈中國社會根丘之天下體制、天下哲學〉[49]一文，從其政治形態和內涵來看、中國社會在初始的時代起，似應稱其為一個種性而又超越性、多邦國而又超邦國的大社會。吾人只要對於虞、夏、商、周等四代三王時代之社會形態作鳥瞰，便能察覺，於中國之為中國之自我稱謂的遞變中，即自成一秩然有序的成長，反映著中國社會之為一天下形義的社會的演進過程，由孕育而滋長而成立，可以看到經過四個階段史序：

（一）九有、九牧、九坶、階段；

（二）多方、萬方、萬邦、階段；

（三）四海、四晦、四海、階段；

（四）天下、禹迹、禹宇、等等稱謂的出現，當即天下觀念及其形制之已告奠立。[50]

中國古代社會，隨著夏王朝而起的商王朝，延續夏王朝所締造的「九有」並擴大推進，由「九有」而「萬方」，而「四海」像祖產一樣地繼承此類大社會之維持和擴建方面所實施之政治原則、民族路線，亦自必有其優長處。[51]而中國古人視天下秩序之之為一高級的秩序，天下體制之為一高級的體制。到了戰過時代，儒、道諸予不獨是多已達致此類的自覺，且更直接了當以天下觀天下，把他們所見的天下，予以精闢的神繪。而謂「天下」者，正是「天下為均」、「天下為平」之「均」與「平」。依古訓，均即是平，平即是均，就是一門與均平相關的學問，於西周時代，在朝野人士的心目中，天下之為之天下者與均平原則，亦即均平之道，密切相關聯，宅心「不平」，為政「不均」的為害。尤應注意的是，申述天下之政治之必須基於均平者。其已成為天下之為天下者的政治哲學。[52]

中國古人所側重於豐裕者多，而今人則視均平為重；推至其極，竟向均平觀念之極端處倒，構成一種均平壓倒豐裕的態勢，似已出現了「均

---

[49] 羅夢冊：〈中國社會根柢之天下體制、天下哲學〉，《新亞書院學術年刊》第十六期（1974年）。

[50] 同前註，頁354-355。

[51] 同前註，頁358。

[52] 同前註，頁364-365。

貧」「均苦」之失。但若從天下思路和天下格局為物，來奢談中國之「大小遠近若一」的太平境界之可能出現而構思。而太平主義及其運動之出現於兩漢，及其以後，為一種大眾性的社會思想。社會大眾之均能獲得豐裕和均平，不只是於王朝的統治者無害，且甚有利於他們的統治。故此純經濟性的太平主義，不獨是不為王朝所排拒，更微妙地，與「五穀豐登」相聯繫的「天下太平」，並為歷代王朝之共同願望、官方哲學。[53]

中國古人之共同相信，共同仰慕的唐虞盛世和堯舜之治，並非無根據至談，《禮運篇》云云『大道之行也，天下為公』，當正是中國氏族社會時代的氏族民主制。可是從秦至清朝之間歷史出現的太平主義、太平運動所要反對、所要改變的主題，似只在『今天大道既隱，費力為己』在這方面，而要推翻「今天下為家」的世襲王朝制，卻只為大家所嚮往不已。自秦漢以後之社會，盛行於「今大道既隱，天下為家」；然而「大道之行也，天下為公」之中國天下哲學轉入於地下活動。[54]

其二、在〈透過戰國之讓國運動及秦漢之地下哲學看中國〉[55]的論述，從中國歷史的史實來看，讓國傳賢事件，不只是戰國時代的大事件，為戰國時代之為一個歷史時代塗上金彩。並為古往今來貫串中國史程及區分中國史程的大事件。[56]戰國之讓國運動，及秦漢之地下哲學，擬找尋禮運哲學的辯證。所謂辯證性的行程，即是一類由「正」而「反」，再由「反」之「反」，而達致其更高級之「正」，或所謂「合」者的行程。[57]中國社會有「正」而「反」，再由「反」而「合」之正常發展之邏輯的必然。因而，其將終於再來，亦是一個邏輯的必然。[58]

讓國傳賢改制運動之能出於戰國時代，乃是中國社會之能從事其自我反省於戰國時代，實與當時學術思想，以及政治社會諸領域已告呈現的新事物新情況者密切相關聯。基於吾人的探索研究，尚可知悉，戰國時代所呈現百家之學之已達致其高層次的綜合；其次，哲人才士之直接間接地從

[53] 同前註，頁373-374。

[54] 同前註，頁374。

[55] 羅夢冊：〈透過戰國之讓國運動及秦漢之地下哲學看中國〉，載《新亞書院學術年刊》第十七期，1975年。另〈中國文化之天下形態〉，載《望道便驚天地寬》（香港：中國文化學會，1975年）。

[56] 羅夢冊：〈透過戰國之讓國運動及秦漢之地下哲學看中國〉，頁154。

[57] 同前註，頁155。

[58] 羅夢冊：〈中國社會根柢之天下體制、天下哲學〉，頁375。

事政治；再者，民間口傳之古史，若堯舜禪讓的事迹，已轉化為一代的新思潮。[59]由於中國古人之已能於此時期從事其歷史社會之自我反省，歷史社會的行程亦因而很可能地即來一「反」之「反」。從「反」「夏後殷周繼」之為「唐虞禪」之「反」中，達致於一個高於「唐虞禪」之「正」。此讓國傳賢改制運動之所由起。[60]到了秦漢以來社會形態及其內涵之為中國古代社會之「反」；而要另為開出一個高層次之「正」者的新局來，合古今及未來而統觀之，中國之歷史全局似要完成其由「正」而「反」，再由「反」而「合」之辯證發展。[61]二十世紀初，孫中山之學從理論之試為提出，並予以現代化，到躬行實踐地試之以革命，以促「大道之行也，天下為公」之再現於中國，且並曾獲得初步的成就。亦為一種符合中國歷史要求的民主制度之能運行於今後的中國，鋪好道路。[62]

其三、於〈中國歷史社會之行程與中國辯證哲學〉[63]以文，試圖探究中國的歷史社會是定要完成其辯證的行程，所謂辯證的行程，即是由「正」而「反」，再由「反」之「反」，達致其高級之「正」的發展。[64]

中國古人之所以特崇「三五（三皇五帝）」之「世」與「治」所表現之無限嚮往，其能讓我們所知道的史實，帶領吾人返還於中華先民原始群所民主之城。而且大大地改善了吾人研究中國歷史社會所處的地位，正可從這裏尋找中國歷史社會之源頭處，綜觀中國歷史社會的行程。[65]

在中國歷史上出現之「夏后、殷、周繼」，當為「三五」之「世」與「治」之原為中國歷史社會之「正」者，已由「正」入「反」，轉入於其反面之「反」而達致其高級之「正」的行程。[66]中國歷史社會之由「正」而入於「反」再由「反」而入於「反」之「反」，古人所持的崇古史觀，特具崇三五而薄三代及秦漢的內容。其蘊涵視三代秦漢者為三五之世與治之「反」，然卻並要「反」，此三代秦漢之為「反」者之義。當知此類為中國古人所持的崇古史觀，非一崇古悲今的格局，只以回會顧的情懷，

---

[59] 羅夢冊：〈透過戰國之讓國運動及秦漢之地下哲學看中國〉，頁155。

[60] 同前註，頁187。

[61] 同前註，頁188。

[62] 羅夢冊：〈中國社會根柢之天下體制、天下哲學〉，頁375。

[63] 羅夢冊：〈中國歷史社會之行程與中國辯證哲學〉，載《新亞書院學術年刊》第十八期，1976年。

[64] 同前註，頁177。

[65] 同前註，頁168。

[66] 同前註，頁173。

去憑弔前古者。[67]關於「唐虞之世」、「唐虞之治」、或「五帝之世」、「五帝之治」之為古人所向往，羅教授從地下發掘和經典史程及古代傳說之三結合，不僅救活了「唐虞禪」或「五帝官天下」云云之「五帝之世」，且推而遠之，推而上之，證實了所謂「三皇之世」者，並非好事者之虛構；均曾有其堅實的歷史的和社會的根據。並進而探討中國古人向往「三五」之「世」、「三五」之「治」的意義。[68]

中國古人所持崇古史觀之達致其邏輯的演進和轉化，中國歷史社會的行程是由「正」入「反」，再由「反」而轉為「反」之「反」之辯證發展。古人向於「三皇」之「世」與「治」，給予中國歷史社會和文化之鉅大影響。就社會而言社會，有一種超社會的社會存在著，以及其影響於中國歷史社會之完成。[69]

上述三篇文章是羅老師分別在一九七四年至一九七六年間完成並作發表，找著中國古代社會形態，穿透不同的生活世界，互為主體及意識層面，探索中國歷史進程的真面目，三篇文章聲氣互通。

值得一提，羅教授於一九八二年發表〈中山先生在中國歷史中的地位〉[70]一文，論述中山先生之革命理論，革命哲學，於早期蘊含著民族、民權、民生、主義的胚胎，並成為三民主義的圓熟形式，促成中國的民主革命與民主中國之革命建設，從中國歷史社會及中國文化的角度，來衡量，來認識，來肯定所居的地位。

與此同時，羅教授指出，中國自秦漢以來，有大志向的人，多是想做皇帝，像劉邦見秦始皇外出，便曰：『大丈夫當如是也』。項羽亦曰：『彼可最而代也』。到了晚清民國初年，那種帝王思想仍沒有化除。首先，推究太平天國勢力之所以衰弱的原因，是由於楊秀清想做皇帝一念之錯。洪秀全當革命時，尚不知有民權主義，所以當洪秀全一起義，便馬上封了五個王。其次，民國初年，陳炯明之投靠革命及其背叛革命，都是因為存有帝王思想。[71]

---

[67] 同前註，頁171。

[68] 同前註，頁158。

[69] 同前註，頁172。

[70] 羅夢冊：〈中山先生在中國歷史中的地位〉，載《「孫逸仙博士與香港」國際學術會議論文集》》，1982年。

[71] 同前註，頁335。

　　孫中山先生倡導的中國革命，一開始即以民主作為革命主題，於一九一一年成立中華民國，為整個亞洲之第一個非君主國家的出現，亦為中國結束了一個時代，另開了一個時代。若論中國與外國的政治不同，我們可以作比較，外國政治是從專制趨於自由，因為外國古代君主專制太過，人民不堪其苦，於是大家提倡自由。中國政治是從自由入專制。因為古代有堯舜的好皇帝，政治修明，人民安居樂業，所謂「鑿井而飲，耕田而食」，老子說「無為而治」，這些表示當時人民生活極端自由的狀況。[72]

　　中山先生發動的中國革命，以民主為主題，以民權為主張，由堯舜事迹的探討觸及到中國上古時代之氏族社會的「家天下」，以及堯舜時代的「公天下」，大不同於以後的「家天下」。中山先生之突出民權，堅持民立，矢建共和，確屬既「會乎當今之變」，而又「承為代之流」。[73]

　　綜合了然，中國歷史社會的演進，到近代和當代，中山先生化費了他全生命的六分之四的時間和精力，促成「大道之行也，天下為公」之能以現代的形義再現於中國，將中國歷史社會帶進其「反之反」之另一個的大轉折時代，中山先生在中國歷史中的地位達至無法量度的崇高。[74]

五、結語

　　羅夢冊教授生活於中國洶洶蕩蕩時代，處於「資本主義」和「社會主義」最激烈的冷戰。從英返國，學以致用，忠心報國。但因國家之苦難，他的興趣先從文學轉移到政治，再從政治轉移到革命，最後成為一個實幹的社會主義者。他早年曾有馬克斯主義傾向，但目擊蘇聯的殘酷的大整肅後，這種思想即因之改變，蘇聯政府的獨裁統治，更把他變成了一個和平主義的革命者。《福利宣言》標誌著一個知識分子超越國界，站在人類歷史發展前沿，高瞻遠足為中國的新世界繪製改革藍圖。

　　從羅教授的治學經歷，上通中國古代社會，洞察中國社會發展的趨勢。他處於國共兩黨的爭持，不是妄作調停，而是轉化儒家經世的王道，以忠恕為本的仁愛為人類未來發展的根本力量。對於評價羅夢冊教授的一

---

[72] 同前註，頁340。
[73] 同前註，頁341。
[74] 同前註，頁347。

生，套用河南大學香港校友會發表的一句話「淡泊名利，操持峻潔，一向視學術論著為自己的生命。治學的目的，貫徹在治學過程中，從不曲學阿世，也不受外緣的黨派影響，從不受時局的變化而發生動搖」。這也是羅先生一生學問的根本，是他的智慧最感人之處。

第四章　我印象中的嚴耕望教授*

新亞研究所
官德祥

引言

　　我報考新亞研究所主要是受浸會大學李金強教授的影響。在大學上課時，李先生時常提到新亞研究所文、史、哲三組巨星雲集，是中國南方學術重鎮。[1]我被此深深吸引，為能親炙眾位大師，大學畢業便毅然報考研究所碩士班，僥倖考上，其時為一九八七年，距今已廿七載。

　　初次見到嚴先生面，就是入學面試當天。若非總幹事趙潛先生介紹，我根本不知道跟前就是鼎鼎大名中央研究院院士嚴耕望教授。在互聯網世界未發達前，此情況雖不罕見，也得怪己孤陋寡聞。其時，先生年剛七十一，正處「從心所欲，不踰矩」階段。我則一名小伙子，乳臭未乾，差六年才「三十而立」。師生年齡差距幾近半百，學問高低則天懸地隔。對我來說，先生簡直是學問上的巨人，讓人高山仰止。然而，他對學生絕無架子。只要關乎學術問題，他有研究過的，都肯傾囊相授。他肯花寶貴時間寫《治史答問》和《治史經驗談》，便是他關懷青年學者的最佳明證。[2]

---

* 嚴耕望先生，號歸田，安徽桐城縣人，民國五年(1916年)生。先生國立武漢大學畢業。曾任齊魯大學國學研究所助理員，中央研究歷史語言研究所研究員，香港中文大學中國史教授、中國文化研究所研究員，新亞研究所教授，美國哈佛大學訪問學人，耶魯大學訪問教授，民國五十九年當選中央研究院院士。上海古籍出版社編輯寫其在1918年生乃誤，見《嚴耕望史學論文集》（上海：上海古籍出版社，2009年），上冊，〈出版說明〉。他是1964年來香港中文大學新亞書院研究所任教，見氏著：《錢穆賓四先生與我》（臺北：臺灣商務印書館，1992年），頁80。

[1] 李金強：〈新亞研究所師友雜憶〉，載《新亞論叢》2009年總10期，頁171-172。

[2] 王壽南：〈懷念歸田師〉，載嚴耕望先生紀念集編輯委員會：《充實而有光輝——嚴耕望先生紀

就嚴先生所發表過的著作表面上來看，他是「中國地方行政制度史」及「唐代歷史人文地理」兩門的專家。他對發表文章很有原則，非其專長的範圍絕不輕易發表文章。[3]我說不輕易，但也有例外。在本文第二節〈通識教授〉，我便介紹先生的通識及有關二篇「例外」文章。而說到「例外」中的「例外」，更不得不提到廿五年前關於一篇先生的「學運反思」訪問稿，此在第三節〈史家旁觀當今政治〉中有詳細闡釋。另外，先生愛形容自己是「工兵」，又把譚其驤先生形容成「將軍」，成鮮明比對。關於此點，我會在第四節〈工兵史家與將軍地圖〉作出交代。最後，我想在第五節〈先生晚年心境與生活〉談談先生在研究所最後十餘年的心路歷程。

通識教授

認識嚴先生學問的人，先生的精專無須贅言。不過，先生除了精專之外，他亦很通識。

思果先生，原名蔡濯堂，在其《翻譯研究》〈序〉中便用「博學」來形容先生。[4]思果先生非歷史圈中人，對先生都有此印象，必有其理由。認識先生，固然知道他的學術功力深厚，但我仍不嫌其煩，談談兩篇我認為非一般的「例外」通識作品，以見先生專精學問中的「通識」。

關於上古三代考古學的文章先生很少發表，二里頭應是其中「例外」。事實上，先生早明言其對考古學有相當濃厚興趣，此與史語所環境不無關係。[5]再者，他曾在中文大學開「上古人文地理」課，對上古三代課題有相當基礎。此二里頭考古文章就是先生厚積薄發的「例外」產物。

一九七八年，嚴先生就其四年前秋天所寫之夏代講義加工作為〈夏代都居與二里頭文化〉一文，並且在《大陸雜誌》第六十一卷第五期發表，主要用的是鋤頭考古學資料與文獻資料相配合。文章為當時考古界所重視。[6]文章內容於此不贅。我認為先生的考古研究與史語所考古組室不無關係。先生也承認「史語所有歷史、語言、考古、人類學、甲骨文五個組

念集》，（臺北：稻禾出版社，1997年），頁53。

[3] 劉健明：〈獨立奮鬥 盡我所能---追憶嚴耕望先生〉及思果都說過，他是百科全書式史學家。

[4] 思果：《翻譯新究》（北京：中國對外翻譯出版公司，2001年），〈序〉。

[5] 嚴耕望：《治史答問》（臺北：臺灣商務印書館，1986年），頁21。

[6] 同前註，頁20。

室，研究範圍包含廣泛，……但就所內成員的研究工作而言，不無好處。
因為各組研究的問題各異，方法有別，但大家在一塊，耳濡目染，只要自
己開朗一點，自可互相影響，擴大眼界。……」[7]事實上，先生與史語所
全人的情誼向來不錯。

　　我在《傳薪有斯人》一書便看到夏鼐、高去尋、張光直彼此通訊均
提及先生。當中更有一封信論及香港嚴曉松寄夏鼐《侯家莊1001號大墓》
報告。[8]曉松是先生女公子，報告應是代先生寄出。從信件內容可反映先
生與史語所考古人類學家們關係融洽。最有趣的是曉松初被夏鼐誤為曉梅
兄弟輩，引起夏鼐及張光直擬作一場小考證，考證關鍵點是曉松來信的地
址，最終由先生確實曉松為其女，考證結束。此事反映，史語所學人即使
因公出國，彼此都能緊密聯繫。[9]

　　除了二里頭考古文章是「非一般例外」，我認為〈佛藏中之世俗史
料〉中「地球形」說，又是另一個「例外」。

　　我在研究所唸第二年，報讀了先生開的〈中國中古史料研究〉課。
嚴先生說：「研究歷史，無論採取什麼方法，都以史料為基礎；不能充分
掌握史料，再好的方法，都不能取得真實的成果」。[10]課堂中，先生利用
十種不同類型的史料教授諸生。每種史料都輔以他的專文闡釋。我對先生
「竭澤而漁」的功夫略有傳聞，到了課堂先生現身說法，愈益堅信。李金
強先生曾對我說：「能以己之不同專文作範例，恐今杏壇講者未有幾人能
辦到！」在此十個堂課中，我如劉姥姥入大觀園，眼界大開。其中以〈佛
藏中之世俗史料〉一課印象最深。

---

[7]　同前註，頁20-21。

[8]　詳見夏鼐於1983年4月7日寄張光直信函及4月17日張光直覆函，載《傳薪有斯人——李濟、凌純
　　聲、高去尋、夏鼐與張光直通信集》（北京：三聯書店，2005年），頁213及273。

[9]　嚴耕望：〈夏代都居與二里頭文化〉一文初稿1974年，增訂於1980年。其間得讀張光直的〈殷商
　　文明起源研究上的一個關鍵問題〉（1976年），先生認為其文可與己文相互補助。後來張光直先
　　生在1983年一篇名為〈夏代考古問題〉的文章終承認「二里頭類型文化是夏文化的可能性，在空
　　間上是全合，在時間上是很可以說得通。但是我們還需要更多的碳14年代，……加以進一步的證
　　實」，詳見張光直：《青銅揮麈》（上海：上海文藝出版社，2000年），頁23-27。嚴先生所提
　　出二里頭類型文化是夏文化，主線是從「空間」和「時間」兩方面切入，嚴說：「蓋從時間與空
　　間，一縱一橫之兩種角度觀察，此類中原新石器最末期文化，非夏代文化莫屬也」，詳見先生：
　　〈夏代都居與二里頭文化〉《嚴耕望史學論文集》（上海：上海古籍出版社，2009年），中冊，
　　頁455-485。

[10]　嚴耕望：〈佛藏中之世俗史料〉，《嚴耕望史學論文集》（上海：上海古籍出版社，2009年），
　　下冊，頁1004。

　　先生說：「研究佛教史的人對世俗歷史認識往往不夠，只是孤立的研究佛教史……而研究世俗史的人又把佛教經典摒於史料之外……」。[11] 我曾受先生此話的鼓舞，課後跑到位於一樓的研究所圖書館借《大藏經》〈史傳部〉和〈事彙部〉回家細讀。此一經驗很寶貴，助我拓寬史料的視野。

　　先生〈佛藏中之世俗史料〉一文包括許多面向，有（一）政治（二）外交（三）人口（四）產業生計（五）交通與都市（六）商業（七）社會生活與禮俗（八）道教史料（九）人物品題（十）魔術雜伎之東傳（十一）癘疫流行毒藥戰爭（十二）古書輯佚資料（十三）僧傳所記梵唄聲樂與唱導藝術（十四）佛藏所見之稽胡地理分佈區（十五）佛藏所見之一地球形說，這都是先生提倡「看到人人看不到」的親身示範。[12]

　　當中我記憶最深的就是第（十五）佛藏所見之一地球形說。嚴格上說，這屬於科學史範圍，又屬另一「例外」。先生卻獨具慧眼，能從《長阿含經》、《起世經》檢出幾條天文史料，最後還利用畫圖，顯示出大地形狀乃一個球形體。傳統言地圓說不能早於元代。是次，先生透過佛藏差不多把地圓說的年份推前不少於八九百年。我認為這是先生做學問，既博通兼精專，才能有此新發見。從浩翰佛藏中找到地圓說已非簡單，能深入分析，綜合出前人所沒有的結論，先生絕對是「通識」專才。[13]

　　說到先生非一般的「例外」，除了上述外。還有以下一段廿五年前的訪問稿，它更是「例外」中的「例外」。

史家旁觀當今政治

　　一九八九一場發生在北京的學生運動正蘊釀著，遠在香港的同胞前仆後繼的去聲援學生。記得一天，研究所同學大都義憤填膺，手握林燊祿學長用隸書寫的抗議橫額，浩浩蕩蕩，遊行到灣仔。除了參加連串遊行外，我在北京鎮壓後兩天，向嚴先生做了一個「史無前例」的學運訪問。我對

---

[11] 同前註。

[12] 同前註，頁1004-1032。

[13] 李約瑟認為地圓說，不能早於元明時期。轉引自嚴耕望：〈佛藏中之世俗史料〉，《嚴耕望史學論文集》，下冊，頁1029。

於先生會否接受訪問，尤其當今政治，寄望不大。後來問先生意見，他竟一口答應受訪，令我喜出望外。

平時，先生與我只閒話家常，或細談論文問題。這次訪問先生，月旦當今政治，感覺格外特別。訪問時間長約一小時，主題先集中學運緣起，然後論中共領導層，再談及國家法治，旁通台灣和香港經濟，最後以個人如何貢獻國家作結尾。此文章刊登於一九八九年七月四日〈華僑日報〉〈人文版〉，篇名為〈學運反思〉。[14]

八九學運距今廿五載，當日嚴先生的看法，今日重溫仍有值得細嚼地方。以下是文章的主要梗概：

> 首先，先生認為「『六四學運』本不應是嚴重問題，學運對政府的要求並不高，若政府能夠開明與溫和，這是很容易解決的。李鵬與學生領袖對話不歡而散，形勢轉壞。趙紫陽到天安門誠懇地勸學生結束絕食，形勢又轉好。但想不到當天晚上，政府態度大變宣佈採用大力鎮壓的方式，形勢變得不可收拾。」先生短短數語，把學運的歷史發展鈎勒出一張清晰的輪廓，實是史家本色。

先生再進一步對當政者的暴力鎮壓手法作出批評。他認為「當政者以為這樣顯示政府的實力與鎮壓的決心，但這是很近視的看法。…老百姓對政府不支持，則此一政府不能長久維持下去」。他認為「平民老百姓看似沒有甚麼力量，其實人民潛在力量是無形的，也是無限的，政府的軍事力量政治力量是有限的」。他舉出國共爭衡歷史例子，說明「百姓……是決定性的因素」。

之後，他逐一點評共產領導層。他評毛澤東「英雄主義太濃，沒有把國家民族社會人群放在心上」。再評鄧小平「由救世主的形象轉變為萬人唾罵的屠夫」。他總結歷史教訓，說道：「在歷史上，做皇帝做久了必出毛病，鄧小平也跳不出這框框…」。對於中共政府的獨裁行為，先生看法較樂觀，憧憬「民主」政治的終會來臨。他表示「民主指日可待，但需時間和耐性去等待」。

---

[14] 官德祥（少史乃筆名）筆錄 被訪者：嚴耕望教授 篇名：〈學運反思〉，刊載於〈華僑日報〉1989年7月4日〈人文版〉。

至於國家的路向，嚴先生提到「法治精神，過去歷史只強調「道德觀」。法治是一種制度，也是一種習慣。法治仍需要政治方面得到穩定，然後慢慢發展起來。加上，世界潮流及老百姓貿易要求，法治更形重要，貿易才有法律保障。中國現在也不可能閉關自守，希望第二代第三代的中國領導層能把法治習慣培養起來」。

八九學運後，中國政府大力發展經濟成功崛起。先生認為「香港是大陸南方一個窗口，香港能在經濟投資方面影響大陸。而台灣在政治示範上發揮作用超過香港」。至於「民主」仍如先生言，要耐心地等，而「法治」則誠如先生所言，要由中國領導層培養其成習慣。只可惜，廿五年後的今日，兩個核心問題仍未完全達標。政治發展遠遠落後於經濟發展。至於台灣與香港，時移勢易。台灣的政治亂局自顧不暇，削弱其作示範的效能。香港經濟九七後受挫，地位今非昔比；這已是先生身後之事了。

工兵史家與將軍地圖

年青時我沒有讀過多少嚴先生的著作，但與先生接觸，對他淵博的學問十分佩服。雖然，他已達七十歲高齡，反應奇快，一語中的。他喜歡用《中國地方行政制度史》的成果來鼓勵學生。先生勸說只要「肯花時間，肯用心思，肯用笨方法，不取巧，不貪快，任何中人之資的研究生五六年或六七年之內都可寫得出來。」[15]先生短短數語，道盡青年人常犯錯誤，如：「不肯花時間」、「不花心思」、「走捷徑」、「取巧」和「貪快」等弊病。不過，他的「任何中人之資……都可寫得出來」一話則極具鼓勵性，年青人聽了後十分受落，對歷史研究充滿憧憬。

先生為加強我們做研究的信心，他會說些例子強調個人力量的不可低估。他曾說：「只有在史語所的最後兩三年，有一位書記幫我抄錄……至於撰寫，更是沒有一個字假手他人。我的工作完全由自己一人擔負，不但是由於無力請人協助，而且縱然有人協助，我也不會要。我在史語所工作的最後一年，擔任國科會設立的研究講座，照章可講兩人協助，一人就用原來的書記，另一請一位助理研究員，但也只請他代的節譯幾篇日本學人論文，並未請他為的搜集材料。因為我認為文科研究，一定要一點一滴

---

[15] 嚴耕望：《治史經驗談》（臺北：臺灣商務印書館，1985年），頁76。

的都通過自己的腦海；就是材料，也必須自己去看。因為同樣看一卷書，程度不同，所瞭解的深度也不一樣，也許有極重要材料，程度不夠，往往就看不出來，所以我不假手於人。……」[16]先生解釋任何事件，理由必充分，說服力強，令人折服不已。

說到「不假手於人」，還有一段令同學們津津樂道的小插曲。傳日本人以為先生之宏偉巨著《唐代交通圖考》，其背後必有團隊支援協助。事實上，先生只憑一人之力完成。《圖考》是先生超過半世紀有系統、有恆心、有毅力，辛勤耕耘下的成果。每說到此，他都以自己比喻為一個戰場上的「工兵」，單人匹馬，衝鋒陷陣，說時右手還握緊拳頭，手臂前後揮動，有著「雖千萬人吾往矣」的氣勢，此情此景迄今難忘。

先生自比「工兵」同時，又會講出另一個將軍的比喻。比喻為將軍的是《中國歷史地圖集》的譚其驤先生。他說譚先生是一個善於管理領兵的將軍，《地圖集》的面世，就是在他英明的領導下所竣工。先生預言《地圖集》將來對中國歷史研究者貢獻極大，必會成為人手一本的工具書。

查上世紀八十年代《圖集》問世前，楊守敬《歷代輿地圖》一直是中國歷史地圖中權威。《圖集》的面世是學術界的一大工程。要「編繪一部符合歷史地理桌要求、內容詳確的中國歷史地圖集，僅僅依靠沿革地理成果和傳統技術是遠遠不夠的，還必須有歷史地理各分支學科特別是疆域、政區、地名、水系、海陸變遷等方面的研究成果，以及現代技術精確測繪而成的今地圖，更需要大批專業人員長期通力合作。這些條件在廿十世紀五十至六十年代逐步具備。」[17]在一九五四年，毛澤東批准吳晗重編《楊守敬《歷代輿地圖》，使《中國歷史地圖集》得以開展。范文瀾、吳晗、尹達曾先後領導這項工作，由譚其驤主編，復旦大學、中央民族學院、南京大學、雲南大學以及中國科學院的歷史、考古、民族和近代史研究所等單位百餘人參加了編繪。[18]

總之，《圖集》的編繪最先始於五十年代，定稿於六十年代末至七十年代切，修訂并正式出版於八十年代。一九七五年以中華地圖學社名義出版。[19]

---

[16] 同前註，頁156。
[17] 葛劍雄：《後而立之》（上海：復旦大學出版社，2010年），頁262-263。
[18] 同前註，頁263。
[19] 葛劍雄：《往事和近事》（北京：三聯書店，1996年），頁6。

先生對於《圖集》的面世，讚道：「譚（其驤）先生蓋強於學術行政之領導能力，故能於艱難歲月，中凝聚群賢，完成《圖集》之編輯工作，厥功其偉……。」[20]有一次，我探望嚴先生，帶了一本內容談到《圖集》緣起的書籍給先生看（書名已忘記）。內容說到毛澤東批示重編地圖云云，故才有不同單位合作，成其創舉。先生恍然大悟，說道：「怪不得譚先生能有此本事！」但無論如何，譚先生於《圖集》的面世，居功厥偉，這點是得到嚴先生正面肯定。

一般人都想當「將軍」，覺得很威風。先生則以「工兵」自許，這應與他的做人哲學有關。先生心目中的「工兵」是腳踏實地，緊守崗位，不求名，不求利的人。這思路與先生「安貧樂道」和「隨遇而安」的宗旨一脈相承。最重要的是，先生能一直守持這種人生哲理到晚年，殊非輕易。無論是做人，求學問，先生都強調要達到高的境界，這點會在下面一節關於先生晚年心境與生活有所詳細。[21]

先生晚年心境與生活

先生在《治史經驗談》中說：「個人以為，要想在學術上有較大成就，尤其是史學，若只在學術工作本身下功夫，還嫌不夠，尤當從日常生活與人生修養方面鍛鍊自己，成為一個堅強純淨的『學術人』」。[22]本節〈先生晚年心境與生活〉，作者只求片面深刻去為先生「學術」和「生活」間之互動作一點闡釋。如何定義「晚年」，我是以先生七十歲（一九八六年）算起，他在一九九六年逝世，晚年是指他最後的十年。

就在先生差不多踏入七十歲時，在《唐代交通圖考》〈序言〉中先生寫了以下一段話，對了解他晚年心境提供了重要線索。其話如下：

> 只為讀史治史者提供一磚一瓦之用，……不別寓任何心聲意識，如謂有「我」，不過強毅謹密之敬業精神與任運適性不假外求之生活

---

[20] 嚴耕望：〈漢書地志縣名首書者即郡國治所辨〉〈附記二〉，載《嚴耕望史學論文集》，中冊，頁620。

[21] 先生很常強調「境界」的高與低，他說《中國地方行政制度史》，中資之材五至七年內可完成，境界並不高，但其《唐僕尚丞郎表》則「轉彎抹角辨析入微」。有時他談到唐代的詩人，也喜以評議他們詩的境界。

[22] 嚴耕望：《治史經驗談》，頁157。

情操而已。[23]

先生的謙虛是眾所周知，他說「一磚一瓦之用」當是謙虛表現，同時亦是實話。事實上，先生認為歷史問題絕非單憑一人之力可解決。不過，每個個體都可以憑其堅定不移的意志力，奉獻一生歷史研究，做出成績來。他提到「敬業精神」與其後所說「工作隨時努力」之話，實是異曲同工。「敬業精神」就是「工作」的原動力，而「強毅謹密」便是「隨時努力」的實踐要素。工作隨時努力，生活隨遇而安。在工作上的努力，先生作品字數遠超四百萬以上，這是有目共賭。我反想對前語「生活隨遇而安」多作一點闡述。

談到「生活隨遇而安」，先生對物質要求並不高。新亞研究所教授們的薪水比標準低很多。老師們為了減輕研究所的經濟負擔，大都收取微薄薪酬。這點在先生對錢穆一段話得到證實。其內容如下：

> 我在香港有自置寓所，環境頗佳，新亞研究所雖然待遇微薄，但自己也另有一點經常收入，已很足夠支持我的儉僕生活，所以不想再動……[24]。

此時大家可能會對「另有一點經常收入」有疑問或好奇。我以為嚴先生所指的「收入」應是其在中研院的退休金。[25]這點在其致湯承業先生信函（一九九五年四月八日）中有如下記載：[26]

> 我前次退休，採取此（月退金）方式，自謂甚為得計，月入雖少，但細水長流，總較有保障。

---

[23] 先生在〈序言〉後面記錄著「（一九八五年）五月九日三校定稿。時在七十歲駒隙中……」，見嚴耕望：《唐代交通圖考》第一卷〈序言〉，見氏著：《唐代交通圖考》（上海：上海古籍出版社，2007年），頁8-9。同見錢樹棠：〈紀念嚴耕望兄〉，載嚴耕望先生紀念集編輯委員會：《充實而有光輝──嚴耕望先生紀念集》，頁12。

[24] 嚴耕望：《錢穆賓四先生與我》，下，〈從師問學六十年〉，頁119。

[25] 先生從三部小書所獲取的版權費，應不屬於「經常收入」之列。

[26] 嚴先生致湯承業先生信函（一九九五年四月八日）收載於嚴耕望先生紀念集編輯委員會：《充實而有光輝──嚴耕望先生紀念集》，〈附錄〉，頁281。

　　如果把前引先生對錢穆說的一番話與致湯承業先生信函合起來看，兩者關係自明。更重要的是先生之「不想再動」，應是指安於穩定的生活，對做學問有利。[27]當中誠然汲取了昔日胡適及顧頡剛兩位先生應酬過多的教訓。再者，先生「不想再動」還可能包括了其意識到自己年事高，與及對「客居香江」的心態有所轉變等因素。在此或容許我在「客居地」一詞多費點唇舌。

　　先生的女公子曉松說先生「旅居香港三十年」。[28]此話出自其女口，意義特殊。這是否暗示先生一向視香港為旅（客）居地，這點無從得知。肯定的是，先生對「旅居香港」的身份，在其來港之初首幾年非常顯明。這點可以從以下兩句話（先生習慣文章後必標明撰作日期、修改日子版次或含感想）見之。

　　（a）「民國五十七年十一月二十一日初稿，時客香江。…遷逝懷　　　　鄉，今逢何世，有不知其所以悽愴傷心者矣！」[29]

　　（b）文末寫「民國五十七年十月十七日，時客香港」[30]

先生於一九六四年來港，時年四十八。到了先生七十歲後，其在香港生活超過廿年了。當中對香港的身分認同或有變。上引先生說「我在香港有自置寓所，環境頗佳……」，而「時客香江」等語不復再現。[31]

　　據悉，他當初不想離開史語所，為報效業師錢穆先生，應其要求，答允來港。豈料，旋即收錢穆先生決意離開新亞消息。先生也不想反覆，遂來新亞教學，自此與新亞研究所結下「宿世」不解緣。既來之，則安之。

[27] 我曾在1990年考慮轉職大專，先生來信勸說大專職位乃短期合約，不穩定，宜留中學，利用安穩的生活多讀點書，多作研究。

[28] 嚴曉松：〈永懷父親〉，載嚴耕望先生紀念集編輯委員會：《充實而有光輝──嚴耕望先生紀念集》，頁3。

[29] 嚴耕望：《唐史研究叢稿》（香港：新亞研究所，1969年），〈序言〉，頁5。

[30] 〈括地志序略都督府管州考〉，收錄於同前註，頁284。

[31] 由寓居心態到定居 「一九八五年十二月下旬，我自中研院退休返港。……我在香港有自置寓所，環境頗佳，新亞研究所雖然待遇微薄，但自己也另有一點經常收入，已很足夠支持我的儉樸生活，所以不想再動。……又有些朋友關心『九七』後的香港。我對於香港前途一向樂觀，認為不會有什麼大動亂。……」嚴耕望：《錢穆賓四先生與我》，頁117-118。

先生未幾在九龍塘自置物業，隨時間歲月積累，研究所自然而然成了他的歸宿地。不過，也成為先生晚年心力消耗的其中一因。

這點可以從先生與早期研究所學長譚宗義的書雁往來中找到端倪。譚學長在其追悼先生撰文時寫道：「然而晚年力撐新亞研究所殘局，……。對此一學術研究機構，礙於環境，日走下坡，先生不止一次在給我的信中述其痛心疾首之情，先生不克享高壽，在學術研究上能有更多的研究成果，此當亦為原因之一，正是明知其不可為而為之，心力交瘁，損其健康也。」[32] 無論如何，嚴先生對於新亞研究所是有一份報答錢穆師恩的情懷，加上先生一向責任心重，惦念所務發展。我贊同研究所之衰落可能對先生健康有所打擊。

先生離世前幾年，患有耳水不平，頭暈目眩等病狀，或者是腦中風的前期癥兆。這時候先生的狀況與初見他七十歲初比，精神差很遠。在探望他時，他很唏噓地對我說，恐怕不能再作研究，甚至連書都不能看。這點他在給章群先生的信，有很清楚的表達。其信內文如下：

> ……我輩書生亦惟讀書寫作以樂餘年。否則心神無所措置，必致徬徨頹廢失去生機矣！惟望已年近八十，精力顯見日衰，頗羨吾兄差較十餘年尚能開拓新論題也！[33]

對於不能完成餘下的寫作計劃，先生絕望的心情躍然紙上，寫道：「有書可讀，萬事足；任何榮辱享受，都其次又其次」[34]，除了顯示出先生一輩讀書人的高風亮節外，更可從其話中體會到先生身體漸走下坡的無奈。

最後，我想把先生去世前一年寫給湯承業先生的信（1995.4.8）作結，以說明先生的最晚心境。其信如下：

> ……人生際遇各有不同，弟大志不遂亦只得任之，一切隨緣可也。我已步入八十歲過程中，稍前自述生平云：

---

[32] 譚宗義乃嚴先生早年研究所學生，詳見〈星沉大地──敬悼恩師桐城嚴耕望歸田先生〉，載嚴耕望先生紀念集編輯委員會：《充實而有光輝──嚴耕望先生紀念集》，頁56。

[33] 章群：〈追思〉〈附錄二〉，載嚴耕望先生紀念集編輯委員會：《充實而有光輝──嚴耕望先生紀念集》，頁19。

[34] 嚴耕望先生紀念集編輯委員會：《充實而有光輝──嚴耕望先生紀念集》，〈附錄〉，頁277。

　　　　　　　　「勞我體智，逸我心境，

　　　　　　　　　靜閱世變，冷避參乘；

　　　　　　　　　我行守獨，狂不角勝，

　　　　　　　　　勤學自適，亦以獻奉。」

　　　　復作說偈曰：

　　　　　　　　「萬事平常，空有皆虛，

　　　　　　　　　諸般隨緣，無多歡呼！」

　　　前八句自謂已大體做到，說偈所期，尚未全做到。……[35]

先生步入八十高齡，病魔頻襲，精神萎靡，深感前路未卜。惟有回顧己之前生，作一總評。首二句「勞我體智，逸我心境」，此話反映先生滿意一生所辛勤勞動下的收獲。第三、四句「靜閱世變，冷避參乘」，蠡測先生想表達史家客觀探究歷史變化的特質。研究歷史，甘淡泊名利，長坐冷板凳。「我行守獨，狂不角勝」。「我行守獨」可理解成孤單一人之感，因為先生的良師錢穆先生和益友楊聯陞先生，皆於一九九零年歸道山。先生一時頓失「兩大精神之柱」，對其內心打擊無可估測。[36]另外，「我行守獨」或指先生「工兵」作風，強調個人力量的最大發揮。從不與人較量勝負，與世無爭。當然，「勤學自適，亦以獻奉」，即如前述「強毅謹密之敬業精神」與「任運適性不假外求之生活情操」，這就是「殉道者」的精神，把一生奉獻給歷史研究。

　　　至於先生寫下四句〈說偈〉，其曰：「萬事平常，空有皆虛，諸般隨緣，無多歡呼！」〈說偈〉充滿佛家語，我對佛教思想所知極膚淺。估測先生當時面對著「老」、「病」、「死」等人生問題，寫作計劃驟然停頓。[37]空有萬千資料盈箱，亦要束之高閣。究竟何時才能賡續前業？此問題或是一直困惑著先生，終造成「求不得」苦。

---

[35] 同前註，頁281。

[36] 先生說：「現在賓四師、蓮生的言行狀貌歷歷在目，我則不但頓失兩大精神支柱，而且我留在他們兩人心目中的形像意趣已完全幻滅了，是猶我已向死亡邁近了一步，豈僅孤單之感而已！」，見嚴耕望：〈錢穆賓四先生與我〉，頁134-135。

[37] 嚴先生致信章群，信中說到病對他的打擊，「工作勇氣盡失，除家務瑣細每週兩次授課外，儘求閒散無所事事，頗感無奈。欲如吾兄每日仍能工作三四小時，何可得耶！……」，詳見章群：〈追思〉〈附錄一〉，載嚴耕望先生紀念集編輯委員會：《充實而有光輝──嚴耕望先生紀念

先生以佛教思想從根本處去解脫世間的「苦」。他寫「萬事平常」，意是用「平常心」面對一切「人生無常」，包括面對學術生命的挫頓、肉身由旺轉衰和外境不就等等。先生借佛家「空」和「有」，說明人生一切鏡花水月，「空有皆虛」，不必因執著而生苦。人生只能「隨順因緣」。因緣來，順之；因緣去，不強求。總之，面對無常，過份悲傷和歡呼都不對，求中道，故有「無多歡呼」之語。又，佛理可視作一種精神慰籍，所謂「萬法唯心做」。面對不幸的病，先生或許作〈說偈〉以調節己的心。先生說他「尚未全做到」，指的應是其撰作計劃之未能「放下」。對先生而言，此工作目標非為己，乃為別人。放不下，是「執著」。但我以為先生此執，乃儒家之擇善固執。

結末語

嚴先生的學問高深淵博，把學術注入生命，把生命融進學術。先生自一九六四年來香港開課授業，差不多三十載，桃李天下滿。比我更熟識先生的，大有人在，上文所寫僅為我過去「求師問學」的總印象。我之不揣鄙陋，撰此文，僅為紀念先生教導之恩。先生早歸道山，等身著作，仍有願未遂。春蠶到死絲未盡，惟待有緣人賡續先生的未圓夢！[38]

集》，頁17。

[38] 先生著作不可謂少，可參見李啟文補訂：〈嚴耕望先生著作目錄〉，詳見嚴耕望先生紀念集編輯委員會：《充實而有光輝——嚴耕望先生紀念集》，頁251-272。先生許多遺稿，幸得李啟文學長輯錄嘉惠學林。

第五章　徐復觀與毛澤東之接觸及對話[*]

東吳大學歷史學系
黃兆強

　　徐復觀先生與毛澤東有過多次個人接觸的經驗。1943年，徐先生被派往延安當聯絡參謀，為時五、六個月[1]。這五、六個月間，徐先生數度與毛澤東晤談。今據徐先生文章所載，依時間先後，開列並闡釋如次。

一、

　　在〈評中共「黨章」〉一文中，徐先生揭示了他和毛澤東的接觸情況，如下：

　　　……現在中共的黨章中，居然抬出了一個毛澤東思想，來和馬列主義品吃品坐（筆者按：當係「平起平坐」）；在這裡，我們佩服毛澤東「要與天公共比高」的丈夫氣概。毛澤東畢竟是中國人，中

---

[*] 2013年8月29-31日香港新亞研究所、香港樹仁大學歷史系、臺灣中央大學中文系聯合主辦「『北學南移』國際學術研討會」，筆者應邀發表文章；文題如下：〈誅奸諛於未死，定論何須蓋棺：徐復觀評毛澤東〉。文章五萬多字。月前樹仁大學區志堅教授來函希望筆者把拙文交付出版；惟規定字數以20,000字為上限。筆者目前以不暇作大幅度之濃縮，故把文章的一部份（即前言後的第一節），稍微修改後寄予志堅教授。該部份大體上首尾一貫，自成單元；尚祈不致太辜負志堅教授所託。本文完稿於2014年4月19日，即錄製完成以下節目從北京返臺之翌日。該節目名《天涯共此時：跨越海峽的大師——錢穆》，由北京中國中央電視臺國際頻道錄製。

[1] 先是，徐先生是中訓團兵役班少將教官；現今大概以軍委會少將高級參謀的名義被派赴延安。徐復觀：〈未光碎影〉，《徐復觀雜文續集》（臺北：時報文化出版事業有限公司，1981年），頁342-344。未明確知悉徐先生1943年哪幾個月在延安，大概是當年4月至10初，蓋先生嘗云：「邊幣與法幣之黑市比價，由四月之三元而落至十元。物價自四月至十月初，平均漲價三倍半。」上引文為先生赴延安考查後，撰文向中央報告之內容。參徐復觀：〈中共最近動態〉，黎漢基、李明輝編：《徐復觀雜文補編》（臺北：中央研究院文哲所籌備處，2001年），冊五，頁28。文章之油印稿刊於1944年3月。

國人抬舉中國人，在原則上總不算大錯。記得有一次，我和毛澤東談天時，提出了《整風文獻》中「民族利益服從國際利益」的這一說法中所含的危險性，毛澤東卻也表示極大的不安，除了拿無產階級的革命理論加以解釋外，並連說：「我必重新考慮這一問題。」毛先生究竟是湖南拙樸堅強的農村出身，還不斷的在爭取個性的發展。有個性存在的人，也容易發生祖國的觀念，因為從個性追溯上去，一定要發現自己和祖國的關連。[2]

上引文寫於1946年10初，是筆者看到徐先生與毛氏接觸的最早記錄。內容反映出先生早年對毛氏的欣賞（佩服）；以「丈夫氣概」、「拙樸堅強」、「個性……容易發生祖國的觀念」等稱道之。不足三百字的篇幅中，提到毛氏的有五個地方，其中稱「毛澤東」的有三處，稱「毛澤東思想」的有一處；稱「毛先生」有一處。不必多說，後者乃尊稱，亦係美稱，至少非負面的稱謂。（據閱覽所及，徐先生提到毛澤東，絕大多數的情況是直呼其名，或以「毛」簡稱之，又或偶爾稱「毛氏」；稱「毛先生」的，比較少見，一般是出現在徐先生接受訪問的訪問稿中。）上引文中，徐先生質疑毛澤東以下的說法：「民族利益服從國際利益」。其後，毛氏允諾「必重新考慮」。姑無論毛的允諾是真是假，但至少表現了一點虛心，或至少表現出一點禮貌（那怕只是表面的）。就極愛國的徐先生來說，他必不期然而然的以己度人，將心比心：毛澤東既同為有個性的中國人，所以先生對他的允諾，大概信以為真。在這裡必須指出，徐先生之欣賞毛氏，與先生相信毛澤東跟他一樣──同樣愛國，有絕大關係。

二、

　　1950年10月，徐先生又再度提起他與毛澤東接觸的往事，其中談到文化問題、孔子問題、線裝書問題。該談話很可以反映毛澤東對中國傳統文化的看法，頗值參考。先生說：

---

[2] 南京《中央日報》，1946年10月3-4日；轉載於黎漢基、李明輝編：《徐復觀雜文補編》，冊五，頁43-44。

共黨金字塔式的組織，只有毛澤東的轉變，才能發生作用。他人不敢轉變，轉變便立即被鬥爭清算了。我在一九四三年曾問過毛澤東：「喜不喜歡看線裝書？」他說他喜歡看《文選》、《韓昌黎文集》及《聊齋誌異》，因為《文選》的詞彙豐富，昌黎的文章氣勢很盛，《聊齋》是社會革命的，鼓勵女人偷人。我問他：「孔子思想中，有沒有好的東西？」他說：「有。『博學之，審問之，慎思之，明辨之，篤行之』，這幾句話很好。」這答話的反面，是不承認孔子除了這幾句有關方法的話以外，再有其他的內容。我又問他：「中國文化中有沒有好的東西？」他說：「有。農民暴動。」毛澤東對中國文化之了解是如此，我們如何希望他能有本質的轉換呢？況且「乃公以馬、列得天下，焉事《詩》、《書》？」毛澤東可以說得更振振有詞了。[3]

上引文發表於1950年10月，與發表於四年前的另一文（即再上一段的引文）相比，其內容可說是天差地別：從全面肯定轉變為全面否定。當然，1949年大陸易手當係徐先生意見轉變的關鍵。然而，撇開這個不談，縱然僅從上引徐、毛的對話來看，已可以嗅出為甚麼徐先生對毛澤東的看法產生180度的轉變。茲稍陳說上引文之重點／意涵如下：

一、據徐先生，居權力金字塔之首的毛澤東，要負起發動鬥爭清算的主要責任。

二、毛澤東所愛看的《文選》、《韓昌黎文集》及《聊齋誌異》，皆係名著，此不必多說，但其中把《聊齋誌異》定位為「是社會革命的」，又說是「鼓勵女人偷人」的，則頗可商榷。據網路維基百科，該書「共491篇，內容十分廣泛，多談狐、仙、鬼、妖，以此來概括當時的社會關係，反映了17世紀中國的社會面貌。」又說：「乾隆年間，余集在整理《聊齋志異》刊刻寫序，指出這部作品在『恍惚幻妄，光怪陸離』之中『托志幽遐』，有『微旨所存』。」毛澤東所說的「是社會革命的」，吾人不妨視為係維基百科「概括當時的社會關係」的另一種說法；這個說法，在《聊齋》一書中，自然有若干故事可以佐

3　徐復觀：〈論中共政權〉，《民主評論》卷2第7期（1950年10月）；收入黎漢基、李明輝編：《徐復觀雜文補編》，冊五，頁135-136。

證而當為該書讀者所首肯。至於毛氏把這個社會革命，定位為「鼓勵女人偷人」，則似乎是毛氏一家之言，而失諸偏頗並以偏概全，且全從男女情慾上看問題了；至少在用語上是太超過了一點。我們可以說《聊齋》歌頌戀愛自由、愛情自由，但不必以「鼓勵女人偷人」描繪之、定位之。當然，戀愛、愛情恆包含情慾（肉）一面；然而，難道無精神（靈）一面嗎？為何只強調「偷人」——劈腿這一面呢？就以余集（1738-1823）所說的「托志幽遐」，有「微旨所存」來說，再誇張的解讀，恐怕也不能解讀為，或至少不能僅解讀為「鼓勵女人偷人」吧。然而，毛氏這個較負面的解讀，似乎很可以反映他內心本有的一貫想法。其不健康的心態，並恆從負面、黑暗面看事事物物，正由此可見。為甚麼不以「歌頌自由戀愛」、「歌頌自由愛情」來描繪《聊齋》？定位《聊齋》呢？「仁者見之謂之仁，智者見之謂之智」，毛氏的解讀，正一顯例。

三、上引文毛澤東論孔子，有二點頗值得注意：一是他看到孔子有好東西。這個我們應予以肯定。二是所看到的僅係方法論上的東西，則流於買櫝還珠、見其小而遺其大。這方面徐先生察覺到了；很可以反映先生深具明敏銳利的眼光。

四、毛澤東把農民暴動視為中國文化唯一的好東西，這個真夠意思！按：暴動可說是一種政治行為、社會行為（或可說多半由政治因素引發的社會行為）。一般來說，說到一個國家的文化表現，相信很少人會以這種一般人視為負面的行為來舉例的。（當然，就「文化」一詞的廣義來說，暴動也是人類文化的一種表現。）然而，毛澤東剛好就不是一般的常人。所以把負面的東西視為正面的（好的）東西，那就不足為怪了。60年代、70年代，「革命無罪」、「造反有理」的口號在大陸喊得震天價響；其相應的行為，充斥於大街小巷。追源溯始，原來1943年毛澤東回應徐先生的答話中，已見其端倪了。

五、徐先生說毛澤東「以馬、列得天下」。這個說法，我們不必認真看待。因為毛得天下，其中有多少成份是來自馬、列主義，答案恐怕是人言人殊而具相當爭議性的。這個我們不必細究。徐先生對這個問題，也不是不知道。先生的重點是，順上文而點出「焉事《詩》、《書》？」得天下，打天下，對於本來擁有天下的當權者／執政黨（就毛當時來說，指的當然是國民黨執政下的國民政府）來說，就是

「造反」，就是「暴動」。就打天下的人來說，就是進行義舉的「起義」、「革命」。造反也好，革命也罷，以馬、列得之也好，或非以馬、列得之也罷；總之，毛澤東們在相關的過程中，不是憑藉代表中國傳統文化的《詩》、《書》等等文獻作為助力，則是可以斷言的[4]。毛氏既以暴動、造反起家而得天下，那他的回話：把農民暴動視為中國文化的好東西，便當然如徐先生所說的，說來振振有詞了。

六、上引文中，徐先生對毛澤東所提出的三個問題（文化問題、孔子問題、線裝書問題），從廣義方面來說，皆直接或間接與中國傳統文化有關。然則徐先生個人所重視的，並希望毛澤東關注的，便再清楚不過了。

三、

據閱覽所及，徐先生第三次提到他與毛澤東的接觸是1958年1月間的事。其中又再次談到民族利益與國際利益之間的取捨問題。徐先生說：

> 民國三十二年，在陝北的窰洞裡，我告訴他（毛）：「沒有一個民族而可以為什麼國際利益作犧牲」的一樣（這是為了劉少奇的一篇文章所引起的爭論）。當時毛澤東在送我出窰洞時，握住我的手說：「我將認真考慮你的意見。」毛澤東現在做皇帝了，當然連這種語言上的策略也可以不用。[5]

民族利益與國際利益孰輕孰重，這是徐先生第二次談到（第一次，見本節第一段引文），可見先生對此課題之重視。很明顯，就徐先生來說，民族利益永遠在國際利益之上。

---

[4] 當然，《詩》、《書》在這裡，徐先生取其廣義；意謂代表中國傳統文化的各種典籍，甚至概指中華傳統文化。其實，打天下也不一定要憑藉武力。徐先生在這裡特別點出《詩》、《書》；此說是有所本的，絕非泛論。蘇軾〈答范蜀公〉有句云：「……立仁義以為城池，操《詩》、《書》以為干櫓，……」（《蘇東坡全集‧尺牘》）。然則借用代表文化、文明的產物的《詩》、《書》來「打仗」，以達到不戰而屈人之兵，恐怕是用兵的上上策。

[5] 徐復觀：〈作為一個中國人的感慨〉，《祖國周刊》卷21第4期（1958年1月20日）；收入黎漢基、李明輝編：《徐復觀雜文補編》，冊六，頁225-226。

四、

徐先生第四次提到他與毛澤東的接觸是1966年8月間的事。先生說：

> 抗戰時間，中共在重慶出有一個刊物叫作《群眾》。大概是民國
> 二十八年的某一期中有劉少奇〈論共產黨員的修養〉的一篇文
> 章，……民國三十一年（按：應係三十二年，蓋手民之誤），我
> 在延安，毛澤東送了我一冊《整風文獻》[6]，裡面便有劉少奇的這
> 篇文章。有一次毛問我：「徐先生看我們那種東西裡面，有沒有好
> 的？」我說：「有。」「那一篇？」「劉少奇先生的一篇。」當時
> 的毛澤東，和現在當然不同，聽了我的話，流露出很驚喜的樣子，
> 連聲說：「你覺得那篇文章寫得好？他在這裡，我叫他明天來看
> 你。」第二天，劉少奇果然到招待所來看我了，……[7]

上引文說到劉少奇所撰寫的〈論共產黨員的修養〉一文，實源自1939年7
月劉氏的一篇演說。而正是這篇東西導致了1967年前後劉氏被批判、鬥
爭。（當然，這只是毛澤東鬥爭劉少奇的一個藉口而已。）劉被斥為「大
肆宣揚孔孟之道，毒害廣大黨員和青年，為孔家店招魂。」[8]這個指斥正好
揭示了該文對以孔孟為代表的中華傳統文化的正面看法。而徐先生欣賞劉
少奇，視該文為「好東西」，其最根本的原因，恐怕也正在於此。

五、

毛澤東過世後不久，徐先生又再次談到他和毛澤東在延安的接觸；並
明白指出二人曾經長談過五次以上。徐先生說：

---

[6] 1942年2月中共在延安發動了一場政治和文化的整風運動，前後約三年。詳參網路維基百科。
《整風文獻》便是其時的產物。

[7] 徐復觀：〈哀劉少奇〉，《華僑日報》，1966年8月27-28日；收入黎漢基、李明輝編：《徐復觀
雜文補編》，冊五，頁189。

[8] 參網路維基百科〈論共產黨員的修養〉條。

我與毛，長談過五次以上，並曾誠懇地向他請教過。例如……。
一九四三年秋，我由延安回到重慶，向蔣先生報告說，「中共有能
力奪取全面政權，假定國民黨這樣下去的話」。我的這種判斷，係
認定他的作法是成功的，所以內心對他很佩服。自文化大革命以
來，我對他的佩服之心，一天減少一天，深為他過分喜歡鬥爭，愛
好權術而可惜。這些不相干的話，只想證明一點，我的觀察或許不
對，但不是站在個人利害乃至意氣上所講出的。[9]

上引文很明顯告訴我們以下資訊。徐先生認定毛澤東奪取國民黨政權的作
法（意指：方法、手段、途徑）是成功的[10]，因此對他生起佩服之意。然
而，文革以來，佩服之心日減。這個導源於毛澤東過分喜歡鬥爭和愛好權
術。按筆者的體會，徐先生絕不會武斷地、情緒化地肯定自己的觀察一定
是對的。此見諸上引文。1949年後，尤其文革後，據上引文，徐先生很自
覺的指出說，他對毛之所以有不同於其前的看法，是來自親身的觀察而得
出結論，絕不是依個人利害，乃至意氣用事而隨便下斷語。

　　上引文「認定他的作法是成功的」這句話很重要。因為它反映出先生
不以成敗論英雄。1943年下距1949年共產黨成功奪取得政權尚早，因為還
有六年。然而，先生對以毛為首的中共的作法即予以肯定。這一方面反映
出先生有先見之明；再者，不是六年後中共成功之時才說出恭維的話。我
們尤應注意的一點是：盡管佩服毛澤東，但身為國民黨人、國府的高級軍
官（徐先生時為少將），徐先生乃竭其忠悃，仍向蔣公進諫。

六、

　　徐先生辭世一年半前又再度提起他與毛澤東的接觸。先生說：

9　徐復觀：〈中共問題斷想〉，《華僑日報》，1976年12月20日；收入《徐復觀雜文──論中共》
　　（臺北：時報文化出版事業有限公司，1980年），頁157。

10　這些作法，大抵包括走群眾路線，即關心群眾（盡管或許只是表面的）；與當時的國民黨（含國
　　民黨組成的政府）相比，共產黨無疑是比較質樸的，不像國民黨浮誇奢華；不像國民黨官僚；不
　　像國民黨貪腐。（筆者這個判斷是大量閱讀徐先生雜文而得出的綜合判斷。）徐先生這個看法很
　　能反映彼愛護老百姓（群眾）及反映彼希望政府施政能夠符合民眾需求的願望。其中又反映出徐
　　先生對國民、共產兩黨的表現，大概認為前者劣，後者優的不同看法。

因偶然的機會，我曾與毛澤東相識。七〇年以前，有時夢中與毛討
論天下事。七〇年以後，再無此幻妄。乃九月五日晚，……村頭有
古木新篁，毛說「因戰略要求必完全砍去。」我認為這都是有生命
之物，如何可以置之死地，勸他修改戰略，毛木然不應。……創口
與夢情相激，淚涔涔下不已，遂於枕上成〈妖夢〉打油詩一首，追
錄如下：……[11]

文革爆發於1966年，1970年前後越演越烈。是以此年之前，先生對毛澤東
尚有一絲一毫的幻想，這所以上引文徐先生便有：「七〇年以前，有時夢
中與毛討論天下事。」但其後對毛便完全失望了。「七〇年以後，再無此
幻妄。」「幻妄」一詞，用得太好太妙了。蓋以前對毛仍有所期望、期
待，而今乃知純為幻想、妄念。

　　依徐先生發表上文的年份，上引文中的「九月五日」是指1980年的
「九月五日」。此上距1970年已足足十年，即先生對毛澤東已絕望十年，
故十年間不再做夢與毛討論天下事。不意十年後的九月五日晚，又再夢會
毛澤東[12]！毛氏殺人如麻，凡認為逆他意的，必直接或間接殺害之，或至
少批鬥整肅之。樹木，雖有生命，然而異乎人而僅為植物而已；絕不可能
忤逆毛氏意的。此所以徐先生為有生命之樹木拯命，勸毛澤東修改戰略。
這一方面反映徐先生對生命之愛護、愛惜，雖植物，但仍不忍其無端遭毒
手！再者，徐先生清醒非做夢之時，乃自認為「與毛討論天下事」（蓋為
天下蒼生而不得不爾），乃係幻妄，蓋猶緣木求魚、水中撈月無異！然
而，潛意識（按做夢乃潛意識的行為）中，徐先生實未嘗不以天下蒼生為
念，乃至以一切生命為念。心想（夢中想），毛澤東雖然不會放過任何
「敵人」，但總不至於不放過對他完全不構成威脅的樹木吧。這所以十年

---

[11] 徐復觀：〈重來與重生〉，《中國時報》，1980年09月24日；收入《徐復觀雜文續集》（臺北：
時報文化出版事業有限公司，1981年），頁368-369。

[12] 說到夢會毛澤東，除見諸〈重來與重生〉一文外，尚見另一文。徐先生在該文說：「一直到
一九六九年我到香港以後（先生意謂到香港之前），我對於毛先生一直保持很高的敬意，常常托
夢和他在一起，我覺得他是個了不起的人物。直到文化大革命，我以一個中國人的立場來觀察，
覺得這種做法很奇怪。……許多老幹部被打下去受折磨，我那時就說：這些人都是千錘百鍊的老
幹部，就這樣犧牲了，我的心裏很難過。這樣，我才對毛先生起反感，你為什麼這樣對待你自己
的老幹部呢？我對他太失望了，我完全不瞭解他。」徐復觀：〈徐復觀談中共政局〉（這是一篇
訪問稿），《七十年代》，1981年3月20日；收入《徐復觀最後雜文集》（臺北：時報文化出版
事業有限公司，1984年），頁405-406。

之後，先生在夢中乃有為古木新篁拯命之舉。不意這個最卑微的懇求、甚至哀求，最後仍以幻妄作結。上引文說毛澤東對徐先生的呼籲，以「木然不應」的態度來回應。這個詞用在這裡，真令人拍案叫絕。對絕不構成威脅的樹木，毛氏尚「木然不應」徐先生的請求；則毛澤東對或許會對他構成威脅的一切人等，必「麻木不仁」[13]以應，便絲毫不會讓人感到意外了。

七、

據閱覽所及，有關徐、毛的接觸（1943年4月至10月初之間的五、六個月；詳上文），徐先生做了至少以上六則紀錄，其年份依次為：1946、1950、1958、1966、1976和1980年。兩人接觸時的交談對話，一方面很可以揭示毛氏早年（1940年代）的思想及其虛心受教的精神。他方面，也可以看到徐先生對毛氏的欣賞及期許。惜乎這種欣賞及期許，自1949年以來，尤其文革爆發之後，便日漸淡化，而最後竟然完全消失了。這種消失，絕不光是徐先生個人理想的落空，乃至個人對國家前途的失望、絕望而已，而實標誌著中共統治下的中國已邁入悲慘的國度。細細品味以上徐文，能不令人痛心疾首而唏噓！

---

[13] 木然即麻木。對生命麻本，則必不仁，蓋仁者必感通萬物；對萬物無所感通（麻木），則必係不仁者。可見「麻木」與「不仁」乃互為充要條件；麻木必不仁，不仁必麻木。「麻本不仁」這個詞太好了。

第六章　徐復觀論《易》析論[*]

中央大學中國文學系
楊自平

一、前言

　　若以1911年前後作為現代《易》學的起始，新儒家《易》學的研究可視為現代《易》學的一部分。學界對新儒家《易》學的研究，往往聚焦在牟氏《易》學，主要關注點在牟氏早年對胡煦《易》學的研究，以及牟氏由《易傳》發展出道德形上學這兩部分。在對牟氏《易》學的評價，則多接受牟氏自我評述的說法，即牟氏本身較肯定自己在道德形上學的成果，對早年的自然哲學不甚滿意。[1]綜觀學界對新儒家《易》學的評價，基本上不甚重視，且所關注重心在牟氏，其次是唐氏，對徐氏的關注更少。[2]

[*]　拙文於2013年8月28-31日於香港新亞研究所、香港樹仁大學歷史系、中央大學中文系合辦「北學南移國際學術研討會」上宣讀，承蒙香港理工大學中國文化學系翟志成教授及東吳大學歷史系黃兆強教授提出珍貴意見，會後中央大學中文系楊祖漢教授以及本刊外審委員提供寶貴修訂意見，在此一併特致謝忱。

[1]　牟氏〈重印誌言〉指出：「此書既只是吾之學思之開端起步，故只能算是青年不成熟之作品。」「至於就經文而正視《易傳》，把《易傳》視作孔門義理，以形成儒家的道德形上學，這是吾後來的工作。就《易經》之卦爻象數而講成自然哲學是往下講，……但就作為孔門義理的《易傳》而講儒家的道德形上學，則是往上講，此真所謂『潔靜精微，《易》教也』。」「此書所表現的一套自然哲學，固亦可為青年心態之所喜，然據此而謬斷其他，則是青年人之狂言與妄論，故吾後來甚悔之，幾不欲再提此書。對於此書，六十年來吾從未一看。」牟宗三：《周易的自然哲學與道德函義》（臺北：文津出版社，1998年），頁5、6、7-8。

[2]　在現代《易》學史論著，楊慶中僅提及牟氏，未及唐氏、徐氏。楊慶中於《二十世紀中國易學史》第九章〈1949年以來臺灣地區的易學研究〉，並未列出專節討論，僅以一段文字指出，牟宗三著《周易的自然哲學與道德函義》與劉百閔、杜而未的著作「都比較注意發揮《周易》中的義理思想。」楊慶中：《二十世紀中國易學史》（北京：人民出版社，2000年），頁439。賴貴三在《易學思想與時代易學論文集》第肆編以數頁的篇幅論述「牟宗三之哲學易學」，然未論及唐氏及徐氏《易》學。對牟氏《易》學評論道：「可見他是從自然哲學講到玄理易學再回

　　對於學界不甚重視新儒家的《易》學研究的現象，筆者以為原因在於唐氏與牟氏較重要的成果是在《易傳》哲學的發揮上，關注「生生」、「一陰一陽之謂道」、「太極」等重要概念的哲學詮釋，即此建立的宇宙論、心性論、修養論，且唐氏、牟氏以道德哲學的建立為核心，這些部分雖亦可算是《易》學研究的一部分，但與歷代《易》學以《易》經、傳的研究為核心明顯不同。

　　然與唐氏、牟氏相較，筆者研讀徐氏論《易》的相關文獻，發現徐氏異於唐氏、牟氏著重在哲學的探討，而在《易》經傳的性質、成書、作者等重要問題，這些部分是歷代《易》學研究所重視的。但何以徐氏《易》學的受重視程度不及唐氏、牟氏？甚至徐氏《易》學受關注的程度亦不及對徐氏先秦人性論、兩漢經學及美學的研究？

　　目前對徐氏《易》學作較完整討論者，當屬賴貴三《臺灣易學人物志》。[3]該書將徐氏列於臺灣光復第一代的《易》學家，分別就生平、《易》學著作、《易》學史的基礎、《易傳》與道家思想、《易傳》中的性命思想這五部分加以討論。最後提出評論，指出：

> 徐復觀對於《易傳》性命思想的見解，實是徐氏《易》學最大要、最獨到之處。即便如《易傳》各別部分前後之考證問題，也還是在義理詮釋的基礎上進行。[4]

　　順賴氏的理解，則徐氏《易》學仍屬唐、牟二氏的進路，但值得思考的是，如果徐氏《易》學的重點及特色在發揮《易傳》的性命之理，何

歸孔門義理的論述上。並且，他在儒家的基礎上與康德哲學的激盪下，建立一個圓教下的『道德的形上學』，將《周易》在哲學上的研究推向一個難以達至的高峰。」賴貴三：《易學思想與時代易學論文集》（臺北：文津出版社，2007年），頁656。學位論文方面，關於唐氏《易》學的研究僅一部，賴惠姍：《唐君毅之易學研究》（臺北：國立臺灣師範大學國文學系碩士論文，2006年）。關於牟氏《易》學的研究較多。陳明彪：《牟宗三的漢代易學觀述評》（臺北：國立臺灣師範大學國文學系博士論文，2006年）。張義生：《牟宗三早期易學思想研究》（南京：南京大學中國哲學碩士論文，2007年）。李進鵬：《牟宗三易學思想研究》（西安：西北大學歷史學碩士論文，2009年）。焦瑞鋒：《牟宗三易學思想探析》（曲阜：曲阜師範大學中國哲學碩士論文，2010年）。田致遠：《牟宗三易學思想述評》（北京：北京師範大學中國哲學碩士論文，2010年）。

3　賴貴三：《臺灣易學人物志》（臺北：里仁書局，2013年），頁147-166。
4　同前註，頁165。

以仍花許多氣力辨析《易》經、傳的性質與作者等問題，而不直接就《易傳》的性命之理加以著墨？

筆者以為，研究新儒家《易》學，不能脫離現代《易》學的發展。古史辨派《易》學為現代《易》學的重要代表之一，自民初古史辨派對《易》經傳的性質、關係、作者及成書年代，提出異於歷代《易》學的主張，對現代《易》學影響至鉅。作為後起的學者，唐氏、牟氏及徐氏，又是如何看待古史辨派的成果，以及是否亦受該派的影響，皆值得留意。相較下，徐氏對古史辨派的論點有較多回應。

關於古史辨派的重要性，該派提出三點重要主張：一是關於《易》經傳的作者及成書年代，二是《易經》的定位，三是對卦畫作用的認定。對於第一點與第二點，自顧頡剛（原名誦坤，字銘堅，1893-1980）針對《易》卦爻辭及《易傳》作者及成書年代作考訂，認為《易》卦爻辭非文王、周公所作，著作年代當在西周初年，作者不只一人，推測為當時掌卜筮之官，並認定《易經》為卜筮之書；至於《易傳》，著作年代當在戰國至西漢中葉之間，作者並非孔子，為當時儒者所作，作者不只一人。[5]李鏡池（字聖東，1902-1975）、高亨（初名仙翹，字晉生，1900-1986）等人亦承繼此說，僅稍加修正。[6]傳統聖人作《易》經傳的說法被打破，在這樣的情況下，《易》經傳的作者已確定不是伏羲、文、周、孔諸聖，且《易經》只是占筮之用的卜筮之書。

---

[5] 顧頡剛云：「易經（即卦爻辭）的著作時代在西周，那時沒有儒家，沒有他們的道統的故事，所以它的作者只把商代和商周之際的故事敘述在各卦爻中。易傳的著作時代至早不得過戰國，遲則在西漢中葉。」又云：「可以約略地推定卦爻辭的著作時代。……它的著作時代當在西周的初葉。著作人無考，當出於那時掌卜筮的官。著作地當在西周的都邑中，……這一部書原來只供卜筮之用，……在作書的時候，堯舜禪讓的故事，湯武征誅的故事早流行了，就是伏羲諸古帝王也逐漸出來而熟習當時人的口耳之間了，所以易傳統統收了進去，……這時候（漢初），正值道家極發達的當兒，一般的儒者也受了道家的影響。」顧頡剛：〈周易卦爻辭中的故事〉，《燕京學報》第6期（1929年12月），頁989、1005-1006。

[6] 李鏡池云：「《周易》是根據舊筮辭編選而成的。而且也採用了占筮參考書的形式。因此我們有理由認為，它的作者就是西周末年的一位筮官。」「到了秦漢，出現偽託孔子作的《易傳》七種十篇，……這可能是秦始皇焚書坑儒之後，儒生們私相傳授之作。」李鏡池：《周易通義》（北京：中華書局，2010年），前言頁2、頁8。高亨於《高亨《周易》九講》第一講〈《周易》的源頭〉云：「《周易》古經，蓋非作於一人，亦非著於一時也，其中有為筮事之記錄。」「《周易》古經，大抵成於周初，其中故事最晚者在文、武之世。」「《周易》古經有七種，……宋歐陽修始謂『《易傳》非孔子之作，亦不出於一人之手』（《易童子問》）。清崔述說與歐陽修同（《洙泗考信錄》）。皆可信從。」高亨著、王大慶整理：《高亨《周易》九講》（北京：中華書局，2011年），頁9-10。

　　至於第三點，該派不再關心卦畫間的關係及卦畫與卦爻辭的關係。就顧頡剛而言，他明確將《易經》的重心放在卦爻辭上。顧氏云：「一部《周易》的關鍵全在卦辭和爻辭上，沒有它們就是有了聖人畫卦和重卦也生不出多大的意義。」[7]高亨亦認為：「《周易》寫作的目的在於適應占筮的要求，預測人事的吉凶。」[8]意即卦畫符號僅作為標明占得何卦之用。

　　綜觀該派的《易》學主張，可歸結成三點：1、否定聖人作《易》，2、視《易經》、《易傳》為不同系統，3、《易經》並非一嚴謹系統，故卦、爻辭間以及卦畫與《易》辭間無必然聯繫。

　　徐氏對《易》經傳的性質、成書、作者等重要問題，皆有所抉擇與論斷，故本文以徐氏的論點為主軸，見出徐氏對《易》提出那些重要主張，以及對現代《易》學貢獻。

　　本文對徐氏論《易》的探討，主要依據《中國人性論史—先秦篇》第七章〈陰陽觀念的介入—《易傳》中的性命思想〉、附錄二〈陰陽五行及其有關文獻的研究〉及《中國經學史的基礎》。因《中國人性論史—先秦篇》成書較早，《中國經學史的基礎》成書較晚，差距十九年，[9]筆者亦會留意徐氏的觀點是否前後一致或有所轉變，若觀念有所轉變，則以晚年的說法為主。

二、論《易》之性質與作者

（一）六經與孔子

　　徐氏論《易》與其經學觀是相關聯的。徐氏認為經學是由六經所構成，且歷經長期發展而成。徐氏云：

---

[7]　顧頡剛：〈周易卦爻辭中的故事〉，頁970。

[8]　高亨：〈《周易》卦爻辭的意蘊〉，參見高亨著、王大慶整理：《高亨《周易》九講》，頁85。

[9]　《中國人性論史——先秦篇》最早成書於1963年，《中國經學史的基礎》最早於1982年出版，參見《中國經學史的基礎》書末所附〈徐復觀教授著作表〉，徐復觀：《中國經學史的基礎》（臺北：臺灣學生書局，1996年）。但《中國經學史的基礎》中〈先漢經學之形成〉，據徐氏〈自序〉所論，寫成於1980年，1980又略作修改，徐復觀：《中國經學史的基礎·自序》，頁2-3。

經學是由《詩》、《書》、《禮》、《樂》、《易》、《春秋》所構成。它的基本性格，是古代長期政治、社會、人生的經驗積累，並經過整理、選擇、解釋，用作政治、社會、人生教育的基本教材的。[10]

徐氏反對章學誠（字實齋，1738-1801）及皮錫瑞（字鹿門，1850-1908）對周、孔與六經關係的論定。章氏的立場屬於古文經，認定周公為六經集大成者；皮氏站在今文經的立場，將經學開闢時代斷定在孔子刪六經。[11]徐氏認為孔子與六經關係密切，但認為孔子既非經學開端者，亦非六經的集大成者。徐氏云：「它自身是在歷史中逐漸形成的。在形成的歷程中，孔子當然處於關鍵性的地位。但孔子並非形成的開始，也非形成的終結。」[12]

即此可見，徐氏肯定孔子為經學形成過程的關鍵人物。這樣的觀點放在《易》學發展來看亦是如此。

（二）《易經》的性質與作者

對於《易經》的性質，徐氏認為《易》原為卜筮之書，但經過發展，從原本筮者遺留散亂的占筮之辭，後來經過整理成為現今的面貌。徐氏云：

> 《周易》原是卜筮之書，其卦辭、爻辭，我覺得不是出於某一、二人之手；乃由整理許多筮者所遺留下來的占辭而成。……這實即是整理之遺。僅就《周易》來說，它是筮者把他所畜積的人生經驗教訓，或者由卦爻的象，觸發了出來；或者是意識地、臨時相機組入到卦爻的象徵中去；有如今日江湖術士的測字、看相、算命。除了反應當時若干的流行觀念或社會事物以外，原來是沒有多大哲學意味、思想價值的。[13]

---

[10] 徐復觀：《中國經學史的基礎》，頁203。
[11] 同前註，頁1。相關說明參見〈先漢經學之形成〉，註1、註2。同前註，頁51-52。
[12] 徐復觀：《中國經學史的基礎》，頁1。
[13] 徐復觀：《中國人性論史》（臺北：臺灣商務印書館，1990年），頁203。

　　至於《易經》的作者，徐氏分別就符號與卦爻辭加以論斷。關於符號，徐氏將《漢志》「世歷三古」解釋為符號的演變經歷一段很長時間，並依據〈繫辭傳〉的說法，主張六十四卦當完成於文王之手。言道：「完成六十四卦的人，根據《易傳》來看，大概是文王，『作《易》』一詞，……似乎不應指卦辭而言，而是指將八卦演為六十四卦而言。」[14]

　　至於卦、爻辭作者，前已指出徐氏認為非出於一、二人之手，且古代筮者有關，除此，尚有整理者。至於整理者為誰，徐氏認為是經多人之手整理而成，包括周公及西周的史官。徐氏云：「《詩》、《書》、《禮》皆由史官所纂輯，保管。周公時代，距纂輯成書的時代尚早，《易》尚停留在純占筮的階段，且當時似乎尚未流行。」[15]又言：「就整個經學史說，周公尤其是周室之史，可以說是發端的『先河』。」[16]又云：「西周當然已有占筮，並已將卦、爻辭編纂在一起。」[17]雖然徐氏未指出《易》由史官所纂輯，但從上下語脈，既然《詩》、《書》、《禮》皆由史官所纂輯，保管，《易》自然亦與史官脫離不了關係。到了春秋時期，《易》仍由史官所保管。徐氏云：「春秋時代，《易》流行於各國，大概只有卦辭、爻辭，尚未以九、六、初、上等標明爻的性質及各爻的位置。以《易》為筮，由各國史官所主管。」[18]

　　值得留意的是，徐氏由《左傳》、《國語》所載用《易》之例，出現今傳本《易》未收錄的文字，因而斷定當屬逸《易》。對於《易》的作者與成書，徐氏總結道：

> 卦辭、爻辭非一人所作，乃出於占筮者之手。積累既多，乃由今日不能不知道的史官加以選擇編纂，使其成為定式，這大概是西周時代所完成的。其未被選擇的，春秋時代尚偶有遺存，有如當時的逸《詩》。[19]

---

[14] 同前註，頁202。
[15] 徐復觀：《中國經學史的基礎》，頁3。
[16] 同前註，頁3。
[17] 同前註，頁5。
[18] 同前註，頁20。
[19] 同前註，頁20。

　　關於徐氏的說法，以逸《詩》為據對比來看有其合理性。既為逸《易》，意即其內容不在今本《易經》中，因此也可能代表當時除《周易》外，尚有其他《易》書。至於徐氏對《易》的性質及作者的說明，意味徐氏認為《易》是一部發展性的文本，此論點值得注意。

三、認定〈彖傳〉、〈大象傳〉、〈小象傳〉與孔門有密切關聯

　　關於《易傳》的作者，徐氏認為各篇非一人一時所作，乃由多人編纂而成。彼云：「《易傳》各篇的作者，既非一人、一時，而一篇之中，雖以類相從，但也如《禮記》各篇一樣，亦多由編纂而成。」[20]這樣的說法，與前言所引顧氏的說法大抵無異。

　　至於孔子與《易傳》的關係，徐氏的看法與前賢不盡同。相同處在於，《易傳》非孔子所作及編撰者受孔子思想影響。徐氏云：「《易傳》中引有『子曰』的，分明是編定的人認為這是孔子的話；沒有『子曰』的，便是傳承孔子《易》學者的話。」[21]因此，徐氏認為：「《十翼》雖非孔子所親作，但它是出於孔子的《易》教，是無可置疑的。」[22]並即此認為「若無《十翼》中的〈彖傳〉、〈象傳〉，而僅有卦辭、爻辭，則仍停頓於占筮者各自為說的混亂狀態，沒有構成系統的理據可言。……《易》得成為經學的意義，實出於孔子。」[23]

　　至於不同處在於，徐氏認為《易傳》中的「子曰」乃孔子的話語，並將《易》由占筮層次轉向道德哲學。徐氏云：

> 我們可以推斷，《易傳》中所引的「子曰」，可信其是出於孔子。從《易傳》引用的「子曰」的內容看，孔子對《易》的貢獻，是從由實物相互關係的想像所形成的吉凶觀念中解放出來，落實在人間道德的主動性上，並把作為行為理想標準的「中」，應用到《易》的解釋上。[24]

---

[20] 見於〈陰陽五行及其有關文獻的研究〉註16。徐復觀：《中國人性論史·附錄二》，頁585。

[21] 徐復觀：〈陰陽五行及其有關文獻的研究〉，《中國人性論史·附錄二》，頁558。

[22] 徐復觀：《中國經學史的基礎》，頁20。

[23] 同前註，頁21-22。

[24] 徐復觀：〈陰陽五行及其有關文獻的研究〉，《中國人性論史·附錄二》，頁558-559。

此外，徐氏指出數個要點，一是《易傳》與春秋時期史官用《易》有關，二是《易傳》與春秋時期的士大夫有關，三是《易傳》與孔子有關。關於第一點，徐氏云：「孔子晚而喜《易》，《十翼》雖非孔子親作，但它是出於孔子的《易》教，是無可置疑的。」[25]

且徐氏認為《易傳》部分篇章與孔門有密切關聯，這點與古史辨派學者斷定《易傳》為秦漢時期的儒者所作，明顯不同。徐氏認為〈彖傳〉、〈大象傳〉、〈小象傳〉因與《易》關係密切，應是最先成立的，並推斷：「可能是出於孔子的及門弟子或再傳弟子之手。」[26]甚至更細部推斷〈彖傳〉、〈小象傳〉「可能出於孔門另一集團之手。」[27]更整體論斷：「《十翼》既非成於一人，亦非成於一時，是由孔門研究《易》的一個以上的集團，作了長期努力所形成的。」[28]

四、以實象、剛柔、陰陽三階段論定《易傳》的成書先後

關於《易傳》成書年代，前言已指出顧氏採泛論說法，認為是戰國至西漢中葉之間的儒者所作；高亨亦類此，但斷限稍早，且談地較深入些。高亨云：「《十翼》都寫於戰國時代，……〈彖〉、〈象〉比較早些，可能在春秋末期。」[29]顧、高二子皆未討論《易傳》各篇先後，李鏡池對此則有所討論，故此處將李鏡池的說法與徐氏的觀點作比較。

李氏認為〈彖傳〉、〈大象傳〉出現在秦代，故列在先；其次是漢初的〈小象傳〉、〈說卦傳〉、〈文言傳〉、〈繫辭傳〉。李氏云：

> 〈彖〉和〈象〉大傳主要是宣揚以神道設教，講的全是儒家的政治、倫理、行為思想修養的理論。這可能是秦始皇焚書坑儒之後儒生們私相傳授之作，是打著《易》的牌子，暗地裡批評始皇嚴刑峻法，專制虐民的。〈象〉小傳繼〈象〉大傳而作，時已在漢初，提倡爻位說。……這種爻位說完全是為了鼓吹封建等級秩序，尊奉君

---

[25] 徐復觀：《中國經學史的基礎》，頁20。

[26] 同前註，頁22。

[27] 同前註，頁24。

[28] 同前註，頁26。

[29] 高亨著、王大慶整理：《高亨《周易》九講》，頁99。

權而作的。在《易傳》中以此為最下劣。〈說卦〉收錄漢初經師關於八卦的卦象、卦德說，〈文言〉收錄了關於〈乾〉、〈坤〉二卦的異說，再加上〈繫辭〉，這三種可說是漢初《易》說的叢抄。[30]

李氏是以《易傳》各篇內容作為論斷依據，〈彖傳〉和〈大象傳〉是以儒家思想批秦政，〈小象傳〉是以爻位說尊奉漢代君權，〈說卦傳〉、〈文言傳〉、〈繫辭傳〉則為漢經師的《易》說。這樣的論法，並非基於第一層級的文獻證據，而是第二層級的理論推斷，說服力自不及第一手的文獻證據。此處就李氏理論推斷加以檢視，關於〈說卦傳〉、〈文言傳〉、〈繫辭傳〉則為漢經師的《易》說的部分較無疑問，但前兩點則有不足。

首先，就李氏所說〈彖傳〉和〈大象傳〉是以儒家思想批秦政加以考察，筆者提出兩點質疑：一是李氏所論僅及於〈大象傳〉，而無涉〈彖傳〉。每個卦的〈大象傳〉分成兩部分，前半論上下二體卦象，後半論由卦象產生的引申義理。就各卦引申義理的內容來看，確實多為儒家修身與經世的思想。但〈彖傳〉主要是解釋卦名及卦辭，或僅解釋卦辭，並非儒家義理的發揮。二是李氏認為二傳談儒家思想是為了批評秦政，然二者間並無必然關聯。

其次，李氏認為〈小象傳〉是以爻位說尊奉漢代君權的說法，〈小象傳〉確實論及爻位，但並未強調君權，且與漢初政治亦未必相關。李氏對〈彖傳〉和〈大象傳〉、〈小象傳〉的論斷未免武斷，缺乏說服力。

至於徐氏的論點，亦採理論推斷的方式，推斷依據是將實象、剛柔、陰陽三者視為三個階段，以此作為認定先後的標準。依此原則，徐氏認定〈大象傳〉只言實象而未涉及剛、柔，[31]並進而就〈大象傳〉影響〈彖傳〉、〈小象傳〉，再次認定〈大象傳〉出現最早。徐氏云：

〈卦象〉中的實象，多與卦辭、爻辭中的實象，略無關涉。……作〈卦象〉的人實擺脫了卦辭、爻辭中極有拘限性的實象的束縛，代

---

[30] 李鏡池：《周易通義》，前言頁8-9。

[31] 徐氏云：「十翼中最先出現的應該是〈卦象〉，因〈卦象〉只言實象而絕未涉及剛、柔。」徐復觀：《中國經學史的基礎》，頁23。徐氏所稱「〈卦象〉」即〈大象傳〉，然筆者以為不如使用〈大象傳〉為好，「〈爻象〉」亦不如使用〈小象傳〉為好。

以涵蓋性較大的實象，把《易》象的層次大大的提高，而為作〈象傳〉及〈文象〉的人所資取。[32]

其次是〈彖傳〉、〈小象傳〉這個系統，除了言實象外，已有剛、柔的概念，且修訂〈小象傳〉不涉及卦、爻辭的方式，對卦、爻辭加以解釋。[33]再下來是〈乾文言〉，再來為〈坤文言〉，以〈乾文言〉無陰、陽，〈坤文言〉有陰、陽之故。[34]

再下來是〈序卦傳〉，且徐氏認為當在〈繫辭傳〉之前。理由有二，一是〈序卦傳〉只言實象，二是〈繫辭傳〉有「所樂而玩者，《易》之序也。」故〈序卦傳〉承〈大象傳〉而來，且在〈繫辭傳〉之前。[35]

〈序卦傳〉後則為〈雜卦傳〉，徐氏云：「〈雜卦〉加入剛、柔觀念而有韻，此是承彖辭、爻象之說，由學《易》者所編的，便於記憶的歌訣，其成立亦當在〈繫辭〉之前。」[36]亦即〈雜卦傳〉言及剛、柔觀念，承〈彖傳〉、〈小象傳〉而來。徐氏亦批評現代《易》學認定〈序卦傳〉、〈雜卦傳〉形成於漢代，理由是漢《易》鮮不言陰、陽之理。[37]

最後才是〈繫辭傳〉及〈說卦傳〉，認為當是「由集結戰國中期的說《易》者而成。」[38]徐氏雖未說明理由，但吾人可依徐氏所提出實象→剛柔→陰陽的三階段原則，認定是基於二傳皆言及陰、陽的緣故。

徐氏就經傳形成先後作出如下判斷：卦辭、爻辭（可能較卦辭更早）→《易傳》中「子曰」所代表的孔子《易》學→〈大象傳〉→〈彖傳〉、〈小象傳〉→〈乾文言〉→〈繫辭傳〉→〈說卦傳〉→〈坤文言〉→〈序卦傳〉→〈雜卦傳〉。[39]

---

[32] 徐復觀：《中國經學史的基礎》，頁23。

[33] 徐氏云：「但〈卦象〉僅對卦作實象的解釋，並未涉及卦辭、爻辭，……於是繼之而起的是〈彖辭〉及〈爻象〉，〈彖辭〉及〈爻象〉是一個系統，除實象外，更以剛柔、時位的觀念對卦辭、爻辭作了委曲的解釋。」徐復觀：《中國經學史的基礎》，頁24。筆者以為徐氏將以〈彖辭〉代表〈彖傳〉並不恰當，以「彖辭」即是卦辭之故。

[34] 徐復觀：《中國經學史的基礎》，頁25。

[35] 同前註。

[36] 同前註。

[37] 同前註。

[38] 同前註，頁25。

[39] 徐復觀：〈陰陽五行及其有關文獻的研究〉，《中國人性論史・附錄二》，頁560-561。

　　比較徐氏與李氏二自對於《易傳》各篇先後的認定，二子皆採理論推斷的方式，從各篇內容加以評斷。但不同的是，李氏將各篇分別分析，且將各篇內容與時代關聯論述；徐氏則單純就內容加以探討，並提出一條認定各篇先後的原則。就二子的評斷標準來看，徐氏的認定原則較為簡單明確。

　　即便徐氏的論法較簡單明確，但因屬於間接推論，而非依賴直接證據，故仍無法證明必然如此。但其意義在於提出《易傳》各篇有先後，且提出認定依據。

五、關於《易》為卜筮之書

　　對於《易經》的定位，徐氏認為《易》為卜筮之書，且出於負責占筮的史官之手，這樣的觀點與顧頡剛、于省吾等學者的看法大抵無甚差別。但不同的是，徐氏強調《易經》與一般迷信的書不同，指出：「作《易》的人，一開始，已經畜積了很深地人生體驗，能體察出吉凶悔吝，常是在變動中發生的。」[40]這樣的說法意味著《易經》是一部蘊涵古時人生體驗的書籍，故能作為用《易》者遇著人生問題時的參考。

　　此外，徐氏亦推斷《易經》以「—」、「--」作為兩種不同性的的象徵。言道：「《易》開始出現時，並沒有剛、柔的觀念，但一開始便有兩種性質不同的模糊觀念之存在，是大概可以推定的。」[41]徐氏就《易》包含作《易》者之人生體驗及使用「—」、「--」符號，認為表現古人最高智慧。[42]

　　徐氏進一步指出由一畫演變成三畫卦，進而成六畫卦，是經歷一段長時間而完成，言道：「從兩種性質不同的符號，發展為八卦；由八卦演變為六十四卦，當然是經過了一段長久的時間。」[43]

　　至於符號與其象徵意義間的關聯，徐氏云：

---

[40] 徐復觀：《中國人性論史》，頁201。
[41] 同前註。
[42] 同前註。
[43] 同前註，頁202。

《易》有兩個基本符號衍變為六十四卦，都是象徵的性質，這即是一般所說的「象」。古人大概是以這六十四卦，三百八十四爻的相互衍變，來象徵，甚至是反映宇宙人生的變化；在這種變化中，找出一種規律，以成立吉凶悔吝的判斷，因而漸漸找出人生行為的規律。[44]

然前已指出，即便徐氏認為《易經》保存筮者的人生經驗或思維，但並無太高深的哲理，之所以評論《易經》無高深的哲理，應是與後來的《易傳》相較的結果。

對於徐氏的說法，就《易經》僅包含簡要的符號及象辭、占辭來看，確實難包涵深刻的哲理。但就其能於古人日用指點迷津而言，實有前人珍貴的生活經驗蘊藏其間。如古人觀星可知方位，此純基於生活經驗，實不具深奧哲理。

即便認為《易經》經過整理，且包含前人珍貴的生活經驗，但徐氏仍認為並無太高深的哲理。但值得思考的是，如果《易》本身完全不蘊涵高深哲理，那麼《易傳》那些深刻的哲理如何來？

針對此問題，唐氏提出異於徐氏的見解，認為《易》除了作卜筮之用，亦包含人生哲理及宇宙觀。唐氏云：

> 《易》之一書，最初當是一面作卜筮之用；一面於卜筮中寓一種人生之教訓與宇宙觀。其作卜筮之用，可由《左傳》所載以《易》占卜之事，《禮記》所謂「《易》抱龜南面」，及秦以《易》為卜筮之書而未焚證之。其寓有人生之教訓，與一種宇宙觀，則可由中國後來哲人均喜依附《易經》以發揮其哲學證之。[45]

唐氏既肯定《易》為卜筮之書，可作卜筮之用。但亦認為《易》寓有人生教訓及宇宙觀，其中「寓」是相當重要的關鍵，寓乃寄託之意，亦即《易》的卦畫及卦、爻辭已有深刻哲理寄託其間，故後來哲人可即此談義理。這樣的說法便可解決《易傳》的淵源，若《易經》無論隱顯皆無這些

---

[44] 同前註。

[45] 唐君毅：《哲學論集》（臺北：臺灣學生書局，1990年），頁137。

義涵，後人無論如何是無法從中得出這些哲學，徐氏對此問題恐怕亦應加以面對。

六、以陰、陽二氣理解《易傳》中的陰、陽思想

　　徐氏根據《易經》、《易傳》的內容，認定《易》由卜筮之書發展為哲學書。徐氏云：「賦予《周易》以哲學的意味，當來自作為《易傳》的《十翼》。」[46]且《易傳》的哲學亦由具體發展為抽象，由萬殊發展為共同性。徐氏云：「若以實象、剛柔、陰陽三者在解釋上的應用，為解釋發展的三個階段，則卦象、爻象皆為實象，其應用為最早，其次為剛、柔，再其次才應用的陰、陽的觀念。」[47]又云：「剛、柔只不過是各物的共有屬性，並非構成各物的共同元素。……而須進一步追求到構成各物的基本元素上去。有通於各物的共同元素，便有通於各卦的共同關聯。」[48]

　　對於《易傳》中的陰、陽，徐氏理解為陰、陽二氣。彼云：

> 宇宙創生的現象是變化，同質的東西不會發生變化，從六氣中圖出來的陰、陽二氣體，恰恰可以套在《周易》裡兩個基本符號中去。以陰、陽為性質相反相成之二氣體，即以之作為構成萬物之二元素，這對於宇宙創生過程中成為統一的有機體的說明，方便的太多了。

　　徐氏更進一步指出《易傳》的陰、陽概念有其發展性，從初始剛柔、仁義並列使用，之後成為通貫天人的觀念。徐氏云：

> 〈說卦〉「是以立天之道，曰陰與陽；立地之道，曰柔與剛；立人之道曰仁與義」，此處是反映已把陰陽、剛柔、仁義三者平列，這是已經引進陰、陽的觀念，而尚未將三者組織成一個系統的情形，所以這是中期的材料。…〈繫辭上〉「一陰一陽之謂道，……」，

---

[46] 徐復觀：《中國人性論史》，頁203。
[47] 徐復觀：《中國經學史的基礎》，頁22。
[48] 徐復觀：〈陰陽五行及其有關文獻的研究〉，《中國人性論史‧附錄二》，頁561。

〈說卦〉「觀變於陰、陽而立卦……」，這裡已完成了有機體的組織，由天到人，形成一個統一的體系。在此階段之陰、陽，是作為宇宙創生萬物的二基本元素，以及由此二元素之有規律性的變化活動而形成的宇宙創生的大原則、大規範，並以之貫注於人生萬物之中，而作為人生萬物的性命。陰、陽的觀念，至此才發展完成。[49]

　　徐氏對《易傳》哲學的理解有三重點，一是指出《易傳》是由卦畫實象發展為剛柔、陰陽的抽象概念，二是陰、陽概念亦有其發展性，三是將陰、陽理解為陰、陽二氣。這樣的理解是以學界共識認為《易傳》各篇有先後為基礎，進一步從不同概念的轉變，以及最後以陰、陽為核心的發展。

　　從徐氏對陰、陽的理解，見出徐氏認為《易傳》的宇宙論為氣化宇宙論。但值得注意的是，徐氏未探討〈繫辭傳〉中所說的「道」、「太極」，亦未探討「太極」與陰、陽的關係。相較下唐氏則有所論及，唐氏云：

　　《易傳》對於《易經》哲學之發揮，我們可以簡單說有下列數點：第一是指出太極之存在，以為乾、坤陰、陽之統貫，為天道、地道之統貫；第二點是指出一陰一陽之謂道，而見道表現於陰、陽之中，即表現於六十四卦一切卦爻之中。[50]

　　因此，僅談陰、陽而不及於「道」或「太極」則無法說明為何〈繫辭傳〉不只談陰、陽，還提到「一陰一陽之謂道」、「太極生兩儀」、「生生之謂易」；且無法回答形下的陰、陽二氣如何能創生萬物？此外，徐氏將陰、陽理解為陰、陽二氣，是否與《易傳》相應？如徐氏亦引到〈繫辭上〉「一陰一陽之謂道」，但卻未說明為何此處還提出「道」？「道」與陰、陽有何關係？對此，徐氏均未涉及。

---

[49] 徐復觀：〈陰陽五行及其有關文獻的研究〉，《中國人性論史‧附錄二》，頁563。
[50] 唐君毅：《哲學論集》，頁119。

七、結論

透過上述分析可見出，徐氏對同時期古史辨派的觀點是有所回應與抉擇的。承繼古史辨派觀點處有三點：一是關於《易》的性質認定，認為《易》為卜筮之書；二是關於《易經》的作者，非一人一時所作；三是《易傳》的作者，認為非孔子一人所作。

至於徐氏的開創處在於，徐氏不贊同顧氏等人將聖人與《易》經、傳完全切割，故仍肯定六十四卦成於文王之手，部分卦、爻辭與周公有關，《易傳》仍保留許多孔子思想。此外，亦不同於顧頡剛等人僅關注探討《易》的原始性質及定位及作者，而能留意《易》的流傳歷程，強調《易》經、傳經過多人長年的努力整理而成，是一部不斷發展的作品。

在《易》學哲學方面，徐氏認為《易傳》具有氣化宇宙論的思想。何以徐氏的看法異於唐氏、牟氏所說《易傳》以道體創生談宇宙生成？筆者以為原因在於徐氏未討論〈繫辭傳〉中的「太極」、「道」的概念，僅論及陰、陽，且將陰、陽理解為陰、陽二氣，故僅論及陰、陽二氣與萬物的關係，而未及萬物如何被創造的根源性探討。

綜觀徐氏《易》學，在《易》學哲學的發揮上，其重要性不及唐氏、牟氏，但在回應現代《易》學的重要議題上，徐氏的關注較唐氏、牟氏二先生為多，且為後來的治《易》者指引一條在古史辨派的《易》學成果下繼續發展的路徑。徐氏以《易》經、傳為發展性文本的主張，重新讓我們思考聖人與《易》經、傳的關係，以及《易》經、傳無需完全切割的問題，為現代《易》學的發展提供一條可能路徑。

第七章　民主社會主義、儒學傳統與現代化：張君勱晚年政治思想研究（1949-1969）

香港理工大學中國文化系
容啟聰

一、兩種身份、兩家思想

　　一九四九年，中國政權易手，大批知識分子流亡至香港、臺灣以及美加等華人僑居地，並把民國時期各種政治、文化思想傳播開去。在他們當中，張君勱為少數對民主社會主義和儒家思想均有深入認識的流亡人士。張氏能兼修兩家思想，是因為他兼具政治家和學者兩種身份，一生縱橫於政治與學術之間。作為政治家，他在民國時期創立了中國國家社會黨，宣揚民主社會主義，起草了《中華民國憲法》，並致力於戰後社會重建。作為學者，他在壯年時曾著書淺論中國文化的前景，並在晚年致力於探討儒學傳統如何能為現代化作出貢獻，更於一九五八年與唐君毅、牟宗三和徐復觀諸先生共同發表《為中國文化敬告世界人士宣言》，肯定中國文化在當今世界的重要性。縱觀現今學術界有關張君勱的研究，多集中於他在民國時代的事業與思想。[1]可是，探討他晚年生平與思想的學術論著並不

---

[1] 如Roger B. Jeans, *Democracy and Socialism in Republican China: The Politics of Zhang Junmai (Carsun Chang), 1906-1941* (Lanham, Md.: Rowman & Littlefield Publishers, 1997)；Kent McLean Peterson, "A Political Biography of Zhang Junmai, 1887-1949" (PhD diss., Princeton University, 1999)；薛化元：《民主憲政與民族主義的辯證發展：張君勱思想研究》（臺北：稻禾出版社，1993年）；鄭大華：《張君勱傳》（北京：中華書局，1997年）；鄭大華：《張君勱學術思想評傳》（北京：北京圖書館出版社，1999年）；翁賀凱：《現代中國的自由民族主義：張君勱民族建國思想評傳》（北京：法律出版社，2010年）；丁三青：《張君勱解讀：中國史境下的自由主義話語》（南京：南京大學出版社，2009年）等。

多。[2]故本文旨在探討張氏晚年對社會主義和儒學傳統的看法，以填補目前學界研究的不足。

二、一九四九年以前的張君勱及其政治、文化思想

張君勱於一八八七年一月十八日出生在江蘇省嘉定縣的一個儒醫家庭。家中有兄弟十一人，張氏排行第二。其自六歲起即入家塾讀書。一八九七年，張氏十歲，考入上海廣方言館，學習英文、數學、物理、化學、西洋歷史等科目。閒時亦習儒家經典。一九零六年入日本早稻田大學習政治經濟學，並加入梁啟超之政聞社，投身立憲運動。一九一零年畢業回國，並於次年參加清廷為留學生辦的考試，獲翰林院庶吉士銜。[3]

一九一零年代，張君勱為梁啟超的得力助手，並致力於反袁運動。袁世凱死後，又促成梁氏研究系與段祺瑞的政治聯盟，以求實現梁氏「再造共和」的理念。[4]一九一九年，張梁二人以非正式顧問的身份，隨中國代表團赴巴黎和會，並順道往歐洲各國訪問。[5]在德國，張氏會見了《威瑪憲法》的草擬人，德國社會民主黨領袖菲利普・謝德曼。[6]此為張氏認識社會主義之始。他認為社會主義有三大特點。第一，「土地與生產機關之公有」。第二，對這些「生產機關」實施「公共管理」。第三，「以利益分配於公眾」。[7]他亦認為實現溫和式社會主義有助遏止共產主義等革命式社會主義的發展。[8]

---

[2]　目前只散見論文數篇：Edmund S.K. Fung, "New Confucianism and Chinese Democratization: The Thought and Predicament of Zhang Junmai," *Twentieth-century China* 28, no. 2 (Apr. 2003): 41-71；薛化元：〈張君勱與「中國前途」看法之研究（1949-1969）〉，《法政學報》1993年第1期，頁149-72；薛化元：〈張君勱與「自由中國」政府（一九四九～一九六九）──以「第三勢力」論為中心的考察〉，《臺灣風物》1994年第4期，頁65-95；薛化元：〈張君勱國家認同初探1949-1969〉，《鵝湖》1998年第9期，頁44-51。

[3]　薛化元：《民主憲政與民族主義的辯證發展》，頁19-22；鄭大華：《張君勱傳》，頁4-13，23-27。

[4]　同前註，頁27-28。

[5]　鄭大華：《張君勱傳》，頁60-63。

[6]　Peterson, "A Political Biography of Zhang Junmai, 1887-1949," pp. 156-157.

[7]　張君勱：〈社會所有之意義及德國煤礦社會所有法草案〉，《改造》1921年第11期，頁15-16。另見Edmund S.K. Fung, *The Intellectual Foundations of Chinese Modernity: Cultural and Political Thought in the Republican Era* (New York: Cambridge University Press, 2010), p. 208.

[8]　Fung, *The Intellectual Foundations of Chinese Modernity*, p. 206.

　　一九二一年，張君勱受上海國是會議委託，草擬國家憲法，遂以《威瑪憲法》為藍本，寫成《國憲草案》。當中第九十三條，尤其重視社會公義。其曰：「全國之生計組織，應本於公平之原則，使各人得維持相當之生存。」張氏更著《國憲議》一書，以闡述其憲政理念，並在第十章〈社會主義之規定〉，說明社會主義在現今世界的意義。他認為第一次世界大戰是歐洲國家對富強的過度追求，以致忽略「人類本身之價值」的結果。但是，此戰爭卻使西方國家從對富強的無盡追求中甦醒過來，對外致力於裁軍及維持國際和平，「以人類一體為依歸」，對內則「求社會生計之公道」。[9]張氏還引用《禮記‧禮運》篇的一段，以說明社會主義與儒家的大同思想並不相勃：

> 大道之行也，天下為公，選賢與能，講信修睦。故人不獨親其親，不獨子其子；使老有所終，壯有所用，幼有所長，矜寡、孤獨、廢疾者，皆有所養；男有分，女有歸。貨惡其棄於地也，不必藏於己。力惡其不出於身也，不必為己。是故謀閉而不興，盜竊亂賊而不作。故外戶而不閉，是謂大同。[10]

　　張君勱嘗試把以上引文與社會主義的一些概念作類比。「貨惡其棄於地也，不必藏於己」，不是說私產制是非必要的嗎？「力惡其不出於身」，不是對「勞動神聖」的推崇嗎？「使老有所終」，不是養老金的功用嗎？「矜寡、孤獨、廢疾者，皆有所養」不是意指社會保障嗎？「天下為公」，不是指共和體制嗎？「是謂大同」，不是指現代的國際主義嗎？[11]

　　至一九三二年，張君勱為實現其社會主義理想，遂與張東蓀等人成立中國國家社會黨。這時張君勱大力提倡「國家社會主義」，強調國家調和勞資關係的角色，以求中國經濟能穩步發展，應付日本對華的威脅。他在所著《立國之道》（1938）一書中，列舉了以下「經濟建設之大原則」：

[9]　張君勱：〈國憲議〉，載氏著：《憲政之道》（北京：清華大學出版社，2006年），頁86。
[10] 同前註，頁87。
[11] 同前註。

（一）為謀個人生存之安全，並改進其智慧與境況計，確認私有財產。

（二）為社會謀公共幸福並發展民族經濟與調劑私人經濟計，確立公有財產。

（三）不論公有私有，全國經濟須在國家制定之統一計畫下，由國家與私人分別擔任而貫徹之。

（四）依國家計畫，使私有財產漸趨於平均與普遍，俾得人人有產，而無貧富懸殊之象。[12]

　　張氏在書中特別提到國家經濟建設的目標有二。第一是「民族自活」。為持久抗日計，他認為中國必須使食品能自給自足，為國民提供充足糧食，並限制外國食品的輸入，以保障本土食品工業。再以資產下來的資金投資紡織業及其他輕工業，使中國人能穿自家製的衣物，並輸出本土食品成衣等製成品以獲利。繼而將所獲得的利益投資各種重工業。能如此，中國便能實現民族自活。[13]第二是「社會公義」。他建議輕工業與小本生意可以私人企業或合作社形式經營，但私人企業須設盈利上限。重點工業如公共運輸、電力、採礦和鋼鐵工業均交由國家經營。他認為把這些重點工業交由私人經營會不利公眾利益，因為私人企業會因為謀利而不顧人民福祉，而國營模式能避免重點工業被一小撮人所壟斷。工人須為國營企業的股東，以分享利潤。能如此，張氏相信社會公義便會實現。[14]然而他並沒有詳細解釋為何這些政策能實現社會公義。

　　至於張君勱的文化思想，則早見於一九二三年的科學與玄學論戰。在此論戰中，張氏堅持玄學是一個獨立的知識領域，科學不能入侵。[15]及至一九三零年代，張氏出版了《民族復興之學術基礎》（1935）和《明日之中國文化》（1936），以闡述其對現代中國文化基礎的認識，並初步表現其「保守自由主義」。「保守自由主義」是中國學者陶東風提出的概念。陶東風認為：

---

[12] 張君勱：《立國之道》（桂林：出版社不詳，1938年），頁167。

[13] 同前註，頁240-41。

[14] 同前註，頁241-44；Edmund S.K. Fung, "State Building, Capitalist Development, and Social Justice: Social Democracy in China's Modern Transformation, 1921-1949," Modern China 31, no. 3 (July 2005): 336-337.

[15] Fung, *The Intellectual Foundations of Chinese Modernity*, pp. 81-82.

> 保守自由主義並不全然拒斥變化，而只是反對徹底打破歷史傳統與
> 現存秩序的激進的革命。在保守自由主義看來，秩序與自由的關係
> 並不是敵對的，而是相輔相成的，沒有秩序與權威也就沒有自由，
> 而這種權威離開了人們生存於其中的傳統是不可思議的。當然，與
> 一般的保守主義不同，保守自由主義的「保守」是以個人自由為終
> 極目的的。因而它並不維護專制主義的傳統；但是，與激進的自由
> 主義不同，它並不主張激進革命與徹底的反傳統。[16]

　　在《民族復興之學術基礎》，張氏指出必須增強中國人的「民族意
力」，因為「民族意力」既有助中國人的團結，也是抵抗日本侵略的動力
來源。要增強中國人的「民族意力」，則必先要通過中國的歷史、傳統
和文化去建構一種獨特的民族性和自主獨立的精神。[17]在《明日之中國文
化》，他認為民族復興的關鍵在於中國傳統思想與文化的更新。他提倡以
「精神自由」作為中國文化的基礎，並視「精神自由」為活化中國傳統政
治、道德、學術、宗教和藝術等各方面的必要元素。[18]可是，張氏在二書
中，除了提供一個理論框架外，並未詳細闡釋現代中國的文化重建能如何
達成。

三、一九五零年代張君勱的社會主義思想

　　抗戰勝利後，張君勱受國民政府委託，草擬《中華民國憲法》，並於
一九四六年十二月廿五日由制憲國民大會通過。憲法於一九四七年一月一
日頒佈，同年十二月廿五日施行。可惜，國民大會旋於翌年四月十八日通
過《動員戡亂時期臨時條款》。[19]此條款雖為《中華民國憲法》的附屬條
款，但實則凌駕在憲法之上，給予總統無上之權力。[20]張氏有見及此，亦

---

[16] 陶東風：〈保守自由主義：中國文化建構的第三條道路〉，載李世濤：《知識分子立場：激進與
　　保守之間的動盪》（長春：時代文藝出版社，2000年），頁482。

[17] 張君勱：《民族復興之學術基礎》（北平：再生社，1935年），卷一，頁148-53；卷二，頁73-
　　74；Fung, *The Intellectual Foundations of Chinese Modernity*, pp. 110-111.

[18] 張君勱：《明日之中國文化》（上海：商務印書館，1936年），頁120-33。

[19] 劉維開：〈中國國民黨六屆臨時中全會之研究（1948.4.4-4.6）〉，《近代史研究》2009年第1
　　期，頁85-86。

[20] Denny Roy, *Taiwan: A Political History* (Ithaca: Cornell University Press, 2003), pp. 83-84.

對國民政府徹底失望。國共內戰後期，他既不願留在大陸，也不願跟隨國民政府遷往臺灣。適逢印度政府邀請其到印度講學，遂於一九四九年十一月經香港前往印度，從此流亡海外，未曾歸國。[21]

張君勱在印講學兩年，其間與流亡香港的軍政人士和知識分子保持聯繫，以謀籌建不受控於國民政府的反共新勢力。[22]一九五一年底，張氏離開印度，往東南亞各國及澳洲訪問。[23]一九五二年三月，前往香港，會見張發奎將軍及顧孟餘、童冠賢、張國燾等知識分子，決定成立「中國自由民主戰鬥同盟」（下稱「戰盟」）。[24]「戰盟」派張君勱為代表，前往美國爭取當地政府援助其反共工作，並於同年十月發表張君勱草擬的《中國自由民主戰鬥同盟宣言》（下稱《戰盟宣言》）。[25]

張君勱晚年有關社會主義的著作並不多，《戰盟宣言》的內容大致可反映張氏晚年對社會主義的理解。《戰盟宣言》列舉了「十二原則」。除了結束中共專政、建立民主政權、保障各種自由、軍隊國家化、落實社會福利制度外，宣言還說明了光復大陸後的經濟政策：

> 國家經濟政策，本自由與管理配合之主旨，以增加生產及合理分配，保障人民最低限度生活，調劑各階層之收入為指導原則。對農業方面，保障自耕農，並推行合作經營制度，改進農業技術，增加生產，以謀糧食之自給自足。對工礦交通方面，除重工業及交通事業之有關國防及獨佔性質者外，均鼓勵人民在國家協助之下，普遍集資，自行經營，並本勞資合作原則，實行民主企業制。舉凡託名國營以實為一專政之黨所獨佔的統制制度，反純粹為發展私人資本使經濟陷於無政府狀態的放任制度，均不適合國家人民今後的要求，當所反對。[26]

---

[21] 李達生：〈國士：張君勱先生（下）〉，《明報月刊》1969年第6期，頁60。

[22] 張君勱與各流亡人士的通訊，見於哥倫比亞大學善本藏書及手稿圖書館（Rare Book and Manuscript Library）所藏「張發奎檔案」（General Chang Fa-k'uei Papers）。

[23] 楊永乾：《中華民國憲法之父：張君勱傳》（臺北：著者自刊，1993年），頁166-71。

[24] 張發奎著，鄭義註譯：《蔣介石與我：張發奎上將回憶錄》（香港：香港文化藝術出版社，2008年），頁487-88。

[25] 〈中國自由民主戰鬥同盟宣言〉，《再生》（香港版）1952年第327期，頁14-16。

[26] 同前註，頁15。

　　　　大陸收復後，保障農民既得土地的耕種權，並沒收共黨政權公
　　有及藉權勢霸佔之土地，依法分配於退役之反共戰士及其他有能力
　　自耕之人民；對原有地主由國家協助其轉業。[27]

　　上引的一些經濟政策，很可能是為針對中共的土地改革運動而設。中
共於一九五一年頒佈《中華人民共和國土地改革法》，充公了大地主的所
有土地、役用動物、一般耕作工具和過剩的儲量。對於富農，則允許他們
繼續擁有其土地。不過，若不夠土地分配給貧農時，政府有權充公富農租
予佃農的土地。[28]這卻使富農終日提心吊膽，害怕土地會隨時被沒收。[29]由
此看來，「原有地主由國家協助其轉業」一項，正為爭取原地主階層的支
持而設。「保障農民既得土地的耕種權」一項，亦很可能是為爭取大陸富
農的支持而提出。

　　至於「保障自耕農」、「推行合作經營制度」和「本勞資合作原則，
實行民主企業制」，亦並非新鮮事物。張君勱早於其《立國之道》已反對
強行沒收土地，亦指出每個農民家庭應擁有土地。國有土地應以分期付款
方式售予沒有土地的農民。[30]梁漱溟亦早於一九三七年提倡一種非強制性
的農業合作社制度。[31]一九三二年發表的《中國國家社會黨宣言》，亦主
張調和勞資關係，以求勞資合作。[32]故張氏於《戰盟宣言》所寫的經濟政
策，大抵延續民國時期溫和社會主義者的主張。要注意的是，張君勱在
五十年代不再主張「民族自活」。《戰盟宣言》中有以下的一段：「在國
家計劃支持之下，鼓勵對外貿易之自由發展，同時為促進工業之儘速發
展，歡迎國際投資。」。[33]張氏有此想法，是因為他了解到尚在草創階段
的「戰盟」極需外國支持，故希望通過鼓勵外國投資去吸引外國援助。

---

[27] 同前註，頁15。

[28] Vivienne Shue, *Peasant China in Transition: The Dynamics of Development Toward Socialism, 1949-1956* (Berkeley: University of California Press, 1980), pp. 48-53.

[29] C. K. Yang, *A Chinese Village in Early Communist Transition* (Cambridge, Mass.: Technology Press, Massachusetts Institute of Technology, 1959), pp. 143-44.

[30] 張君勱：《立國之道》，頁261-62。

[31] Guy S. Alitto, *The Last Confucian: Liang Shu-ming and the Chinese Dilemma of Modernity* (Berkeley: University of California Press, 1979), pp. 214-15.

[32] 〈中國國家社會黨宣言〉，載中國第二歷史檔案館編：《中國民主社會黨》（北京：檔案出版社，1988年），頁63-64。

[33] 〈中國自由民主戰鬥同盟宣言〉，頁16。

　　雖然張君勱在《立國之道》花了很長的篇幅說明其經濟思想，他在一九五零年代卻甚少在《戰盟宣言》外闡述其經濟思想。在他的角度來看，雖然「救亡」的訴求在三十年代和五十年代同樣重要，但政治形勢卻截然不同。《立國之道》成書於一九三八年夏天。其時日軍正進兵河南，國民政府正由南京撤退到武漢。[34]張氏認為完善的國防及良好的經濟基礎是抗日的關鍵。[35]他在抗戰初期詳述其思想，是因為他認為只要中國能堅守自己的土地，經濟建設便有可能。在五十年代，他卻很少談及其經濟思想，是因為當時大陸已丟失，反攻大陸已是一件很難的事，更遑論其後的經濟建設。故他只於《戰盟宣言》簡述其構想，以爭取大陸民眾的支持。

四、晚年張君勱論儒學傳統與現代化的關係

　　一九五二年三月，張君勱在香港逗留兩週，即便前往美國首都華盛頓，為爭取美國政府支持「戰盟」，展開遊說工作。可惜美國對援助國民政府以外的反共勢力興趣不大。而「戰盟」亦因種種問題，尚在草創階段便於一九五五年底解散。[36]張氏亦決定定居美國加州三藩市，並擔任當地中文報紙《世界日報》的社論主筆。[37]

　　相比社會主義，晚年的張君勱更願意闡述他的儒學思想。除了為《世界日報》撰寫時評和社論外，張氏更在五六十年代出版了《王陽明：中國十六世紀的唯心主義哲學家》（Wang Yang-ming: Idealist Philosopher of Sixteenth-century China）（1962）和《新儒家思想史》（The Development of Neo-Confucian Thought）（1957-62）兩種英文學術專著，並撰寫了不少有關儒學的文章。[38]他更在1958年，與唐君毅、牟宗三和徐復觀諸先生聯

---

[34] 張君勱：〈《立國之道》新版序〉，《再生》（北京版）1947年第193期，頁17；張君勱：《立國之道》，頁iii。

[35] 張君勱：《立國之道》，頁2、9。

[36] 萬麗鵑：《一九五〇年代的中國第三勢力運動》（臺北：國立政治大學博士論文，2000年），頁45-50。

[37] 張敦華：〈先父最後的十三年〉，《傳記文學》1976年第3期，頁41。

[38] Carsun Chang, *Wang Yang-ming: Idealist Philosopher of Sixteenth-century China* (Jamaica, N.Y.: St. John's University Press, 1962)，中譯本見張君勱著，江日新譯：《王陽明：中國十六世紀的唯心主義哲學家》（臺北：東大圖書，1991）；Carsun Chang, The Development of Neo-Confucian Thought（New York: Bookman Associates, 1958-62），中譯本見張君勱著，程文熙譯：《新儒家思想史》（臺北：弘文館出版社，1986年）。

合發表《為中國文化敬告世界人士宣言》，以表達其對中國傳統文化的立場。[39]

　　張君勱晚年的儒學論著，不但表現他的「保守自由主義」，還揭示了他的「文化民族主義」思想。「文化民族主義」（cultural nationalism）是英國學者John Hutchinson所提出的概念。Hutchinson認為「文化民族主義」包含了「一種流動多變的歷史觀」。[40]這歷史觀主張「以歷史對現狀作出批評，以求推動社會向更高層次發展」。他還觀察到，「當遇上現代化所帶來的危機時，文化民族主義者會扮演道德革新者（moral innovators）的角色去提倡一種本土化的進步模式」。[41]「文化民族主義」與「保守自由主義」息息相關，是因為兩者皆在傳統中尋求建立現代國家的方法。

　　張君勱視儒學傳統為中國現代化的一個重要的推動力，並認為在當代中國復興儒學確實有其逼切性。首先，及至六十年代中期，中共已經統治大陸十數年，儒家學說已經被「唾棄」和「摧殘」。但他仍堅信儒學傳統終有一日會復興。[42]第二，張氏認為「歐洲現代思想是希臘思想的延續，希臘哲學是現代化思想的基礎」。故中國人也應用其祖先的智慧—儒家思想—使其國家現代化。[43]第三，中國傳統要求人們將道德體現在日常生活當中，但西方人卻「把追求知識放在最高位置」，「為求知而學習」，「知重知而不知重行」。[44]相反，中國人視知識和行為同等重要，並強調「知行合一」。[45]在張氏眼中，於當代中國提倡「知行合一」，則有助人們尋回自中共執政後失去已久的道德生活。由此可見，他了解現代化和共產主義對中國傳統所帶來的衝擊，亦注意到中國傳統實蘊藏寶貴的文化資源去幫助中國人應付這些挑戰。

---

[39] 牟宗三、徐復觀、張君勱、唐君毅：〈為中國文化敬告世界人士宣言：我們對中國學術研究及中國文化與世界文化前途之共同認識〉，《民主評論》1958年第1期，頁2-21。

[40] John Hutchinson, *Modern Nationalism* (London: Fontana Press, 1994), p. 41.

[41] Hutchinson, Modern Nationalism, p. 41.

[42] 張君勱：〈中國現代化與儒家思想復興〉，載氏著，程文熙編：《中西印哲學文集》，（臺北：臺灣學生書局，1981年），卷一，頁583-86；張君勱：《新儒家思想史》，頁5-6；張君勱：〈新儒家思想史寫完以後〉載氏著：《中西印哲學文集》，卷二，頁801。

[43] 張君勱：〈中國現代化與儒家思想復興〉，頁586。

[44] Chang, *The Development of Neo-Confucian Thought*, p. 453；張君勱〈儒學之復興〉，載氏著：《中西印哲學文集》，卷一，頁573。

[45] Chang, *The Development of Neo-Confucian Thought*, p. 453; Chang, *Wang Yang-ming*, p. 39.

　　張君勱認為現代中國能應付上述挑戰，關鍵在於儒家思想中的五個概念。第一，「理智的自主」，其意就是人性與生俱來的「仁」、「義」、「禮」、「智」四善端。第二，「心的作用與思考」。所謂「心的作用是思」，意即「心的作用」能賦予人思考的能力，從而使人能作出價值判斷。第三，「宇宙的存在」。宇宙是由萬物組成。通過思考，人們能區別萬物，並認知自己具有「道德反省能力」。第四，精神（「理」）的「抽象世界」和物質（「氣」）的「現象世界」的同時存在，而「理」與「氣」不可分割。第五，正因為「理」與「氣」不可分割，在「現象世界」實現「德」尤其重要。這可通過《大學》中「修身、齊家、治國、平天下」的步驟達成。[46]

　　也許後共產的社會重建對於張君勱仍然是一個遙遠的夢想，他並沒有詳細說明上述五個概念如何有利中國的現代化。無論如何，他亦提出一個復興儒家哲學思想的綱要，作為其民族建國構想的第一步。首先，中國人應利用他們祖先的智慧，但張氏並非表示中國人可忽視古希臘和現代西方哲學。反之，張氏希望通過深入比較中西思想，人們能找出中國傳統哲學的優點和缺點，並對古代哲學家以現代概念作重新評價。例如，荀子主張性惡論，曾被視為與孟子對立，現在可以視之為「經驗主義者」。墨子主張兼愛，因其思想較近功利主義，故現在可稱他為「功利主義者」了。[47]其次，未來的中國哲學需要建立在一個廣闊的基礎上，排他性強的思想學派並不可取。張君勱同意《禮記》〈中庸〉篇所說「萬物並育而不相害，道並行而不相悖」。他認為一套哲學思想中包含各個思想學派並沒有害處，還建議人們不要把自己規限在某一學派之內。[48]故此，張君勱認為未來的中國哲學應吸收各個中西思想學派的優點。這應是一個嚴格挑選的過程，並非一般的「雜糅」、「折衷」、「調停」等方法可比擬。[49]第三，更重要的是，人們需給予道德與知識同等的重視。張君勱認為知識並不足以帶給人類幸福。只有合乎道德地使用知識，才能使人類幸福。[50]他認同王陽明「知行合一」之說，而這觀念並不存在於西方文化。按張氏對

---

[46] 張君勱：〈中國現代化與儒家思想復興〉，586-92。
[47] 同前註，頁595。
[48] 同前註，頁595。
[49] 張君勱：〈新儒家哲學之基本範疇〉，載氏著：《中西印哲學文集》，卷一，頁539-40。
[50] 張君勱：〈中國現代化與儒家思想復興〉，頁595-596。

《大學》、《論語》和《孟子》的理解，「知」與「德」是不可分割的。
但是，他注意到二十世紀的科學發展，尤其是原子彈的發明，實在是對人
類的威脅。他提出科學家應有其「責任感」和「義務感」。當他們應有道
德地探索新的科技，以避免人類的全盤滅亡。故「知德合一」對中外科學
家尤其重要。[51]總括而言，張君勱認為「儒家思想的復興並不與現代化的
意思背道而馳，而是讓現代化在更穩固和更堅實的基礎上生根和建立的方
法」。[52]對他來說，復興儒學是鞏固中國現代化基礎的方法或推動力。但
是，他並未指出這現代化基礎的儒學成份究竟有多重。

五、儒家思想與張君勱的政治理想

如上所述，張君勱希望以復興儒學作為現代化的途徑。可是，有學者
指出張氏最終亦難以說明儒家思想對於中國民主化的貢獻，並陷於一種困
境之中。[53]究竟在多大程度上他能將儒學傳統融會到其政治思想上，並能
融合中西政治思想呢？

張君勱了解儒家思想對「德」的重視，亦意識到傳統中國並沒有法治
概念。故他提倡以「德與法之合一」作為民主中國的治國方針。[54]在此概
念下，傳統的「德」與西方的「法」均享有相同的地位。其實，張氏能平
等看待傳統中國政治思想與現代西方政治思想，是因為他認為兩者有很深
的聯繫。他指出，根據最新的研究顯示，儒家經典在數百年前西傳歐洲，
促進了理性主義的興起，亦啟發了很多啟蒙時代的思想家。故他認為「天
賦人權，自為吾家舊物，遺留於海外二三百年之久」。[55]為避免中國繼續
落後於西方，有必要以這些遺留在外的思想概念充實儒學傳統，並通過
「德與法之合一」，「以西方民主還之於儒家」。[56]

可是，張君勱並沒有把中國和西方兩種價值觀劃分優先順序。雖然他
視復興儒學為現代化的方法，他並不如徐復觀一樣主張「德治」，把儒家

---

[51] 張君勱：〈現代世界紛亂與儒家哲學的價值〉，載氏著：《中西印哲學文集》，卷二，頁819。

[52] 張君勱：〈中國現代化與儒家思想復興〉，頁596。

[53] Edmund S.K. Fung, "New Confucianism and Chinese Democratization: The Thought and Predicament of Zhang Junmai," *Twentieth-century China* 28, no. 2 (April 2003): 54-63.

[54] 張君勱：〈新儒家政治哲學〉，載氏著：《中西印哲學文集》，卷一，頁384。

[55] 同前註，頁386。

[56] 同前註，頁386；Fung, "New Confucianism and Chinese Democratization," pp. 54-59.

政治理念放進現代民主政治制度的框架內。[57]張氏主張現代國家與個人的關係應建基在權利與義務上。雖然他晚年談及個人、社會與國家關係的文章並不多，但他卻在一九六七年於新加坡發表的一場有關社會主義的演說中，談到此問題。他認為個人是國家的「基本分子」。他先是一個家庭的成員，在求學時期「發展其體力智力德力，以成為公民」。故每個公民都是一個體，每個體皆可發展其個人事業。他亦可以參與選舉，成為議員，甚至當上政府官員。從培養體能、智力和道德，到建立自己的事業或參與政治，張君勱均視之為「各個人應有的義務與權利」。[58]至於社會，張氏視之為「個人謀生之所」和「各人通工易事之地」，並認為「事實上，任何人不能離國家，亦不能離社會」。[59]張氏視國家為最高權力機構，它與法律是不可分割的。社會秩序只能在有法可依時方能維持。雖然每個公民均須遵守法律，但法律本身亦須「合乎人民利益與需要」。一切法律須經民選議會嚴謹的商討和通過，才能合法。這才能使法律「含有合理性」，並「合於人情」，亦使「法律與道德二者，合而為一」。[60]不過，張氏並未深入探討社會上不同階層的潛在利益衝突。

　　張君勱視個人、社會和國家為同等重要，這是因為他意識到偏重其中一方面是件危險的事。他認為極權國家把國家利益放在最高位置，卻對個人百般剝削。馬克思強調社會於歷史發展的角色並支持無產階級專政，卻容易導致約翰・密爾（John Stuart Mill）所指的「社會暴政」，意即社會以一集體意識壓制個人自由。至於個人至上的政治主張，如放任政策等，則會造成對勞動階層的剝削。他亦提到維持個人、社會和國家關係平衡的關鍵有三：人權、民主憲政和社會公義。這些都是他自年少時已經開始追求的。憑藉這三個關鍵，他深信「以民主自由為基礎的社會主義」最終定能在中國實現。[61]由此可見，在張君勱的政治構想中，儒家思想和現代民主原則同樣受到重視，並有所分工。在他看來，儒學傳統對中國社會和文化層面的現代化有很大幫助。在政治層面上，他以「德與法之合一」為管治哲學，但他構想中的個人、社會和國家關係卻是以權利和義務為基礎。

[57] 李維武：《徐復觀學術思想評傳》（北京：北京圖書館出版社，2001年），頁227-57。

[58] 張君勱：《社會主義思想運動概觀》（臺北：稻鄉出版社，1988年），頁17-18。

[59] 同前註，頁18。

[60] 同前註，頁17-20。

[61] 同前註，頁18-22。

換言之，在張氏的建國理念中，儒學傳統和現代政治思想有著不同的功能，而兩者的功能卻可以互相補足。

六、張君勱晚年思想的局限性及意義

張君勱是五六十年代少數視溫和社會主義與儒學傳統為民族建國兩大支柱的中國流亡知識分子。可是，除了在早年《國憲議》中提到儒家大同思想能與社會主義烏托邦比擬外，絕少談到論這兩大支柱的關係。他亦未曾詳述如何能使大同思想於現代民主社會主義國家中實現，故其對於儒家思想如何幫助現代化的討論是比較理論性的。張氏缺乏這些論述亦帶來了一個問題。他認同儒學傳統對現代化的貢獻，固然使其具備「文化民族主義者」的資格，但他在多大程度上能被視為一個「道德革新者」卻成疑問。他筆下從未提出過一些創見去革新傳統中國道德觀。當然，我們不能排除他曾經想過有關問題，而沒有把這些思想記錄下來。最後，張君勱在其生命最後二十年大力宣揚儒學傳統，不但反映其復興中國文化的希望，也是身在海外的他強調自己中國人身份的一種憑藉，並告訴世界儒學傳統在海外也能延續。對他來說，撰寫有關儒學的論著就像維繫著他與祖國。當馬克思主義在大陸被定於一尊，儒學被邊緣化時，在海外延續有關儒學的討論，對儒學的傳承亦起關鍵作用。可惜，當張君勱埋首儒學研究之際，卻受病魔折磨，並於一九六九年二月二十三日因胃潰瘍復發，病逝於柏克萊一療養院，享年八十四歲。[62]

---

[62] 張敦華：〈先父最後的十三年〉，頁42；李達生：〈國士：張君勱先生（下）〉，頁62；楊永乾：《中華民國憲法之父》，頁238。

第八章　論賀麟新心學及對辯證法唯物論之批判
——〈唯心論與現代中國哲學〉節錄[*]

新亞研究所
吳明

一、引言：現代中國哲學之南遷與光復

在當代新儒學全面反哺中國大陸學界，「南學北返」的今日，回顧當年現代中國哲學之苦旅、「北學南移」，豈不正合時宜而為饒有意味之事。

二十世紀的中國，以1949年為分界，上半葉是大變革、動亂與創建，反侵略戰爭與內戰；下半葉則分裂為兩岸四地，大陸是大破壞、集體奴役與愚民化，進入中國歷史最黑暗時期，最後是「改革開放」；香港、台灣、澳門則各自發展，憑藉一河一海之隔，與大陸這場浩劫保持了距離。所有啟蒙思潮、學術論辯、哲學探索皆移師南來，篳路藍縷的在海外重建，以續中國歷史文化之命。唐君毅先生言「靈根自植」者，將個人生命化作國魂文命的種子，隨流亡的腳步，覓土重生，以爭剝復之謂。當年的新亞書院及堅持至今的新亞研究所即其中之典範。本人常說新亞精神、新亞研究所即老北大、老清華、西南聯大的精神延續，今次學術會議名「北學南移」即表此意。

就哲學領域而言，以唐、牟為首的當代新儒學，亦是直接承傳開展熊十力、梁漱溟等人攝道歸儒、援儒入佛之思想方向，更吸收西方哲學，以及鄭昕、賀麟等人之紹介康德、黑格爾哲學，中西融會，創造儒學第三期

---

* 本文原題〈唯心論與現代中國哲學——賀麟新心學及其《當代中國哲學》之回顧與批判〉，文長五萬五千字。今從大會要求，抽其中二萬字入論文集。

之復興，而被迫南移之哲學主潮。在二十世紀衰世有此哲學主潮之興起，是見天意難測，人唯盡性侍命，復何可言！

　　說到唐、牟、徐諸子之思想承傳，常提到的是熊、梁二氏。這是自然的，不僅梁、熊二氏是唐、牟、徐親炙的老師、最早的興發者，且在後來中共政治高壓下仍堅守哲學信念，不像很多當年講正統哲學，講康德、黑格爾與宋明理學融會，講孫文學說與儒學復興的學者，受不住無人可受的心身折騰和高壓氛圍，為保家人和自己之命，在學問上自我叛變，最後淪為不堪。講新心學的黑格爾專家賀麟，便是這樣的其中一位不幸者。本文今欲評述者，不是賀麟下半生如何不堪，而是賀麟前半生大力宣揚的唯心論與中西文化融會的哲學識見，這個識見既是二十世紀中國哲學主潮之主音，且是當代新儒學最大哲學貢獻所在及其為中國哲學之成為世界性哲學之所據。賀麟是此哲學識見之早期倡導者和有力的論說者。近年論當代新儒學之文甚眾而無人說到賀麟，是有所忌諱乎？本文今直論不諱，是欲存其哲學識見，說當代新儒學既是傳統思想主流之守護者，亦是現代中國哲學新局之開創者和主潮，而徹底的唯心論（徹底的唯心論因而是實證的唯心論）則是中西哲學共趨共證的至高理境。這個現代中國哲學之新局主潮，在中共統治大陸後徹底摧毀，被迫南移至港、台重建，而有今日「當代新儒學」之名，以及當代新儒學反哺中國大陸之局面。

二、徹底唯心論的哲學宣言──賀麟〈近代唯心論簡釋〉要義評述

　　賀麟是同時期學者中最早自稱唯心論者，不僅如此，賀麟是很自覺的徹底的唯心論者。

　　在一九四一年出版的《近代唯心論簡釋》之首篇同名文章裡，賀麟系統地提出其唯心論綱要，文字精簡，可視作為一篇唯心論宣言。這篇早於一九三四年三月發表的文章，[1]約五千字，全文不分章節，不加標示，只一氣寫下來。今為其分義，撮要提示如下，並略加評論。（所據為獨立出版社1941年版本，收入1991年12月上海出版社之影印本《民國叢書》。[2]

---

[1]　參閱張學智編：《賀麟選集》（長春：吉林人民出版社，2005年），〈前言〉，頁4。

[2]　周谷城主編：《民國叢書》，影印本（上海：上海書店出版印行，1991年）。

（一）作為世界存在之現象論的、知識論的、價值論的、目的論的主體即本體義之「心」

賀文一開始就區分二種心：「心理意義的心」與「邏輯意義的心」。心理意義的心即普通人所謂「物」，如心理經驗中的感覺幻想、思慮，以及種種情緒情感，當與之為對，即是物，是可以用幾何方法當作點綫面一樣去探討研究的現象物。「邏輯意義的心」是世界存在之理則義及主體義之心。從心理意義的心和邏輯意義的心說現象世界之有色相、有意義、條理與價值之所以可能、實踐之主體的根據。一物之色相、意義、價值之所以有客觀性，亦端賴此認識的或評價的主體有其客觀的必然的普遍的認識範疇或評價準則。是此心又不限於個人，而為超越的、先驗的，人人之心，心同理同之心。賀氏如是說：

> 心有二義：一，心理意義的心；二，邏輯意義的心。邏輯的心即理，所謂「心即理也」。心理的心是物，如心理經驗中的感覺幻想夢噫思慮營為，以及喜怒哀樂愛惡欲之情皆是物，皆可以用幾何方法當作點線面積一樣去研究的實物。普通人所謂『物』在唯心論者看來，其色相皆是意識所渲染而成，其意義、條理與價值，皆出於認識的或評價的主體。此主體即心。一物之色相意義價值之所以有其客觀性，即由於此認識的或評價的主體有其客觀的必然的普遍的認識範疇或評價準則。若用中國舊話來說，即由於「人同此心，心同此理」。離心而言物，則此物實一無色相、無意義、無條理、無價值之黑漆一團，亦即無物。故唯心論一方面可以說是將一般人所謂物觀念化，一方面，也可以說是將一般人所謂觀念實物化。被物支配之心，心亦物也。能支配心之物，物亦心也。而心即理也的心，乃是「主乎身，一而不二，為主而不為客，命物而不命於物」（朱熹語）的主體。換言之，邏輯意義的心，乃一理想的超經驗精神原則，但為經驗行為知識以及評價之主體。此心乃經驗的統攝者，行為的主宰者，知識的組織者，價值的評判者。自然與人生之可以理解，之所以有意義、條理，與價值，皆出於此心即理也之心。故唯心論又曾稱為精神哲學，所謂精神哲學即注重

　　心與理一，心負荷真理，理自覺於心的哲學。（《近代唯心論簡
　　釋》頁一）

　　就此段而言，賀麟雖提出「心理意義的心」（形下之心）與「邏輯意
義的心」（形上的後設學之心）之區分，但未提出知識意義的心」與「價
值意義的心」之區分，即未曾就「邏輯意義的心」再作「知識意義的心」
與「價值創造意義的心」之區分。中國舊說「人同此心，心同此理」，雖
亦可說為「知識意義的心」之心同理同，但主要的仍說的是「價值創造意
義的心」即「道德心」之心同理同。陸、王學說的「心即理」之心，存有
論化即程、朱理學說的「性即理」之性，故曰「心即理也」的心，乃是「主
乎身，一而不二，為主而不為客，命物而不命於物」（朱熹語）的主體
心。是此價值義之心又必是主宰心、實踐心，即此道德主體義之心而說心
同理同。陸、王心學著重說此心與理為一，依此必說三義之心可為一心；
此即精神哲學所說，精神可作不同表現而不同表現之精神之可歸於一也。

（二）徹底唯心論的心物觀：心為物之體，物為心之用，體用不離不雜

　　上引文曰「唯心論一方面可以說是將一般人所謂物觀念化，一方面，
也可以說是將一般人所謂觀念實物化。」故徹底的唯心論既不承認有心外
之理，亦不承認有心外之物。心物之別只是人的分別心之區分，去此分別
心，如實言之，說心則一切唯心，說物則一切唯物，只是唯心論者自覺有
此分別心而自反，返回本心（西方唯心論不說本心，多說成實在論之理
型、本質、一神）。道家選擇歸於道心，物我兩忘。佛教選擇最後歸於
寂滅心，而我法二空。儒家選擇歸於仁義心，文化價值心，開務成物，
「順之則生天生地，逆之則成聖成賢」，兩極歸宗，自我實現、自我承
擔、性分之不容已之心。唯物論則強化心物之區分並選擇被物支配之心，
來支配仁義心、價值心、文化心，投向物化之境。唯自覺歸於物化亦是一
種自主精神，一種工夫；完全物化之路途亦可無限而艱難，故徹底的唯物
論可吸納唯心論之種種工夫論，知行合一地開展其奴役之路。唯物論之說
辯證法，是把唯心論說精神之為精神即要求在實現為自由的同時須實現為
存在，如是精神與存在互相轉化，開顯為正、反、合之精神存在之自我意

識，迴旋昇進直至終極的精神自由與存在合一之實現，這個絕對精神自由之境界論、工夫論之唯心論辯證法，整個搬過去，顛倒過來作精神異化（心理意義的心支配邏輯意義的心）、物化之用具。

於此，賀麟說得較近文化哲學，而說成文化的體用說。其言曰：

> 嚴格講來，心與物是不可分的整體。為方便計，分開來說，則靈明能思者為心，延擴有形者為物。據此界說，則心物永遠平行而為實體之兩面；心是主宰部分，物是工具部分。心為物之體，物為心之用。心為物的本質，物為心的表現。故所謂物者非他，即此心之用具，精神之表現也。姑無論自然之物，如植物動物甚至無機物等，或文化之物如宗教哲學藝術、科學道德政法等，所舉莫非精神之表現，此心之用具。不過自然之物乃精神之外在化，乃理智之冥頑化，其表現精神之程度較低，而文化之物乃精神自覺的活動之直接產物，其表現精神之程度較高罷了。故唯心論者不能離開文化科學而空談抽象的心。若離開文化的陶養而單講唯心，則唯心論無內容。若離開文化的創造，精神的生活而單講唯心，則唯心論無生命。如是，則一不落於戲論的詭辯，二不落於支離的分析，三不落於騖外的功利，四不落於蹈空的玄談。（《近代唯心論簡釋》頁三）

這番話是唯心論的標準的即體起用，以用證體；心物一體，唯心證物；唯心實證，實證唯心之言。儒、道、釋三教皆有類似的話，而以陸、王說得最到家。本人多年來一直講「實證唯心論」，以彰顯此義。

（三）心為內在的本質體性同時是超越的目的性原則、生命之自我超越趨向於理想目的而開展其歷程之義——自我實現義

此義即所謂「內在而超越」之其中一義。真正的唯心論必涉此義，凡唯理論實在論必於此義起疑，辯論不已。看賀文如何說：

> 要免除「唯心論」一名詞之易被誤解，可稱唯心論為「唯性論」。性（Essence）即事物之真實無妄的本質，亦即事物之精華。凡物有性則存，無性則亡。故研究一物貴探討其性。哲學謂對於事物的了

解，即所以認識其性，而對於名詞下界說，即所以表明其性。（中略）性為代表一物之所以然及其所當然的本質，性為支配一物之一切變化與發展的本則或範型。凡物無論怎樣活動發展，終逃不出其性之範圍。但性一方面是一物所已具的本質，一方面又是一物須得實現的理想或範型。如生命為一切有生物的本性，自播種、發芽、長軀幹枝葉、開花結實，種種階段，都是發展或實現生命的歷程。又如理性為人之本性，在人的一切活動中，如道德，藝術，宗教，科學的生活，政治社會經濟的活動，皆是理性發展或實現的歷程，不過程度有不同而已。（同上，頁三至四）

賀麟此說，實涉及柏拉圖之理型、亞里士多德之四因，康德之目的性原則，黑格爾之文化哲學、精神哲學諸義。諸義眾理並陳，未免支離；統之有宗，會之有元，於是曰「性」（Essence），曰性則偏於存有義，已具義，理型義，本質義，似尚欠活動義、自我超越義、自命自由義，於是有「心」義，此「心」一義西方哲學未必深契，至康德之主體性、黑格爾之精神哲學，方呈蘇醒蓬勃之勢，與中國傳統心性論、心學遙相呼應。孔、孟、老、莊、荀、程、朱、陸、王於此多有論說傳世，唯待今人善讀明解，把原有的哲學涵義，因西方哲學之新銳的挑激，而重新煥發出來。

（四）唯心論之理想主義和近代精神

在這篇距今近八十年的哲學宣言裡，賀麟指唯心論不僅為最古老正宗的哲學，且是最足以表現近代自由精神的哲學──以唯心故，以唯心即性即理故，內在而超越故，自我實現故。

唯心論又名理想論或理想主義。就知識之起源與限度言，為唯心論；就認識之對象與自我發展的本則言，則為唯性論；就行為之指針與歸宿言，為理想主義。理想主義最足代表近代精神。近代人生活的主要目的在求自由。但自由必有標準，達到此標準為自由，違反此標準為不自由。如射箭必須有鵠的，方可定射中與未射中之標準。若無鵠的，則任意亂發皆可謂之中亦可謂之不中。自由亦然，若無理想為之標準，則隨遇而安，任何行為皆可謂之自由，亦可謂之不自由。

故欲求真正之自由，不能不懸一理想於前以作自由之標準。而理想主義，實是以代表近代爭自由運動的根本精神。（同上，頁五至六）

從〈近代唯心論簡釋〉，可知賀麟的唯心論，既有西方理型論、觀念論、理性主義、精神哲學等唯理論元素，又特顯儒家的心性論、體用論、實踐的實在論、道德的理想主義等中國心學之傳統特質，並回應着現代思想課題和中國抗戰的處境，是一篇很表現作者的哲學識度和時代感應的哲學宣言。賀麟知道，西方經過漫長的摸索終於發展到唯心論的時代，通過西方唯心論的紹述，與中國的心性論融會，將有最古典和最新銳的哲學典範的出現，既可穩定住中國心靈，亦可為人類心靈提供方向和安頓之所。

賀氏既以唯心論為一個國家民族達到精神的獨立與自覺的哲學表現。為此，他譴責當時流行的實用主義、唯物主義所表現的對科學的庸俗化解讀和玄學化解讀之濫科學主義之幼稚無知：

當一個國家只知稗販現成的科學知識，只知崇拜他人的物質文明，為之作被動的傾銷場時，當然無暇顧及構成科學知識的基本條件，和創造並駕馭物質文明的精神基礎，則此國家尚未達到精神的獨立與自覺，而其哲學思想之尚不能達到唯心的階段，自是必然而無足怪。（同上，頁二）

在其另一著作《當代中國哲學》，賀麟多處講到唯心論是人類哲學之「正宗」、「正統哲學」，「也可稱之為普遍的哲學或典型的哲學，其出發點在於人類性情之正，出於人同此心，心同此理的基礎上。其內容也中正持平，不偏於任何方面。」（《當》書頁六九。1945年南京勝利出版社公司出版，收入1991年12月上海出版社《民國叢書》影印本。[3]）

這種純正的哲學比起以上兩種（案指實驗主義、唯物論）更舊。因為在西洋，這代表希臘哲學的主潮，而近代的正統哲學也遠在十九世紀以前。唯物論、實驗主義的哲學實在都是反對正統哲學而後起的一種哲學思潮。同時，這種正統哲學也可說比上面兩種哲學更

---

[3] 同前註。

新，因為正統哲學的內容勢必是揚棄前兩者而加以新發揮的哲學，
這種哲學也可以稱為唯心論（參看拙著《近代唯心論簡釋》，獨立
出版社出版），因為其理論建築在精神科學的基礎上面。所謂精神
科學，指的道德史、宗教史，藝術史而言，以研究人類精神歷史為
主。在中國要提倡這種哲學，必須很忠實地把握西洋文化，但又不
是純粹的抄襲，而是加以融會發揮。所以這種新哲學仍可以稱為中
國的哲學。本來中國的正統哲學與西洋的正統哲學是能融會貫通
的，並進的，合流的。過去我們不能接受西洋的正統哲學，也就不
能發揮中國的正統哲學。在西洋，最偉大的正統哲學家是蘇格拉
底、柏拉圖、康德、黑格爾等。在中國則有孔、孟、程、朱、陸、
王，即儒家。」（《當》書頁八十）

唯心論並非一種思潮，而實是所有哲學思想邏輯地必然到達的一切
問題的根源之反省，為此有關一切問題的根源之反省，所作之有系統的思
考。西方唯心論即關於一切存在（包括思想之存在）的根源的思考之邏輯
的思想系統，而中國唯心論（即心性論、心學）則是此關係一切存在的根
源的思考之反省化與「置身存在」。

三、儒家窮理盡性的唯心論之復興的預期——第三期中國文化復興之展望及現實困境

在《當代中國哲學》之〈西洋哲學的紹述與融會〉全章述畢，賀麟
說：「出我意料以外，我很欣慰地發現我們現代中國的哲學思想內容異常
豐富。這些哲學家們對於哲思和學術文化的努力，實足以襄贊並配合我
們在這大時代中對於抗戰建國的努力。對於當代中國哲學的鳥瞰，使得
我們對於中國哲學將來發展的前途，更抱樂觀，更具信心。」賀麟不會
想到、當時亦不會有人能想到，一個末流哲學，馬克思主義，以其建基於
人性中的根本惡而注定失敗的哲學，在現實中會因着這種哲學失敗而釋
放物化的熱量，像森林大火，吞噬一切，亦有似於心物合一之喜悅（狂
熱），假借一個顛倒了的理想，而勝利，中止了賀麟等人對中國以及中國
哲學將有復興與發展的前途的大時代的幻想。這個對中國哲學未來發展的
大時代來臨的預期，因感應了中國文化之歷史波動之節律、認為第三期文

化將要產生，哲學在中國將有空前的復興，本此存在實感和強烈信念而作預告的是沈有鼎，他的有名的三期文化說，以第三期文化是處處與第二期道家為主脈的文化相對映，而回歸第一期以儒家哲學的自覺為動因，「把第一期哲學的潛在的系統性，變為顯在的。這一個系統，就是窮理盡性的唯心論大系統。」（《當》書頁四七）亦即是以第一期為「正」，第二期為「反」，第三期當代中國哲學將通過對第二期之批判超越，歸於第一期之「正」與第二期之「反」之綜合，亦即以儒家哲學的自覺為動因，吸收道家、佛教，特別是道家對儒家之批判，回歸窮理盡性的唯心論大系統，而復興。沈有鼎之說必感動了不少人。賀麟《當代中國哲學》其用思及主旨，或正暗合沈有鼎之說。這個中國文化復興之宏願，只因現實上未能使一個失敗的馬克思唯物論哲學成為失敗，結果宏願被推遠，中國第三期文化之理念繼續是為理念，當代儒學理想主義者之理想繼續是理想。

這個在現代中國哲學中原已失敗的來自西方的哲學，却在現實上取得勝利，何以如此？以下，試通過「辯證法唯物論」之批判，看這個失敗的哲學，如何以其理論的失敗，癱瘓人類的理性，顛倒人類理想，借助現實上的多重不幸，而取得反常的成功，並同時連同它的信奉者一起迅速走向失敗，是為哲學之必然、歷史的必然。

四、「辯證法唯物論」批判

（一）唯心論意義之「批判」

在《當代中國哲學》第三章〈時代思潮的演變與批判〉之引言，賀麟先解說「批判」之名義：「批判決非簡單的贊成這個，反對那個，擁護這個，推翻那個之謂。真正的批判建基於研究和了解上面，與有作用的主觀的黨同伐異不同。只要本了客觀的研究，同情的了解，對於一思潮自能作公正的批判。（中略）外在的批判，最不足重視，因為這種批判的態度是主觀的，內容是膚淺的，結論是偏狹的。我們要的是內在批判，也即自我批判。由於被批判的對象本身有缺點，乃引起我們的注意，而加以忠實的批判。這種批判乃是被批判者自身困難的解除，矛盾的克服，和主觀的贊成反對不同；嚴格說來，不是我們要去批判他，而是他本身缺點的自己暴露。」（《當》書頁六七）

自譯《純粹理性之批判》為康德書名始，「批判」在學界即獲配一種莊重的意味，但在現實使用裡，「批判」却常與「有作用的主觀的黨同伐異」同義。唯賀麟這裡說到「我們要的是內在批評，也即是自我批判」，這種說法特顯唯心論色彩。在唯心論看來，沒有所謂外在的批判對象，凡被批判者，須先得到客觀的研究、同情的了解，亦即須已內在於批判者自己，而發現自己發生矛盾、不安，需要解除困難，克服矛盾，方有「批判」可言。今說「辯證法唯物論之批判」亦本此義。

（二）從「邏輯意義的心」之工具化，說實驗主義之失敗；從「心理意義的心」之利用，說辯證法唯物論之流行

辯證法唯物論在中國的流行，是在胡適等人提倡的實驗主義，全面否定中國正統思想，而其自身又迅速衰落，中國思想界思潮更迭但失去方向的時候出現的。

賀麟這樣說：

> 由於實驗主義者重行輕知，重近功忽遠效，重功利輕道義，故其在理論上乏堅實的系統，在主義上無確定的信仰。在他們的目光中，一切都是假設，隨時可以改變，所以其理論是消極的破壞意義居多，積極建設的意義很少。理論和行為，都缺乏建設精神。所以實驗主義者，沒有堅定的信仰，沒有革命的方案，頭痛醫頭，腳痛醫腳。「不談主義，多談問題」正是實驗主義者最直率的自白。這種零碎片段的作風，其結局在哲學上不能成立偉大的系統，在行為上無團體的組織，無堅定不移的理想和信仰。故不論在政治方面，理論方面，都不能滿足青年精神生活的要求。（《當》書頁七二）

這是從「邏輯意義的心」的自行歸隱，或自甘工具化，說實驗主義（實用主義）之失敗。這種無體唯用的，提倡動手動腳的實驗室哲學只適合於早已緊握目的與性體，但未至成熟老練，亟需工具理性和冒險精神支持的實業家、墾荒者，又或根本無超越之目的理想，無意趣於存在真實，只求醫手醫腳的求生者。這兩類人歷來社會上多有，亦早已有自己的實用哲學，無須實用主義再來指導他們，標榜新銳的高深哲學，其實毫不實用。實用

主義之失敗皆因其荒廢「邏輯意義的心」，不能提證一邏輯意義的先在的主體（心），故亦不能實證一形上學意義的先在的本體。心體，性體兩皆存疑落空，如是不足以稱哲學，只能稱為一派思潮。這派思潮雖自身不濟，在一種特殊情勢中，却可以破壞正常哲學之地位，為另一派聲稱提供最後存在物和終極目的的新思潮，預備「心理意義的心」之條件。

接着上引文，賀麟這樣說：

> 於是有一派思潮代之而起，使青年有了一個堅定的信仰，形成了具體的組織，還提出了解決中國問題的政治方案。當着這個新思潮，實驗主義是無法抵拒，只有退讓。這個新思潮便是辯證法唯物論。（《當》書頁七二）

> 於是從日本傳譯過來的辯證法唯物論的書籍遂充斥坊間，佔據着一般青年的思想了。這情形不但中國如此，即歐美先進國家亦如此。意大利有一個新黑格爾學派的大哲學家（案：當指克羅齊 Benedetto Croce，1886-1952）自述其年輕時代研讀馬克思而篤信其說，至於狂熱，歷許多年才把自己的思想轉變過來。而以當時的社會政治文化等環境來看，青年之沉溺於此理論中，自無足怪。因為當時青年情志上需要一個信仰，以為精神的歸宿，行為的指針。辯證法唯物論便恰好提供了一個主義的信仰，不能從實驗主義那裡得到的。不但這樣，這新思潮既有實際的方案，又有俄國革命成功為其模範，國內又有嚴密堅固的政治組織，凡此都是不能從實驗主義那裡得到的。在理論方面，辯證法唯物論也自成體系，有一整套的公式，以使人就範。同時辯證法唯物論又似乎有科學的基礎，此即十九世紀最發達的經濟學和社會學。足見辯證法唯物論之吸引青年決不是偶然的。（《當》書頁七二至七三）

這是從「心理意義的心」，說青年為何鄙棄實驗主義而被辯證法唯物論吸引。其中深沉的原因，却是實驗主義缺乏「邏輯意義的心」，而辯證法唯物論「自成體系，有一整套的公式，以使人就範」。這個使人就範的套路，就是：徹底反轉「邏輯意義的心」之「心即理」之理，反轉為以經濟學意義的「物」（如「生產力」）、社會學意義的「物」（如「階級」），以至經驗科學意義的「物質matter」，作為存有論意義的最後實

在、實體，亦即以心理意義的心之「執」與「自執」，為存有論意義的主體，並即此執心而證其為最後實體、實在，又「辯證地」說此「心理意義的執心」唯以反映和提煉此經濟學意義，社會學、經驗科學意義的「物」之性，為其心之性、為其性之理，而糾結交纏為一整套的公式，以使人就範。這自成體系的一整套，既關連有心理意義的心，又關連有邏輯意義的心，兩義的心俱備；唯以心理意義的心為體，以邏輯意義的心為用。此則邏輯意義的心之「理」全轉為用，全依於心理意義的心之為體而起用，但心理意義的心之執與自執之不可以為「體」為「理」，一如一健全說理的人之不會以其情欲好惡為體為理，而以邏輯意義之心之理，為其所用。凡健全說理的人皆知這樣說理是說歪理，這樣說體用，是欲成為魔性之體用。但這魔性體用自成體系，有一整套的公式，最能使尚餘主體性之渴求，實在論之好奇，不甘平庸而又不尚深思，似懂非懂而又「知行合一」的青年（包括老齡青年）就範。

（三）唯物論批判

所謂「辯證法唯物論」，實是兩部分思想的拼湊，一個是屬「存在之理」的存有論方面的唯物論，一個是屬「實現之理」的方法學方面的辯證法。辯證法既是屬於實現之理的方法學方面的觀法、心法，原就只能是精神哲學、體驗哲學、唯心論之目的論關於自我實現的種種反省、心領神會之「心得」；宋儒講的所謂「兩頭明，中間暗」的那個「中間暗」，只許心神領會，稍作點撥，暗示、啟發，不可立為定律公式。更不可能是唯物論只許物一頭明（而實不能明，歸於全暗）所可以講的。我想，此所以賀麟故意將二名硬拼稱其為「辯證法唯物論」以暗譏之。賀對其之批判，亦分兩部分進行。首先是對唯物論之批判：

> 辯證法唯物論以物質在於意識之先，先有物質，後有心靈，人類文明的歷史只有幾千年，但宇宙的歷史已有幾百萬年。所以先有物質後有心靈的說法，乃是科學常識。以個人來說，身體屬於物質，思想屬於意識。但思想起於神經系統，思想為神經系統所決定，亦即為物質所決定。物質決定意識，身體決定心靈，即存在決定意識。不過這種都是科學的事實，任何哲學家都不能反對的事實，並不能

稱是哲學。科學的事實和哲學的理論不同。哲學要問在理論上、邏輯上什麼東西最根本、最重要；什麼東西是核心，是命脈？（中略）人的根本，是人格，不是身體。就以思想而論，思想的豐嗇不在乎腦髓之多少，而要問其是否合理，有無內容。所以「理」才是思想的根本。關於思想的根本，也是一個邏輯問題，不是一個生理問題。唯物論者所從事者，只是傳播科學常識，對於邏輯毫未觸及。反之不是唯物論的哲學家，也從來不否認物質的存在。不過所謂物質，一定是經過思考的物質。所謂不可離心而言物。一塊黑板是客觀的黑板，因為大家公認它是一塊黑板。易言之黑板之所以為客觀的黑板因其建築在吾人共同的主觀基礎上。離開主觀，沒有客觀。凡是「客」的東西，一定要經過「觀」。宇宙自然是客觀的，因為我們大家對它有共同的了解，共同的認識；若大家不能認識，無有「觀」，則世界即不成其為「客觀」世界了。又有一些自命為新唯物論者的人，認為先是物質決定意識，這意識發展到了相當階段即反過來決定物質，是為意識對於物質的反作用。此說已流為心物交感論，離開了唯物論的立場了。（《當》書頁七三至七四）

　　唯物論者膠着在經驗對象上立論，一頭撲到經驗對象上以為即絕對客觀之存在，而永不肯再回頭承認其充其量只是人的知覺能力所經所驗之現象；此其一。人於此所經所驗之經驗世界施設人的知性範疇以區分經驗，御控紛繁無序無常之經驗之流，使之可以被定性、認知，此即所謂知性為自然立法；唯物論於此却以為種種知性範疇、律則為對象物之自性，可離開人的精神活動獨立自存於天地之間，但同時又否定理型論，否定有造物主上帝，否定邏輯意義的心的實在性，反對理學，更反對唯心論；重複千萬遍的只認「物」之實在性而否決其他可能之實在性，為一封閉獨斷論；此其二。至於「物」到底指的什麼，據俄哲普列漢諾夫回憶，列寧說「即是存在」；而「存在」最後指的什麼，據《馬克思恩格斯全集》記載，馬克思答曰：「是鬥爭」。如是最後亦沒有「物」可唯，只餘「鬥爭」可唯；而「鬥爭」唯存在於心理意義之心，而為心理意義之實欲論，此其三。此唯物論以物為最後實在之批判，在批判中自己暴露的困難。皆因唯物論一方面要對對象作超越的論述，置對象於最後實在自存之玄學地

位──「唯物」一元論，但又反對玄學，反對對對象作超越的分解以之證
明其對之所作超越的論述之真實不誤。既反對對對象作超越的分解，則不
宜對對象有任何超越論述，但唯物論又喜沿對象之為物作積極的分解，以
為可通向實在論之實在。此「以為」即暴露唯物論不宜被視作哲學；此其
四。既逐物於物，喜沿對象之為物作積極的分解，以為可達至以物論為存
有論實在之結論，由是自形成一些觀法、思路、心得，便把這些心得、觀
法、套上黑格爾的精神哲學有關思想活動之反觀、反省而有之「辯證法」
之名，妄定為三律，說成唯物論辯證法。却顛倒過來，更說此辯證法三律
為物質自身之法則，或自然界之法則（「自然辯證法」），或歷史之法則
（「歷史辯證法」、「歷史規律」），以至謀略學之秘訣；此其五。此唯
物論之大端。即此五大端可知馬克思主義乃一套非科學非哲學而又自以為
最科學最哲學的東西。《開放的社會及其敵人》的作者卡爾‧波普稱馬克
思為偽先知，頗為適合。馬克思主義這一套大概屬於西方傳統宗教在現代
發生變異而有的一個品種，或直接可視作為基督教的一個變態。現代中國
人之接受共產主義，是在傳統信念被推倒，知識界崇洋，但又受西方欺
壓，深心不忿，要找一個既仇華（馬克思提及中國常加「野蠻」二字）又
反西方，既反傳統又反現代之西方品種來信奉。本人於此曾在〈超政治與
政治〉一長文有切要之討論。[4]

（四）「唯物論辯證法」批判

　　所謂唯物論「辯證法」，是唯物論者聲稱在唯物論根本前題下，關於
事物的存在律則的發現。

　　關此，賀麟首先說清楚「辯證法原是哲學中的一個主要思想方法，為
哲學家所共有，非任何一派所能包辦」的，況且，「馬克思只是應用現成
的方法，沒有創新發明」，就西方哲學而言，「我們要研究辯證法還當讀
黑格爾、柏拉圖的著作。讀馬克思的著作對於辯證法的學習，並無多大幫
助。」（《當》書頁七五）

　　又，馬克思聲稱他把黑格爾的辯證法顛倒過來。但「辯證法是不能
顛倒的，因為辯證法是整個的東西，其本身是一定的。」「所以馬克思並

[4] 此文收入本人吳盷著：《實證與唯心》下冊（香港：經要出版社，2001年）。

沒有把黑格爾的辯證法顛倒過來。」賀麟沒有接著說明為何「辯證法是不能顛倒的」。案馬克思自稱把黑格爾的辯證法，從唯心論的精神自身活動的自我反省，顛倒過來說為唯物論的物質自身存在之律則的客觀反映；聲稱「把顛倒了的歷史再顛倒過來」，是歷史唯物論的勝利，又是唯物論在思想方法之體用觀上的顛覆性勝利。馬克思自有唯物論者這樣說的理由，但當他這樣說的時候，或者他已離開唯物論的立場，或者他根本不懂辯證法為何物，又或者他有意把自己隱匿在一種語言魔術裡，把兩套真理都篡握在手，隨時偷換概念，永不言敗；雖然在哲學或科學領域，包括自然科學、社會科學、歷史學、經濟學，他從未勝利過。

　　唯物論辯證法常稱有三大定律：「對立的統一」，「否定之否定」、「質量互轉」。賀麟逐一批判之，如下：

（四・一）關於「對立的統一」原則之批判

> 三大定律之第一條是對立的統一。這原是辯證法最根本的一條原則，平常所謂殊途而同歸，百慮而一致，相反而相成，都是這樣原則的變相。宇宙間的事，必須一張一弛調和起來才能成功。種種相反的東西如身與心，知與行，主與客，都是對立的，可又是統一的。在這種對立中，有主有從。如身心對立中，心是主身是從，知行對立中，知是主行是從。這種對立的統一，也便是矛盾的調解，衝突的克服，需要精神的努力。只有精神才能使對立的東西統一起來，物質決不能統一對立的。這條基本原則我曾稱之為辯證觀，是哲學上的一個重要觀點，可是是辯證法唯物論者從不曾好好予以發揮。」（《當》書頁七五至七六）

　　「對立的統一」之原則只能在精神上，在合目的性原則之反思中講，物質本身無所謂對立，亦無所謂統一。凡存在物本身不可能有「矛盾」，亦不可能有所謂「揚棄」，以至有所謂「矛盾的調和，衝突的克服」；說這些全須在精神作用中，在一精神性之目的理想之要求實現上，才可講——包括精神要求克服在思想上之片面性、抽象性，以達到全面性、具體性為目的，而不斷自我超越。故只能講唯心辯證法，無人講唯物辯證法。講「唯物辯證法」者自稱把辯證法從唯心論上顛倒過來成為唯物論辯證法，此說只表示他欲借助辯證法解救他的唯物論。但辯證法之為唯心活

法，唯物論之為離心死法，欲以活救死，然而求死之人不能自救其不死，除非根本改過，求活不求死，放棄唯物論。但辯證法唯物論者又豈會改過，結果把辯證法講成魔術師的戲法，亦即偽科學，把唯物論從死裡再往死講，從物化講實然，從實然講必然，從必然講自然，講成物化後如何實現共產主義人人平等的極樂世界，講成以神德、神智、神聖為手段，以物欲為目的的唯物宗教／「偽先知」之福音／反宗教之宗教；出現人類有史以來規模最大之集體自欺運動。

（四・二）關於「否定之否定」原則之批判

賀麟接着從價值論意義的「真」為辯證法之「合」，批判唯物辯證法將「否定之否定」原則作無限的運用。

> 辯證法的第二原則即所謂否定之否定。一般的說法，都以為否定之否定是無限的否定，乙否定甲，丙否定乙，丁又否定丙，以至無窮。實際上否定作用是有止境的，否定至「合」而止，至「合」而矛盾解除。凡是矛盾的東西不是真的，因為真理是不矛盾的。實際上，真的東西並不怕被否定，真理本身是矛盾思想的解除。譬如兄弟相爭，原是一個矛盾，但以全家庭和諧或對父母行孝道為標準，此矛盾即可解除。所以只有真否定偽，偽不能否定真，全否定部分，部分不能否定全體。（《當》書頁七六）

對賀麟這個批評，辯證法唯物論者可反駁謂其「否定之否定」到實現共產主義，即可中止，因共產世界達到全部矛盾的解除，即最後的「合」出現。但我們可再批判之，問這全部矛盾解除，最後的「合」出現，究以何義之標準為標準？此處必不以唯心論價值論之「止於至善」為標準，而以「共產」為標準。然「共產」又以何義為標準？此則「共產」命題在辯證法之「否定之否定」定律支配中無有止境，人類的存在意識全被吸注在經濟上，依人性中之根本惡之嫉妒心之計度之無限而無限。以其唯物故，心不能作主故。

既曰「否定之否定」，自是對於「反題」（第一個「否定」）之「超越」、「揚棄」（第二個「否定」），而歸於「肯定」、歸於「合」。然何為「合」，須得有個標準。黑格爾以合理精神能夠成為「存在」為標

準，故曰「凡是存在的都是合理的，凡是合理的都是存在的」。但再說下去，黑格爾義的「存在」只能是整體歷史義的存在，「整體歷史義的存在」即在歷史哲學領域講「客觀精神」及超主觀客觀之絕對精神，講對主觀性、抽象性、片面性之自我揚棄，此則必待主觀精神躍起以及互為主觀之出現。從頭至腳都屬於精神哲學。就物質自身言，無所謂正，無所謂反，無所謂合，只永在條件組合中，成水，成冰，成氣；成種子，成株葉，成果實。以上說「就物質言……」種種，亦已在人的精神之作如是照現與知性之區分而有之說。辯證法唯物論之不成理、不成哲學，在其已對世界存在作「唯物論」種種說，又否定此「唯物」種種之說之邏輯的和根源的先在必是精神之作用，由精神之作用作如此種種之說。由精神躍起而對其自己，開顯世界，再而在思想中思想世界、作種種區分、言說、判斷，此等等皆可說為精神從原始統一之我中破裂為已在之我、未在之我、當下之我，在互相限制、互相對立中自覺自己、觀照自己、感受自己、實踐自己，並自知在「正」、「反」之破裂中、在否定性之重重環節中。精神要達到「合」，自在自由，須由自覺而超自覺，由主客對立而超主客對立，由知行對立而知行合一，此需要對先前之否定（第一個否定：即精神從整一中破裂，一分為三，互相限制、互相對立）再否定（第二個否定），要求各自克服主觀性、片面性、抽象性，從已在之我中超越，實現你中有我、我中有你，發現及保留合理內核達到互為主觀之「合」。再可言此「合」經新一輪的破裂（否定），一分為三，而有新一輪的再否定，要求各自從已在的我中超越，實現更高階段之「合」，以趨向於「全合」。每一階次的「合」既都是精神自我之實現，而為存在之終極目的所貫穿，故即都是絕對的，而可曰「止於至善」。又以每次的「合」為終極目的所貫穿，而可言自我超越、自我實現之無限，而曰「止於不息」、「止於性分之不容已」之無限，趨向於實現「全合」之無限。

　　賀麟舉例說兄弟不和，但以全家之和和對父母行孝道為目的、否定兄弟不和，否定至「和」（合）為止。今再可接著賀之說說忠孝不和，但以一軸心文明整體之和為原則，否定忠孝不和，否定至此軸心文明整體「和合」而止。再而可說各軸心文明不和，但以整體人類文明之和為原則，否定各軸心之不和，否定至人類整體人類文明和諧共處、道並行而不相悖，是為普世價值，是為「合」，亦即儒家「王道」而止。這是從個人──家庭──社會──國家──天下，儒家所謂外王那一面說「否定之否

定」必歸於公義與普世價值之王道之「合」；亦可從內聖一面，就個人生命心靈境界之自我超越，說「否定之否定」必歸於自我之實現、成聖成賢之「合」。這全須在精神生活之自覺上才能講。「否定之否定」的辯證法之「合」，這「合」的原則，必須是由自由精神提立的目的性原則，方有「合」可預期，否定之否定方可說。

　　唯物論把「否定之否定」說成離開人的精神作用，事物自己必走向自己的反面之定律，在自然界則言「自然辯證法」，在人類社會則言階級鬥爭而以消滅階級之共產社會為「合」，在歷史則言歷史在「否定之否定」中而以不斷的否定、革命、鬥爭為規律，在個人則必言個體性主觀精神生活之自我否定、無限否定，以歸於生命完全屬於唯物論之黨，以此為「合」。就辯證法唯物論之唯物史觀言，「否定之否定」來到共產社會理應中止，以「共產」則所有矛盾得到解除故。但如上所說，唯物論根本反對將「共產」當作什麼理想烏托邦，徹底的唯物論根本反對精神哲學，反對什麼主觀目的論，其說「共產」是由生產力之解放所決定的客觀的歷史目的，是科學的歷史發展規律；由否定之否定，人類社會必達到的純物量的「合」，亦即共產（這是由柏拉圖「理想國」傳統下來的西方夢魘之一現代變種）。然則「共產」的出現是不以人類意志為根據的，是必然的決定論的；何時應「合」決定權不在人，故任何人不能定出「合」的準則來中止這場「否定之否定」，只能由物量之分配、物性關係所決定的人性關係出現絕對穩態，人性的全部矛盾解徐，標示實現共產之「合」，來中止否定之無限。然在科學上，物量、物性關係之取得絕對穩態，以及由之決定的人性關係取得絕對穩態，從未出現過，亦將永不會出現，除非世界毀滅。何況辯證法唯物論之人性論及唯物史觀一方面說經濟基礎決定意識型態、存在決定意識，物量之平均（共產）決定社會矛盾的解除；但另方面又「辯證」地說意識可影響存在；是則以物量之絕對平均佔有為客觀目的性原則的這套「科學的唯物史觀」在根源處實不僅為一「心理意義的」，更是此心理意義的心之最下層最不幸的表現──在物量上的嫉妒心。以此人性中之根本惡之嫉妒心之表現為目的，以「邏輯意義的心」為工具，挾裹一切、否定一切，無有止境。以每人秉氣而生之物量才情就不可能均等故，即足使圍繞此唯一原則、絕對原則而建立的共產世界在否定之無限中，越實現越自我分化分裂而歸於自鬥自毀。故當說到共產世界是否意味人類歷史的終結，人們即會想到第二共產國際考茨基的那句話：「運

動就是一切，目的是沒有的！」很明白地澄清了這裡只有純否定，沒有「合」。葫蘆裡賣的只有病，沒有藥。

　相信辯證法唯物論的人，感染思想病毒，個人精神內部亦依純否定之定律，不斷自我鬥爭、自我清理，無有止境，稱為「觸及人類靈魂的革命」，更互相使用此純否定原則，顯示此原則之互為主觀性、普遍性、實踐的實在論的性格，「知行合一」之極至！然則這世界上沒有任何可以提供否定之否定之「合」之存在目的給予這些人了嚜？是又不然。原來他們的「嚴密堅固的政治組織」才是「合」的根據，雖說依辯證法，這嚴密堅固的政治組織豈不也在一分為二、量變到質變、否定之否定中；亦正因此，屬於這些人的終極目的的「合」，唯是這個偉大組織的拼命存在。故常說「黨的生命高於一切」，說「他們可以犯思想錯誤，不可犯組織錯誤。」（周恩來）。亦唯這黨的至死存在，能令其信徒有奉獻犧牲之真實寄託，並由此而生消滅一切異見者之平等神聖感，故喜言大義滅親。而這，正是極權主義的特質：否定一切，唯餘一團黑氣作無限吞噬。

（四·三）關於「質量互轉」原則之批判

　辯證法的第三原則是質量互轉。這條原則是辯證法唯物論者杜撰出來的。黑格爾並沒有說質量互轉是辯證法之一定律。其實黑格爾根本就沒有說辯證法有什麼呆板的定律或公式。他們以為量的漸變，到了相當階段就會引起質的突變，如積勞成疾，積怨成仇都是從量變到質變的例子。本來，從量變到質變是一個科學事實，可是從質變到量變便在科學上找不出證據。所以質量並不能「互」轉。黑格爾的本來意思是質變是目的，量變是手段，在此意義下質變以量變為手段。目的決定手段，手段趨赴定目的。從量變到質變既是科學的事實，所以科學便以量做研究的對象，並以量來解釋質。但照邏輯來講，質量是相對的，有質必有量，有量必有質，質和量相反而相成，質量的統一，也是對立的統一的一個例子。所以質量的關係，原是可以用辯證法來研究的一個問題，既無所謂互轉，其本身和辯證法也不相干。以上種種說明了辯證唯物論哲學思想的貧乏。（《當》書頁七六）

賀麟對馬派唯物論把黑格爾的辯證法外在化為客觀定律，更據此自稱將黑格爾哲學顛倒過來，非常反感，對這條「質量互轉」直斥是杜撰的。

依本人之見，辯證法整個根本是反省人依先驗範疇、邏輯、知性框架來認識事物，所得之知識命題，必是概念的、抽象的、片面的、僵化的，非與對象之存在合而為一的，而只是人的思想構作之對事物之概念、標籤，思想與存在斷作二截，而自由的瀰淪六合的精神生命，與此自設範疇以構造概念命題之思想主體，亦斷作二截。第一代哲學家早就有見及此，孔子要人舉一反三，毋意、毋必、毋固、毋我；叩兩端以歸中；老子說「反者道之動」「正復為奇，善復為妖」，莊子說「無寄焉，因是已」、說「弔詭」；龍樹說「般若非般若，是之謂般若」；柏拉圖關於殊相與共相、分離與合一、超越與內在的辯證；直至宋明儒、康德、黑格爾，東西哲人雖用心不同、型態不同，但都運用辯證法展開對習得之知，如前所說的知識、見聞之知之批判，嘗試「逼出」一實存者、相應者、全體者，此則不能不回到作此種種言說者主體之心靈功能與思言結構，以及此主體與存在之結合，而不能不是反省的、辯證的，以企回到存在的。種種不同型態用思的哲學，在辯證批判中逼出的，斷不是時空範圍內之「物」，時空範圍之物交由科學拷問就是了，經驗科學亦講不同的角度、不同的方法，不同的系統典範，但偏不講超越的反省、偏不用辯證法這些玄學東西。既緊盯着物質用心，就當該從事經驗科學；何苦既無意趣於物理後設學，無心於先驗、超驗之玄學，或根本不屑於形上學，又要假借、劫持辯證法這種玄學方法，強扮高深，強扮超知，耍拳弄腳的，直教人喪氣厭倦。

由量變到質變，賀麟說本來是一個科學事實，如積勞成疾，積怨成仇。再可舉如百煉成鋼，工多藝精，或常聽人說的「壓垮駱駝的最後那根稻草」，「三個臭皮匠勝過諸葛亮」。其實，依我看來亦都不是現成的科學事實。積勞不必成疾，積怨不必成仇，百煉不必成鋼，工多不必藝精；壓垮駱駝的稻草自身沒有質變，被壓垮的駱駝自身亦沒有質變，正因沒有質變，被壓垮了；三個臭皮匠以至三十萬大軍不必勝過一個諸葛亮；在古董街購入三千件破爛不必就有一件真古董。質量互轉，是存在者人關於一些事實，涉及質變的事實，用量變去解釋；或反過來，對涉及量變的事實，用質變去解釋。兩者之因果關係，唯決定於判斷者之判斷。判斷者如何判斷之態度本身，倒是辯證法顯示意義之處，質量問題本身卻與辯證法不相干。在科學上，以量變來解釋質變，有些事可解釋，有些事不能

解釋；反過來，以質變來解釋量變，亦如此。只能就事論事，一樁樁地討論，不可把單一事件可作如此解釋者立為定律，玄學化為什麼哲學原理。

（五）「辯證法唯物論」批判之小結：唯心論與唯物論之根本分歧

　　量、質、關係、程態，康德所言之四組十二項範疇，原是人的心靈機能中之認知機能（知性）之先驗概念，人依此十二個概念交織成的知識框架，一方面攝現世界，另方面判斷世界。康德知識論的要旨，在指出若無人的知性主體之超越的統覺來指導感性，並運用思想範疇作先驗的綜合等統合作用，純粹知覺經驗本身雜亂無章，不足以構造成功為知識。亦唯因此一套先驗知識，心同理同（在知識主體言則屬內在形上學的心同理同），足使我們的科學知識穩定有普遍性。換言之，量、質、關係、程態，最是人的精神作用（心靈機能）之一種形式構作，佛教講的由偏計執而來的不相應行法，分別心、識心之造作，本非天造地設──非物自身本有，亦非純粹現象本有，亦非人的精神生命之自由性格本有。唯是精神生命當下之我，將已成之我的世界，與反思中的未來之我的世界，兩者比觀，當下之我即自處於已在與未在之間，需要作存在的實踐抉擇，自覺作同一的我的開展。此則要對已成之生命自身及已在世界，與未在之生命自身及未在世界，有通貫銜接之認知；為此，先驗之潛在的邏輯我、範疇施設者之我，自整一的絕對的超越的自由主體中分裂而出，自執為知性，構作知識，並為已在世界與未在世界之間，已在之我與未在之我之間建立知識關係。量、質、關係、程態諸範疇即為構作知識之用，而全繫屬於先驗主體，即認識心。離開認識心，自然世界並無什麼量、質、質量互轉，以及實然（已然）、必然與或然，因果、互為因果這些東西，只有自然世界自己如是如是。

　　賀麟說黑格爾本來的意思是質變是目的，量變是手段，在此意義下，質變以量變為手段，目的決定手段，手段趨赴目的。此是以唯心論之目的論，解釋質量互變。在中國哲學，即是最在行的工夫論問題，踐形問題，變化氣質問題，知行合一問題，聖人可學不可學、可至不可至的問題；在佛教則是漸、頓問題。由目的論講量變引至質變，「質變」必指精神存在品位之提高。精神存在品位之高低，須以精神自由在其存在中自我實現之程度作判準。精神存在實現為自由之積極表現，是立德、立功、立言，即

文化的創造。精神存在實現為自由之消極表現是精神生命存在不受物量決
定：不以佔有比別人更多的物量為自由，亦不以人人平分物量為自由，亦
不以脫離物氣為自由。相反，儒、道、釋三教的自由主體皆須即存在即反
思，而言心與物、道與器、未在與已在之拉出距離，在拉開距離、在抉擇
中言自由。反思之開出兩界而同時必言以心御物，化物為氣，變化氣質，
成德成賢，所謂「所過者化，所存者神」。質變是目的，量變是手段；然
在機體論之整體目的論中，個別的質變亦可以是整體之手段，整體目的亦
可以是一一存在之即體之用。人以成佛為目的，成佛無非為普度一一眾
生；讀書人為聖人講話，希聖希賢，聖人為老百姓講話，以百姓心為心。
這種辯證說法全屬唯心論之自我實現論，亦唯唯心論之精神自我實現論可
言辯證法。唯物論說質量互轉，確是把唯心論之目的論整個顛倒過來，把
本質說成全部關係之總和，再把全部關係之總和一一分解量化，分解量化
至極而玄學實在論化，謂之為「唯物」。這整套說辭，無非為證明「存在
決定意識」——「物質決定精神」——「物量決定物質」，一路物化下
去，無有止境，以此為質量互轉之「螺旋式上昇」實際是螺絲式下沉之集
團主義之純異化決定論。

　　唯心論之變化氣質，以量變為手段，趨赴於成德（成為自由）之目
的，而有漸（量變）有頓（質的突變、飛躍），而在每次「頓」（質變）
之上，以「自由」之名義、目的論之名義故，必有更高之頓（質變）之目
的之照臨，而再要求以量變為手段，實現新的質變，理學家所謂「命日
降，性日生」（張橫渠）而無限。是知辯證法只能是精神哲學的、唯心論
的方法，或曰一種「觀」、心法。

　　辯證法唯物論者把這一切顛倒過來（不是把辯證法顛倒過來），一
方面因為唯物論既以物質為先在，並以時間義之先在，偷換作邏輯義之先
在、形上學義之先在，而成為一切價值、意義之基礎決定、客觀法則，故
不能講反思判斷之目的論、自由論、道德論；另一方面卻又大講辯證法唯
物論之目的論、自由論、革命道德。唯物論之目的論、自由論與革命道
德，唯以「物質力之自為」（即生產力自身要求無限發展，經濟決定論）
為目的、為自由、為道德判準，人須自覺配合之而自我化質為物為量，以
人人所得之物量均等，共產，為目的，為理想，自覺服從此物律（實指物
慾之所執及由此而習成之嫉妒心），再史學化為「歷史規律」、「歷史必
然」。人須無條件服從之，而忘我，即所謂自由。唯物論辯證法即此而言

「質量互轉」，徹底物化人的生命存在為生產力之工具、歷史之手段、革命黨之螺絲釘，而與純物力、權力為一；人們亦可藉此卸下主體性之沉重，而曰解放。

在此物化人的生命存在之改造運動中，亦有無數的量變與質變之關係可言，亦可大講其工夫論、修養論、知行合一、實踐論、漸頓論，只是顛倒來講，以物化之質變（自我工具化、黨性化，奴化）為目的，以量變（物量化、工具化之程度）為手段；目的決定手段，手段趨赴目的。再而以量化（原子化、物量平均主義）為目的，以質變（異己化、奴化、工具化）為手段；目的決定手段，手段趨赴目的。此皆竊取自黑格爾「歷史理性之詭譎」、在歷史運動中，原來的目的轉瞬成為手段，而手段則轉成為歷史性之存在、成為目的，互為手段目的，這種歷史哲學。但黑格爾此說是以絕對精神之自在自為終極目的，而言在歷史行程中自裂為二，自我否定、自我超越，化質為量（賀氏於此未得其解而否定之）、由量變以達質變，手段與目的互轉，而言正、反、合，否定之否定，以歸於精神實現自由之歷史目的。此則以歷史理性為最後綜合者，道德理性只屬主觀精神。黑氏之說有根源之洞見，亦有流弊和不如理處，（可參閱本人〈目的與體性〉一文）。黑氏此說落到馬克思手裡，徹底顛倒為以終極異化、物化為目的，精神則絕對服從此物律之必然，而言自由，而言對立的統一、量變到質變、否定之否定，以歸於代表歷史理性之「黨」絕對權威之下，一切如物平平。簡言之，即以道德、自由、自律為手段，以純物量之平均主義、歷史工具之存在為目的，實即是以人性中的根本惡之嫉妒心之沖決一切、淹沒一切，一切存在歸於水平線之平等，消滅分位之等之價值意識，歸於純物量之一刀切，以此為目的，這樣的一種唯物論辯證法。這也就是辯證法唯物論者常謂「把辯證法從唯心論顛倒過來轉從唯物論來講之密意」。

這種唯物宗教在現實社會極易流行，一方面因為現實社會總有物量分配不公平的問題，但更重要的是，現實上人人皆可感受自覺為主體之苦、怖、業、罪。故佛教言解脫，耶教言恩典拯救，道家言忘；唯儒家不肯放下此主體性之自覺。自覺為主體即自覺在苦、怖、業、罪中並承擔之、以自由之名義真實化之。此非人人可為，弗洛姆以心理學意義之「逃避自由」說之。然道家、佛教、耶教最後仍歸於體認自由、實現自由；儒教歸於即自覺而自覺，證苦、證怖、證罪、證業、證覺、證命、證寂感真幾。

唯物黨則歸於集團主義之無我，一切屬於組織，故喜言「解放」、「拯救」、「批評與自我批評」、「放下包袱，輕裝上陣」，亦有一種自我釋放、群體認同、宛若與無限體合一之喜悅。此亦極權國家民眾心理之一特質。本人曾代這類國民自白：「天呵，我們只剩下歡樂了！」

人或者以成為自由、靈性的存在為理想，並因此肯定所曾經歷的種種奮鬥及其成果，即歷史文化中一一量變質變之存在價值。子曰「學而時習之，不亦樂乎」，佛教毘盧遮那佛所謂恒沙佛法佛性。人或者走物化之路，嚮往歸於純物之存在，以平伏內心嫉妒之火或價值差等之惑。人的生命存在一如從本質中被拋擲出，迫使人作抉擇，沒有不抉擇可言。故心理學家說「人有兩種本能，創造本能與毀滅本能。唯一能代替創造的，只有毀滅。」在此成為自由或成為「逃避自由」之兩途中，各有各的辯證法；有創造論的大肯定的唯心論辯證法；亦可有顛倒目的與手段，純否定的唯物論辯證法。本人願以較寬鬆的態度，不說唯物論辯證法根本不通，只說其亦是辯證法之一種變態使用之表現。不過既是辯證法，必歸於精神之超越的反省，而屬心之能，則唯物論辯證法者亦只能是唯心的一種顛倒使用，使用之以作精神之自我否定，由量變至質變，全體物化至純物量，無有止境。但純物量者，依其唯物辯證法亦永在一分為二、否定之否定中。故唯物辯證法實是以表現一種純否定精神為其根本精神之「知行合一」之法，而為一變態的自殺式的唯心論。

所謂辯證法唯物論，在哲學原理和思想方法上可說是一無是處，貧乏得很，難怪一直不為嚴肅的哲學所理會。亦以其貧乏故，很可以引起思想貧乏的人的共鳴，特別是以心理意義的心為主，邏輯意義的心為奴的人的思想同情；又或者誤解道德為自為地解消一己的主體性，沒入於所謂客觀法則——存在之法則如唯物辯證法，歷史之法則如歷史唯物主義、唯經濟史觀之歷史階段與歷史終結法則，階級鬥爭之法則，社會存在之經濟基礎決定意識型態上層建築之法則等等——沒入至與之合一、無我，這種以他律為目的、自律為手段，更以上述之所謂「理」殺人或自殺的顛倒的道德主義者所崇尚，崇尚之以滿足其思想貧乏而欲自我否定以求自我超越之心理，更以「能行即能知」解「知行合一」，以為此即實踐上十字架、普度眾生。辯證法唯物論在上述諸理立論之粗淺貧乏，以及其可怕可悲之糾結，實不可與之言。賀麟概之曰：

從哲學方面講，辯證法唯物論也是玄學化了的經濟學（所謂自然辯證法便是玄學化的自然科學）作階級鬥爭的工具。辯證法唯物論在中國的貢獻，並不在提倡科學，亦不在研究哲學，且亦未倡導純正的社會科學的研究，使人民的思想更開明。其力量所在，乃是滿足青年情志的要求，給一部分喜於熱烈行動精神的青年，以政治的信仰，理論的簡單公式和信條。所以它決不能代表真正的學術興趣，滿足青年真正的求知慾。（《當》書頁七九頁八十）

由是，我們可轉至一個中國哲學的中心論題──其實也是西方哲學、特別是唯心論的中心論題，此即「知」與「行」之關係問題。唯因時限，此部將以另文討論之。（見本人〈從反思判斷看知行問題之哲學意義〉一文。）

第九章　獨步古今，自證體用，平章華梵，對話中西──熊十力先生「欲為」之作中的學術旨趣與文化理念[*]

華中師範大學國學院

許剛

　　熊十力先生，湖北黃岡人，中國近現代學術史上著名哲學家，當代新儒家開山宗師。其學獨步古今，自證體用，平章華梵，對話中西，特別是近代西方文化強勢挑激下中國文化本位立場的承繼、維護、開新，更有著深刻於同時代諸賢的卓爾不群、苦心孤詣！這在先生著作中是極其鮮明的。小子不才，學識疏淺，近讀《熊十力全集》，感佩感動感發感悟之餘，發見其著作中恒有「欲為」之作，這些反映先生內心想法、撰作規劃的「欲為」之作，雖或終未實現，然而整體考察下來，對於我們瞭解熊先生思想精神並走近其內心世界，還是極有助益的。茲以年代時間縱向綫索，梳理考論之，剛於先生之學一竅不通，讀而札記，亦期於世之研究弘揚先生道德學問之同道參考，是區區小子所願效勞並欣慰者也。

一、《奸雄英雄辨》

　　　　春秋貴人人有士君子之行，誅奸雄而退英雄，英雄者，務揣摩時勢，鼓舞群情，而急功利者也，常導一世於狂迷。如今世列強，竭脂膏以擴軍備，棄生命於沙場，其始實由少數英雄之徒，鼓吹競

[*]　許剛（1977- ），男，山東烟臺人，華中師範大學國學院副教授、碩士生導師、華中師範大學國學院教育與培訓中心主任，華中科技大學國學院兼職教授、貴州大學中國文化書院兼職研究員、九江學院陳寅恪研究院研究員、湖北明志國學教育推廣中心客座高級講師，主要研究方向為心性義理學、國學與中國傳統文化，著有《張舜徽的漢代學術研究》、《中國孝文化十講》、《國學而立集》等。（郵箱：1104236443@qq.com）

爭，遂成時行，轉生誤會，乃構此大禍耳。大抵眾生因迷惑而有
生，英雄如幻師作幻術。聖人相物之宜，去泰去甚，而為於無為，
則非英雄所知矣。英雄者，社會之不祥物也。英雄不死，鬥詐不
止。使人人有自知、自立、自由、自重之精神，則無有尸英雄之名
者矣。《春秋》志太平，不獎英雄，桓、文、管、趙，皆被譏焉。
若奸雄，則亂賊是也，《春秋》誅之。奸雄與英雄之辨，他日當論
之耳。（《心書》，1918年）[1]

　　剛謹按：英雄者，功利欲圖有為者也，熊先生所謂「今世列強」，
而古時戰國是也，若秦皇漢武唐宗宋祖雲；奸雄者，篡權弒奪亂賊者也，
其與英雄之辨，蓋在世道公義之守背，雖亦往往不免成王敗寇，而兩相比
照，似有毫釐之析。熊先生於曹操極為痛斥，然則「治世之能臣，亂世之
奸雄」，治亂之間，能臣奸雄之別，時或亦有微言大義存焉？

二、《量論》

是所知故。部乙，《量論》。量者量度，知之異名，雖談所知，知
義未詳。故《量論》次焉。《量論》者，猶云知識論也。以其名
從東譯，又本自哲學家，此不合用，故創立斯名。又《境論》雖自
所知以言，據實而云，乃為量論發端，則此書通作量論觀可也。
（《唯識學概論》，1923年）[2]

　　剛謹按：此熊先生1923年版《唯識學概論》自序。《唯識學概論》
系先生早年於北大講授唯識學第一部講義，由北大印製，自序中先生雖曰
「此書區為二部」，實則只成部甲《境論》，部乙《量論》終其一生「欲
為」而卒無為。然《量論》實乃先生畢生意願所往在，其撰作之心、自慨
之情遍見於先生著作中，追根溯源，此《唯識學概論》自序首發其聲。且
《量論》中命題內容，先生亦多有構擬，茲僅將筆者目前所檢《熊十力全
集》八卷中相關綫索臚列如下，觀者一目了然而感受尤為強烈。

---

[1] 肖蓬父主編：《熊十力全集》（武漢：湖北教育出版社，2001年），第一卷，頁36-37。
[2] 同前註，頁45。

1) 「慧相詳談，俟諸量論。」（《唯識學概論》，1923年）[3]

2) 「此書凡為二論：曰境論、法相、法性，總名為境。以是知解所行故。量論。量者，量度。知之異名。境論有二：一、法相篇，二、法性篇。量論有二：一、分別篇，二、正智篇。分別、正智二名，見《楞伽經》及《大論》等。俗言理智，略當分別。正智者，正體之智。凡不及知。觀境誠妄，率視其量。故此二論，綺互作焉。」（《唯識學概論》緒言，1926年）[4]

3) 「思者，心行相。議者，言說相。心行者，心之所游履曰行。言說者，謂心之取像，如計此是青非非青等，斯即言說相。此是染慧，即意識取物之見。染慧，謂俗智，有雜染故，略當於世所謂理智。取物之取，猶執也。意識發起思議，必有構畫，若分析物件然，是謂執物。蓋在居常生養之需，意識思議所及，無往而不狀物，所以謂之染慧也。夫以取物之見，移而推論無方之變，無方者，變未始有物，即無有方所。則恣為戲論，顛倒滋甚。故不可思議之云，直以理之極至，非思議所可相應。易言之，即須超出染慧範圍，唯由明解可以理會云爾。明解即無痴。見《心所》章。理會一詞俟《量論》詳之。」（《唯識學概論》，1926年）[5]

4) 「此書凡為二論：曰境論、常途言境者，本指物界而言。此中則以綜觀法相、法性一切義理，總名為境。以是知解所行故。量論。量者，量度。知之異名。境論有二：一、法相篇，二、法性篇。量論有二：一、分別篇，二、正智篇。分別、正智二名，見《楞伽經》及《大論》。俗言理智，略當分別。正智者，正體之智。凡不及知。觀境誠妄，率視其量。故此二論，次第作焉。」（《唯識論》導言，1930年）[6]

5) 「夫學，有以甄明事物之關係為臬極者，有以求盡生理之本然為究竟者。本然者，本謂本來現成，不由始起。然者如如，遠離戲論。此蓋以為生之實性或本體之形容詞也。吾嘗言，學問有二種：一曰知識之學，止於甄明事物之關係也。世所謂科學者

---

[3] 同前註，頁215。

[4] 同前註，頁413。

[5] 同前註，頁457。

[6] 同前註，頁497。

屬之。二曰智慧之學，所以求盡生理之本然也。而佛學屬之。
唯此云智慧者，梵言般若。本非今俗所言理智，俟《量論》別
釋。……前者之學，其術以慧為用，以官能所得實測為據。凡以
辨析事物間相互之關係，齊此則止矣。舊言慧者有二種：一緣事
慧，或云分別，相當於俗言理智。二證體慧，具稱智慧，或云正
智。吾今以慧名專屬前，後者則省言智。後者之學，其術雖未始
遺慧，畢竟以智為本。夫生之本然者，體物不遺，體物者，謂此
本然實性，遍為萬物之體，而無有一物能遺此以成其為物也。然
復當知，物者，凡俗情計之所執耳。若了實性，即本無一物。但
以凡情執有，故且隨俗假說物，而明其非遺實性以有體也。而實
非物。豈容以物測之。故辨物之慧，恒滯物而見有封畛。則生之
實性，無方無相，必非慧之所及矣。雖復以慧遣除物相，隨順人
觀實性，終屬觀想，不足親證。惟由明解殊勝力故，方乃內自證
知，真實不虛。此理雖存乎吾人，必實踐而後能實喻故。明解，
謂智也。凡夫本有，而不顯發，必由修為，始得擴充耳。如《量
論》說。學異故術不齊，惡可執其一術，以衡量一切之學哉？夫
慧與智，吾將詳之《量論》，今此不能悉也。則且直探生理蘊
奧，而假說唯識，以祛世俗之惑。」（《唯識論》，1930年）[7]

6)　「本書擬為二部：部甲曰境論。所量名境，隱目自性，此中境
者，以所量名，陰指自性而名以境故。自性即實體之代語，參看
本書《明宗章》注。不斥言體而云境者，對《量論》說，此是所
量故。然只是將自家本來面目推出去說為所量耳。自性離言，本
非言說可及。假興詮變，故有《境論》。部乙曰《量論》。量
者，知之異名。量境證實，證實者，證得其實故。或不證實，
應更推詳，量為何等，其證實與不證實所由分者，應更致詳於量
底本身為何。故次《量論》。」（《新唯識論》文言文本，1932
年）[8]

7)　「本書才成《境論》，而《量論》尚付闕如。《境論》創始於民
十之冬，中間易稿無數，迄今始為定本，歷時幾十有一年。時變

[7]　同前註，頁504-505。

[8]　肖蓮父主編：《熊十力全集》，第二卷，頁8。

日亟，疾病交摧。十年來，患腦病、胃墜，常漏髓，背脊苦虛，近方有轉機。《量論》欲賡續成之，亦大不易。談理一涉玄微境地，非曠懷冥會，不能下筆。述作之業，期於系統精嚴，又非精力不辦也。」（《新唯識論》文言文本，1932年）[9]

8)　「今造此論，為欲悟諸究玄學者，令知實體非是離自心外在境界，及非知識所行境界，唯是反求實證相應故。實證即是自己認識自己，絕無一毫蒙蔽。是實證響應者，名之為智，不同世間依慧立故。云何分別智、慧？智義雲者，自性絕故，本無倚故。吾人反觀，炯然一念明覺，正是自性呈露，故曰自性覺。實則覺即自性，特累而成詞耳。又自性一詞，乃實體之異語。賅宇宙萬有而言其本原，曰實體。剋就吾人當躬而言其本原，曰自性。從言雖異，所目非二故。無倚者，此覺不倚感官經驗，亦復不倚推論故。慧義云者，分別事物故，經驗起故。此言慧者，相當於俗云理智或知識。此二當辨，詳在《量論》。今此唯欲方便略顯體故，學者當知。世間談體，大抵向外尋求，各任彼慧，構畫搏量，虛妄安立，此大惑也。真見體者，反諸內心。自他無間，征物我之同源；動靜一如，泯時空之分段。至微而現，至近而神；沖漠無朕，而萬象森然；不起於坐，而遍周法界；是故體萬物而不遺者，即唯此心。見心乃云見體。然復應知，所言見心，即心自見故。心者不化於物，故是照體獨立，而可名為智矣。吾人常能保任此智而勿失之故乃自己認識自己，而無一毫錮弊焉。云何自己認識自己？以此認識離能所、內外、同異等分別相，而實昭昭明明，內自識故，故假說言自己認識自己。由斯義故，得言見心，亦云見體。今世之為玄學者，棄智而任慧，故其談體也，直以為思議所行境界，為離自心外在境界。易言之，即一往向外求理，如觀物然，自「故其談體」至此，明任慧乃如是也。所謂慧者，本是從向外看物而發展的。因為吾人在日常生活的宇宙裏，把官能所感攝的都看作自心以外的實在境物，從而辨別他，處理他。慧就是如此發展來。所以慧只是一種向外求理的工具。這個工具，若僅用在日常生活的宇宙即物理的世界之內，當然不能謂

之不當。但若不慎用之，而欲解決形而上的問題時，也用他作工具，而把實體當做外在的境物以推求其理，那就大錯而特錯了。明儒王陽明黃梨洲譏世儒為「求理於外」，在他底玄學方面說，確有特見。而自來學者多不了其立言自有不逾之範圍，亦大可惜，但此義詳談，當在《量論》。而不悟此理唯在反求，只堪自識，遂乃構畫搏量，虛妄安立。以是馳騁戲論，至於沒齒而不知反。宇宙既等空無，人生杳無根據，不亦大可哀耶！然則明慧用之有限，故似除知；示玄覽之攸歸，宜崇本智。善反，則當下便是，勿須窮索；順性，則現前即真，毋庸欣寂。其諸本論之宗極歟。夫提示旨歸，如上略備。辨彰唯識，茲後宜詳。故次《明宗》而談《唯識》。」（《新唯識論》文言文本，1932年）[10]

9) 「此言無去者，即無動之謂，然不可以傅於世間哲學家積動成靜之說。彼執有實物，亦執有實時方，時者時間。方者空間。以為物先時靜住於甲方，後時由甲轉至乙方，即靜住於乙方。積先後之動，而實皆靜住，便不得謂之為動，故飛箭雖行，其實不行也。此則輾轉堅執，執時、執方、執有靜住之物，謬執一團，不可救藥。難以語於無方無體之變矣。方者方所。體者形體。無方無體，猶言無實物也。吾宗方量既空，本無實方，俟詳《量論》。時量亦幻，吾宗所言刹那，非世俗時間義，亦詳《量論》。念念生滅，此云念者，非常途所謂之念，乃依生滅不斷，而假說每一生滅為一念傾。實則生滅滅生，不可劃分間隙，即念念之間，無有間隙，不可以世俗時間觀念應用於此處也。何物動移？何物靜住？才生即滅，未有物也。依誰說動？依誰說住？凡計有動、有住者，皆由妄執有時方及有實物故耳。此所以迥異世間一切之見。學者必會吾說之全，超然神解，方莫逆於斯耳。」（《新唯識論》文言文本，1932年）[11]

10) 「夫析理誠妄，咨於二諦：曰真、曰俗。詳在《量論》。」（《新唯識論》文言文本，1932年）[12]

---

[10] 同前註，頁10-13。
[11] 同前註，頁46-47。
[12] 同前註，頁70。

11)「器界一切現象，世俗習見謂從過去生已便住，持續至今，當趨未來，故說器界可容久住。雖不必恒住，而容有長久時住故。世間作此解。此說似是而非其實也。器界果是實物，堪云久住？今既無實，住者其誰？如前已說，器界唯是無量動點，幻現眾相。動點者，才生即滅，即字吃緊，無有暫住時故。剎那剎那，別別頓起，前後剎那動點，各各新起，都不住故。別別者，不一義。前不至後，此不至彼。實無前後彼此等相，特順俗而設言之耳。本來無物，說誰久住？世俗計動點或為有質微粒，小莫能破。實則動點幻似凝質而本非質。俗固未之審耳。復有難言：『動點非質，理亦宜然。唯吾人於動點隨轉，前滅後生，說名隨轉。既不能不設想有前後剎那，其前剎那動點起已即滅，後剎那動點新生亦復不住，造化無有留礙，斯理固爾，但前後剎那中間，宜有少隙可得，學意謂中間有至小之時分名為少隙。有少隙可得故，則造化豈不有中斷時耶？』曰：惡。是何言！汝計有少隙可得者，是以世俗時間觀念，推度法爾道理。此云剎那，原依妄相遷流假為之名，而實非世俗時間義故。《量論》詳之。故雖假說前後剎那，而於其間無容盡隔，奚有少隙而可得哉？是以動點生滅隨轉，新新不住，前剎那動點方滅，後剎那動點即生，雖復前滅後生，宛爾遷流，而不容設想生滅中間有時分故。然則化恒新而蛻故不留，時非實而無隙何斷。理實如是，其復奚疑？夫動點隨轉，幻似有物推移，恍若此物從一狀態而至別一狀態，如跳躍以進者，不知此乃先後動點方滅方生，如是隨轉，先方滅，後方生，剎那剎那生滅密運，隨轉不熄。幻似有物飛躍而無實物由此趣彼。斯理之玄，難為索證。理之至極，本不可以知測，以知識推測，徒疑而不信。不可以物征耳。」（《新唯識論》文言文本，1932年）[13]

12)「中土學者，大抵皆從倫理實踐上純粹精誠、超脫小己利害計較之心作用，以認識心體。如孟子舉乍見孺子入井而惻隱之心，亦最著之例。蓋此種作用，絕不雜以小己之私，不受形氣之蔽，是所謂無所為而為的。乃依於真實的心體發現，所以於此可認識心

---

[13] 同前註，頁73-74。

體。自孔孟迄宋明諸師，都只於此看工夫。窮神知化而不為誕
誕體玄極妙而不蹈空虛。蓋生物進化，至人類而為最高。其能
直接通合宇宙大生命而為一，以實顯本體世界無上價值者，厥
為人類。故人類有倫理實踐上純粹精誠、超脫小己利害計較之心
作用，破形物之錮縛，順性真而創新。其以心轉物，以闢運翕者
在是，而動物則無此能事。誠以人類中心觀念得進化論而一新其
壁壘，勢不能以求之人者而概之於物也。心理學家言心，舉人與
動物而一視。彼所研究之範圍原不涉及本體，其操術以分析測
驗，亦不待反觀自識、操存涵養之功。故其所謂心與吾玄學上所
言心，截然不為同物。此中反觀自識，其涵義至為精深，至為嚴
格，與心理學上所謂內觀法者絕不相侔，切戒誤會。操存涵養，
亦中土哲學上特殊名詞，涵義精深嚴格，又不待言。凡此，欲俟
《量論》詳之。吾每遇人持心理學之見地，質疑於吾所言心為無
根據者，此不知類之過也。玄學、科學，各有範圍，義類別矣，
何可不知！世固有主張科學萬能者，如斯偏執，諒愧鴻通。倫理
實踐敦篤勿懈，反躬而迥然有物，此物字，非事物之物，乃形容
此心之詞。心恒為身之主，所謂主人翁是也。故以有物言之。灼
然自識，《莊子》《駢拇》：『吾所謂明者，非謂其見彼也，自
見而已矣。』此即認識自己之謂。自己者何，此心是已。其感捷
而應之也不爽，既動起萬端，却恒自寂靜；既恒自寂靜，却動起
萬端。綿綿若存之際，而天地根焉；冥冥獨知之地，而萬有基
焉。陽明詠良知詩：『無聲無臭獨知時，此是乾坤萬有基。』現
前具足，歷歷不昧，而何為其無根據耶，而豈可以物推觀，向外
窮索耶？」（《新唯識論》文言文本，1932年）[14]

13)「分析者，起於辨物，將欲以辨物之術而求得先物之理，是猶帶
著色眼睛而求睹大明之白光也，至愚亦知其不可。故必由體認以
得其理之一，方乃憑分析以得其分之殊。蓋法有總別，學有統
類。統者務於總持，道在一貫，故會歸有極，統之事也。類者觀
其偏曲，義在散殊，故辨物知方，類之事也。分析之能事，雖或
有見於散珠，然致曲之過，其弊為計。搏量卜度謂之計。體認之

<hr>

[14] 同前註，頁81-83。

極功，乃能冥契於一貫，此思誠之效，其得為證。實地親切謂之
證。彼體認不及，遂計體無，宇宙人生，奚其泡幻。或乃任意構
劃，戲論狂馳，若斯之倫，亦可哀已。夫體認者，栖神虛靜，深
心反觀，赫斯在中，充實光明。是為實體顯發，自了自證。於時
無以言分別，直是物我雙亡，離一切相。古之所謂『懸解』者，
其謂是耶。上來因舉唯識舊師分析心識之過，而論及分析術於玄
學不為首務，終乃歸功體認。其詞似蔓，而實非蔓也。乃若其
詳，當俟《量論》矣。」（《新唯識論》文言文本，1932年）[15]

14)「慧唯分別境事，故恃慧者恒執物而迷失其固有之智，即無由證
知真理。真理一詞就常途言，凡研窮事物而得其公則、定律等等
與夫適於吾人應用者，皆云真理。但此言真理，則涵義特殊，蓋
隱目實體之詞。若能反求諸自性智而勿失之，此云自性智者，與
《明宗章》言自性覺義同。則貞明遍照，不由擬議。雖復順俗差
別而封畛不存，稱性玄同而萬物咸序，此真智之境，非小慧之所
行矣。此義當於《量論》詳之。」（《新唯識論》文言文本，
1932年）[16]

15)「來破曰：『世尊一代設教，破外為多。破外之具，首憑分析。
而熊君乃云：「分析之能事，雖或有見於散珠，然致曲之過，其
弊為計」。』破者此中所云，又不了吾義，吾何嘗反對分析法耶？
吾書六十七葉《明心章》上有曰：『夫分析學術者，科學固恃為利
器。即在玄學，其所為明倫察物，亦何嘗不有資於是？』云云。此
固明明說玄學亦須用分析術也。夫分析法解析事物，曲盡隱微，
精檢疑似，畫而不混，事端易見，此其所長。但分析不可以證
體，以其術終不外計度，外觀散殊。縱云如量，而當外向計度時，
便已離本體矣，證體則外緣不起，如體而住，湛寂無功，無作用
曰無功。自證離言，恒自識故曰自證，離分別孤月離言。此謂反
證。亦云體認。故在玄學，反證法與非反證法如分析法。直須分
用，而不可缺一。詞義當詳《量論》。吾不主張專恃分析法以為
唯一之利器者，其理由在是。」（《破破新唯識論》，1933年）[17]

[15] 同前註，頁93-94。
[16] 同前註，頁111-112。
[17] 同前註，頁210。

16)「《新論》文字，讀者總多不瞭解。大抵自語體文流行以後，文言文便遭厄運。平情而論，樸實說理底文字，用唐宋下底古文絕對不行，即規仿晚周諸子及魏晉注疏，如王弼向秀等之作。在今日亦難適用。佛家譯籍，其組織精嚴，極當取則，《新論》即規仿之。而屬文造語，過於高渾簡重，又不宜學。高自可貴，過高則能領者稀。渾便含蓄多義，過混則失之晦。簡能提要，過簡則失之疏。重即深沉有力，引人深思，過重則反令一般人不耐讀。但如今日流行底語體文却太不通順。吾意欲改造一種文體，即文言白話，隨意雜糅，不限一格。朱子論學書牘，便多如此。實則宋明儒書牘皆如此。船山《讀四書大全說》亦復如此。病軀如得漸添生意，將來起草《新論》部乙之《量論》，即當試用新文體。惟文體既變更，則其書成，當離《新論》而別為單行本，即書之題名，亦俟屆時擬定。此意經多番審慮而後決，並曾質之林宰平先生也。」（《十力論學語輯略》，1935年）[18]

17)「賤體病虧日久，貧患加侵，居常鎮日不能事事，宰平蓋稍悉此情。自前冬，即欲閱書數種，再作《新論》未完部分。荏苒迄今，竟未知何日可能著手。草玄之願徒懸，自強之氣似餒，幼安危坐，猶因事導人。船山孤往，有著書遺後。吾當衰世，云何自靖？念此泫然，仰屋嗟語。公（張東蓀）其有以教我耶？」（《十力論學語輯略》，1935年）[19]

18)「吾以為言哲學者，果欲離戲論而得真理，則佛家在認識論上盡有特別貢獻，應當留心參學。今西洋哲學，理智與反理智二派互不相容，而佛學則可一爐而冶。向欲於作量論時，備明此旨，惜年來擾攘，又迫病患，憚為深思，竟未知何時能執筆。然西學於此，所以無緣融會者，以無佛家觀心與治心一段工夫故耳。西學只知知解工夫，其心尚淪於有取，更何望其空能取之執，亡知而冥應乎！此意難言。《新論》《明心章》，於此頗具苦心。《明心章》下，談染心所處，廣明惑相；談善心所處，於進修工夫次第，指示精嚴。須與本書上卷受、想、行三蘊參看。要之，佛家

---

[18] 同前註，頁272-273。

[19] 同前註，頁305。

哲學持較西洋，別有一種精神，別是一種面目。其於中國，在修證上尚有相通之處；其於西洋，在理論上亦自有可通，而根本精神俱不相似也。此義容當別論。讀佛書者必須知此，而後有所抉擇。」（《佛家名相通釋》，1937年）[20]

19)「恒本其析物之執著心習，以推求真理。由此不得與真理相應，故名虛妄分別。亦名情識，又名情計，又名情見，又名意計。《新論》中多用此等名詞。本欲於《量論》廣明此旨，但艱阻中恐未暇執筆也。」（《佛家名相通釋》，1937年）[21]

20)「原本擬為二部：曰《境論》，境者，所知名境，本佛典。今順俗為釋，如關於本體論及宇宙論、人生論等，有其所知、所見、或所計持者，通名為境。曰《量論》。《量論》，相當俗云知識論或認識論。量者，知之異名。佛家有證量及比量等，即關於知識之辨析也。只成《境論》一部分，《量論》猶未及作。今本與此次語體文本稱今本，下仿此。則不欲承原本之規畫，如將來得成《量論》時，即別為單行本，故今本亦不存《境論》之目。以《境》《量》二論相待立名，今《量論》既不屬本書組織之內，則《境論》之名亦不容孤立故。本書根本問題不外體用。立言自有統紀，一以原本之底蘊。學者如透悟體用義，即於宇宙人生諸大問題，豁然解了，五復疑滯。」（《新唯識論》語體文本，1944年）[22]

21)「（譯者）又按本體非是理智所行的境界者，熊先生本欲於《量論》廣明此義。但《量論》既未能作，恐讀者不察其旨。茲本熊先生之意而略明之。」（《新唯識論》語體文本，1944年）[23]

22)「量智唯不易得真解故，恒妄計有外在世界，攀援構畫。以此，常與真的自己分離，真己無外，今妄計有外，故離真己。並常障蔽了真的自己，攀援構畫，皆妄相也，所以障其真己而不得反證。故量智畢竟不是性智。此二之辨，當詳諸《量論》。」（《新唯識論》語體文本，1944年）[24]

---

[20] 同前註，頁351。

[21] 同前註，頁604。

[22] 肖蓮父主編：《熊十力全集》，第三卷，頁6。

[23] 同前註，頁14。

[24] 同前註，頁17。

23) 「如何獲得實證，有沒有方法呢？應知，獲得實證，就是本心要不受障礙才行。如何使本心不受障礙？這不是無方法可以做到的。這種方法，恐怕只有求之於中國的儒家和老莊以及印度佛家的。我在這裏不及談，當別為《量論》。」（《新唯識論》語體文本，1944年）[25]

24) 「我們須知道，心的知境，就因為心上必現似所知境的一種相，否則不成為知。這種道理，我想在《量論》裏詳說，今不必深談。總之，五識了境時必現似境之相，所以，意識繼起才有似前境的相現起，這是無疑義的。至於五識上所現似境的相，每不能與境的本相完全相肖。大概由五識所憑藉底官能和五識所了的境，以及二者間的關係，如距離和光綫等等說不盡的關係，都有影響五識了境時所現的相，而令這個相和境的本相不能全肖的。此意，猶待《量論》再詳。綜前所說，不論五識、意識，他們五識及意識取境的時候，都現似境之相。可見心的取境此中心字，通五識和意識而總名之。不能親得境的本相，而是把境製造或剪裁過一番，來適應自己底期待的。此中自己一詞，設為心之自謂。總之，心現似境之相，而作外想，根本是要合於實用的緣故。說到此，有好多問題要留在《量論》再說。今在此中，唯欲說明世間所謂外境，只是依靠著取境的妄心而現起的一種妄境。若果認為真有離心獨在的境，那就不止是知識上的錯誤，根本失掉了物我無間的懷抱。生活上的缺憾，是止可惋惜的。」（《新唯識論》語體文本，1944年）[26]

25) 「我們講道理，應該分別俗諦和真諦。隨順世間，設定境是有的，並且把他當做是外在的，這樣，就使知識有立足處，是為俗諦。泯除一切對待的相，唯約真理而談，便不承認境是離心外在的，馴至達到心境兩忘、能所不分的境地，是為真諦。如上所說的意思，我在此不能深談，當俟《量論》詳說，姑且作一結束。」（《新唯識論》語體文本，1944年）[27]

---

[25] 同前註，頁21-22。

[26] 同前註，頁32-33。

[27] 同前註，頁50。

26)「本論和舊師立說的體系，完全不同。故所緣緣，雖亦不妨分別親疏，但疏緣的意義，自與舊師所說，截然不同。留待量論方詳。」（《新唯識論》語體文本，1944年）[28]

27)「我們應知，玄學上的修辭，其資於遮詮之方式者，實屬至要。因為一切學問如玄學和科學等。所研窮的理，可略說為二：一曰，至一的理。至者，極至。一者，絕對，非與二對之一。二曰，分殊的理。分殊者，一為無量故。至一者，無量為一故。這二種理，至一的和分殊的。本不是可以析成兩片的，但約義理分際，又不能不分析言之。關於理的問題，我想俟《量論》中討論。」（《新唯識論》語體文本，1944年）[29]

28)「頗有哲學家討論無和有的問題，竟絕不承認有所謂無，而對於無，却不分別總計和別計，竟一概不承認有所謂無，這猶未免失之籠統。實則別計無是不可遮撥的，並且這種無的觀念，是常和有的觀念相涵的。方於某事某理肯定而以為有的時候，同時即有否定的方面而以為此中所無的。這種無和有的觀念，是知識的最基本的範疇，所以不可遮撥。唯總計無，即以為宇宙間有個空空洞洞的無的境界，這種無的觀念，實際上全是出於妄情推度之所虛構。若離開妄情，不會有這等境界了。所以說，總計全無是一種迷謬的觀念。關於無和有，我欲俟《量論》中詳說。」（《新唯識論》語體文本，1944年）[30]

29)「本體是怎樣的一個物事，那是我們無可措思的。我們的思惟作用是從日常的經驗裏發展來的，一向於所經驗的境，恒現似其相。因此，即在思惟共相時，亦現似物的共相。例如方，是一切方的物之共相，而思惟方時，即現似其相。若思惟本體時，不能泯然忘相，即無法親得本體，只是緣慮自心所現之相而已。須知，本體不可作共相觀，作共相觀，便是心上所現似的一種相，此相便已物化，心所現相即是心自構造的一種境象，此即物化。而不是真體呈露。所以說，本體是無可措思的。此中所謂思，是就通常所謂思惟作用而說。別有一種殊勝的思，是能滌除實用方

---

[28] 同前註，頁67。

[29] 同前註，頁77。

[30] 同前註，頁89。

面的雜染，而與真理契會者，吾名之冥思。這種思，是可以悟入本體的，當俟量論詳談。」（《新唯識論》語體文本，1944年）[31]

30)「吾人底理智作用，應日常實際生活的需要，常常是向外去找東西，所以，理智作用不能理會造化的蘊奧。易言之，即不能明瞭一切物剎那剎那、生滅相續的活躍躍的內容。他總是把捉那剎那剎那、生滅相續所詐現的相狀，即是那本來不住的東西，當作存在的東西來看。於是設定有一切物，便許一切物都是能任持他底自體，且自有軌範，可以令人起解的。故所謂軌持，只於不住的變化中，強作存在的物事來圖摹，本不可執為定實。然由此而知識乃非不可能，即科學也有安足處。這個意思，我本想留待《量論》詳說，此中不及深談。」（《新唯識論》語體文本，1944年）[32]

31)「宇宙萬有，不是離我的心而獨在。易言之，即我人和宇宙，不是各有本原。由此可見，萬物所以生成的道理，只要返在自身體認。體認，猶言證會。《阿含經》所謂身作證，就是在己身上，實證這個道理，不同於思議的膚泛。可是，證會的意義，向人道不得。王陽明先生云：『啞子吃苦瓜，有苦不能說。你若要知苦，還須你自吃。』可謂善譬。如何得到證會，《量論》當詳。」（《新唯識論》語體文本，1944年）[33]

32)「空宗在認識論方面的主張，是我在玄學上所極端贊同的。不過，我們還可以假施設一外在世界或經驗界，不屬玄學領域，本無外界，只是假設。在這裏對於情見或知識，不妨承認其有相當的價值。只是這種情見與知識，要加以鍛煉和改進，毋令限於迷謬。迷者，於物無知。謬者，知見錯誤。尤要者，在使情見轉為正見，此中正見一詞，意義甚深。常途所謂毋迷謬者，非此境界。易言之，即使情見轉為性智的發用。說到這裏，我有無限的幽奧的意思，很難說出，且待寫《量論》時再談。」「空宗的全部意思，我們可蔽以一言曰：破相顯性。此云相者，謂法相。性

者，實性，即本體之異名。後仿此。空宗極力破除法相，正所以
顯性。因為他的認識論，是注重在對治一切人底知識和情見。以
下，省稱知見。所以破相，即是斥駁知見，才好豁然悟入實性。
知見是從日常現實生活中熏習出來的，是向外馳求物理的，決不
能反窺內在的與天地萬物同體的實性。此中內在的一詞，決不含
有外界與之為對的意義。須善會。所以，非斥駁知見不可。這個
道理，我將來作《量論》時，便要詳說。我和空宗特別契合的地
方，也就在此。」（《新唯識論》語體文本，1944年）[34]

33) 「本論從大用之非不空的方面來說，却是即用而見體。因此，在
科學上所施設的宇宙萬有或外在世界，在玄學上不得不遮撥。同
時，玄學也要超過知識而趣歸證會。這個意思，俟《量論》再
詳。」（《新唯識論》語體文本，1944年）[35]

34) 「理雖說二，要自不一不異。體用義別故，故不一；即用即體
故，故不異。析理期詳，俟諸《量論》。」（《新唯識論》語體
文本，1944年）[36]

35) 「冥神無物之地者，情見息，妄識泯，迥然絕待，即本體呈露
也。本體呈露時，即自明自證，謂之證體。非別有一心來證此體
也。此義當詳之《量論》。不證體故，即是不識大用。何以故？
用之為言，即於體之顯現，而名為用。非用異體而別為實有的物
事故。故知即用即體，即體即用義者，則知不曾證體，即亦不識
用。是事無疑。」（《新唯識論》語體文本，1944年）[37]

36) 「科學知識如何可能，畢竟是一大問題。康德似未注意及此。吾
欲待《量論》再加評判，此姑不詳。」（《新唯識論》語體文
本，1944年）[38]

37) 「感覺唯是證會，都無分別，諸相俱泯。則感覺所得者，實無雜
亂可說。俟《量論》再詳。」（《新唯識論》語體文本，1944
年）[39]

---

[34] 同前註，頁163。
[35] 同前註，頁244。
[36] 同前註，頁247。
[37] 同前註，頁302。
[38] 同前註，頁310。
[39] 同前註，頁312-313。

38)「感識冥證中，本不起相。意識何故能憶前物而現似其相，此中未及詳。留待《量論》再談。」（《新唯識論》語體文本，1944年）[40]

39)「唯法則不離事物而有，是以事物無恒，隨其所呈現，而莫不有則。因此，吾人心知之裁制事物也，乃是有所依據，而非純任主觀的構畫也。此中尚有許多意思，俟《量論》當詳。」「心之攝取物上範疇，並非如照相器之攝影而已。故範疇不唯屬物或客觀，而亦屬心或主觀。但在主觀方面，範疇乃成為活活的、有用的、並且變為離事物而獨立的東西，可以把感識中未經分別的事物呼喚出來，使之客觀化，而予以控制。此知識所由可能。這裏還有好多話，須詳之《量論》。」（《新唯識論》語體文本，1944年）[41]

40)「理智總是向外索解，而無由返識自性也。如是，則何解縛之有，又何超脫之有。頗欲於《量論》中詳認理智，老來精力乏，未知能否執筆耳。上達下達，皆由自致。」（《新唯識論》語體文本，1944年）[42]

41)「（謝幼偉）賢者認為吾之玄學方法非純恃性智或體認，實亦兼恃量智，此見甚是。但若疑吾有輕量智之嫌，則或於吾書有未子細看也。又《量論》未作，則吾之意思隱而不彰者實多，又向未有接談之機會，宜賢者不盡悉素懷也。此一問題實在太廣大，每以為東西學術之根本異處當於此中注意，大文第二疑點實與此中密切相關。吾三十年來含蓄許多意思，欲俟《量論》暢發。而以神經衰弱，為漏髓病所苦，一旦凝思構文，此病輒發，便不可支，此苦非旁人可喻。」「《量論》之所以難寫出者，自度精氣只如此，欲本不苟之心作去，乃大不易耳。然此書不作，則於《新論》之瞭解要不無閡礙，不卜將有作者起而彌吾缺憾否耶？」「抗戰前，友人欲與吾討論中西文化，以為二者誠異，而苦於不可得一融通之道。吾時默而不言，因《量論》未作，此話無從說起。實則，中學以發明心地為一大事，借用宗門語，心地

---

[40] 同前註，頁313。

[41] 同前註，頁328。

[42] 同前註，頁429。

謂性智。西學大概是量智的發展，如使兩方互相瞭解，而以涵養
性智，立天下之大本，則量智皆成性智的妙用。」「《新論》主
於顯體，立言自有分際，《量論》意思，此中固多有不便涉及
者。」（《新唯識論》語體文本，1944年）[43]

42)「總之，玄學亦名哲學，是固始於思，極於證或覺，證而仍不廢
思。亦可說：資於理智思辨，而必本之修養以達於智體呈露，即
超越理智思辨境界，而終亦不遺理智思辨。凡吾所云理智者，即
剋就思辨或推度的作用而目之。《新論》亦謂之量智，他只是作
用，而不是體。亦可云此學為思辨與修養交盡之學。吾《量論》
未及作，許多重大問題不及討論。」（《新唯識論》語體文本，
1944年）[44]

43)「吾以為理之一問題，陽明見地較朱子為深，而惜其不免遺物，
吾欲作《量論》時詳之，今不能細也。」（《讀經示要》，1945
年）[45]

三、《論內學與世間宗教及哲學特異處》

在昔釋迦崛興天竺，興感夫生死，而歸趣於菩提。覺義。既豁然徹
悟，以其悲願，化道群倫，遂為內學開山。此學與世間宗教及哲學
特異之處，吾他日別為詳論，此姑不述。（《唯識學概論》緒言，
1923年）[46]

剛謹按：《唯識學概論》1926年版緒言、《唯識論》1930年版導言較
此加詳，其文分別云：

「追維釋迦，崛興天竺，興感夫生死而歸趣於菩提。無始以來，一
切眾生，淪溺生死海中，執取浮漚，以為現實境界。纏綿宛轉，有若春蠶
作繭自縛。昏昏而生，夢夢而死，故於生死問題，漠然無感。偶感焉，亦

---

[43] 同前註，頁527-528；530。剛謹按：此又見《熊十力論文書札》，文字略有出入。參《熊十力全
集》，第八卷，154-155；157-158頁。

[44] 肖萐父主編：《熊十力全集》，第三卷，頁548。

[45] 同前註，頁667。

[46] 肖萐父主編：《熊十力全集》，第一卷，頁45。

不切至。唯我釋尊，淵然惻然，感發真摯，聖懷高遠，具本行經。然世乃有以為釋氏怖死，故由怖死而怖生。抑有進之曰：非自怖死，實不忍他死。要之以凡情擬議，皆為無當。釋尊悲情流露，雖緣自他生死而發，却於自他生死毫無怖畏。即云不忍他死，而此悲情亦非於他有所偏繫。若有怖畏或偏繫，便是凡情盲動，非激而狂，必流於萎。奚足以證菩提乎？故知悲情深純，但是勃爾向上。悲情必與明解俱，故迥異凡情。佛法所以歸趣菩提，菩提者明覺也。既豁然澈悟，以其悲願，化道群倫，始開萬世學統。」（《唯識學概論》緒言，1926年）[47]

「追維釋迦，崛興天竺，興感夫生死而歸趣於菩提。既豁然澈悟，以其悲願，化道群倫，始開萬世學統。無始以來，一切眾生，淪溺生死海中，執取浮漚，以為現實境界。纏綿宛轉，有若春蠶作繭自縛。昏昏而生，夢夢而死，故於生死問題，漠然無感。偶感焉，亦不切至。唯我釋尊，淵然惻然，感發真摯，聖懷高遠，具本行經。然世乃有以為釋氏怖死，故由怖死而怖生。抑有進之曰：非自怖死，實不忍他死。要之以凡情擬議，皆為無當。釋尊悲情流露，雖緣自他生死而發，却於自他生死，毫無怖畏，毫無繫著。若有怖畏或偏繫，便是凡情盲動，非激而狂，必流於萎。奚足以證菩提乎？故知悲情深純，但是勃爾向上。悲情必與明解俱，故迥異凡情。佛法所以歸趣菩提，菩提者，明覺也。」（《唯識論》導言，1930年）[48]

斯二處於「此學與世間宗教及哲學特異之處」略為析論。（又引申而於「真正哲學必自人生問題而出發」欲「他日別為書詳論」，見後）

四、《小乘十二支義解》

「十二支唱於小乘，而大乘亦復承用。其義解精微，學者不可不察也。吾他日當更論之。」（《唯識學概論》，1923年）[49]

---

[47] 同前註，頁413頁。

[48] 同前註，頁497、498頁。

[49] 同前註，頁96頁。

五、《〈義林章〉以依因約即質說商榷》

> 《義林章》九分別即質造、離質造，而以依因約即質說，其義待
> 商，今且置之。（《唯識學概論》，1923年）[50]

剛謹按：《唯識學概論》後附「境相章」亦同此，而曰：「《義
林章》九，分別即質造離質造，而以依因約即實說，其義待商，今且置
之。」（《唯識學概論》，1923年）[51]

六、《大種當屬第八論》

> 《瑜伽雜集》言：大造種者，夰不易理，唯識諸篇，於此復少明
> 文。今以大種屬第八，然後大種於造色為五因之義，的然易明。學
> 者細按吾前文，當豁如也。……。故前六中觸，自有造種。大種
> 當屬第八，於理何疑，他日容別論之。（《唯識學概論》，1923
> 年）[52]

剛謹按：《唯識學概論》後附「境相章」亦同此，而曰：「《瑜
伽雜集》言大造種者，夰不易理，唯識諸籍於此復少明文。今以大種屬
第八，然後大種於造色為五因之義，的然易明。學者細按吾前文當豁如
也。……。故前六中觸自有造種，大種當屬第八，於理何疑，他日容別論
之。」（《唯識學概論》，1923年）[53]

七、《論世俗言愛者不得與大悲相比傅》

> 《瑜伽》五十七說：「大悲以彼無瞋無痴二法為體。」此則慈潤與
> 明解合流，方名大悲，世俗言愛者，稽以唯識則是痴與貪之合流，

---

[50] 同前註，頁143。
[51] 同前註，頁240。
[52] 同前註，頁145-146。
[53] 同前註，頁242-243。

而不得與大悲相比傅，其詳當別論之。（《唯識學概論》，1923年）[54]

八、《大乘說無共見一物之理述義》

互遍義：自識具云自身八識。各變色聲等相，他識具云他身八識。各變色聲等相，同遍一處而不相礙。即如講室懸牌，吾與座中諸人嘗以牌為一物，吾儕共見矣。不悟本無離識實境，安得多人共見一物，更自思惟則此惑不難解也。大乘以諸識皆不親緣外境說無離識實境，諸識各自所緣為各自所變，故無共見一物之理，斯義另詳，茲無繁述。由吾眼識仗自第八塵相為質變似牌相，俗云牌者，乃依識所變似牌之相分假立牌名，實則此相與其本質相類，無所謂牌與非牌也。俱時他人眼識亦仗彼第八塵相為質變似牌相，而各牌相同遍一處，吾儕妄計則謂共見一物已耳。夜半鐘聲，眾夢初覺，各人聲相，原非一物，復如前例。是故互遍義立而外境之執始破。（《唯識學概論》，1923年）[55]

九、《玄奘唯識量約解》

「《疏》（窺基《因明大疏》）中引奘師唯識量，釋文晦澀，不易爬梳，今此削而不錄。宋永明《宗鏡錄》五十一，東僧鳳潭《瑞源記》四，雖復徵集眾說，而多逞臆，猶待權衡。他日有暇或為約解，以利初學云爾。」（《因明大疏刪注》，1926年）[56]

十、《論真正哲學必自人生問題而出發》

又復應知，真正哲學，必自唯一問題而出發，曰人生問題。即此問題，分析以窮之，愈繁密，愈幽遠。然問題之發動與進展，恒由悲

---

[54] 同前註，頁202。
[55] 同前註，頁248。
[56] 同前註，頁337。

情與以活力。故哲學者，非但出於驚奇心。此意深長，他日別為書詳論。（《唯識學概論》緒言，1926年）[57]

剛謹按：《唯識學概論》1926年版，乃熊先生改造唯識學第一個里程碑，標志熊先生離開並批評舊唯識學，轉向自創《新唯識論》立場。而自先生此生學術著作及志趣皈依言，之後其出入佛學，返本儒家，平章華梵，對話中西，其「真正哲學必自人生問題而出發」之理念意味「愈繁密，愈幽遠」，前後對照，此處表白不當忽略。茲僅將筆者目前所檢《熊十力全集》八卷中相關綫索臚列如下。

1) 「吾嘗言：哲學之任務，即在引人以趣入究竟理，使人生不至永劫淪陷於迷妄與空虛之苦境，哲學所發明者唯此一大事。除此以外，皆可讓諸科學。哲學若不能盡此任務者，則只足目為戲論或繁瑣浮泛知識，不足謂之哲學。此意深長，將另為一書明之。」（《唯識學概論》，1926年）[58]

2) 「又復應知，真正哲學，必自唯一問題而出發，曰人生問題。即此問題，分析以窮之，愈繁密，愈幽遠。然問題之發動與進展，恒由悲情與以活力。故哲學者，非但出於驚奇心也。」（《唯識論》導言，1930年）[59]

3) 「若世所謂哲學者，就其別於科學而言，即應屬智慧之學。然審核夫哲學家攻苦之所發抒，則實徘徊歧路，而距智慧之途甚遠，即未嘗盡哲學之本務。由其如此，故世俗亦不了哲學。至有謂哲學為對於科學而作綜合與評判者，不悟哲學根本業務，在啟示人類以人生最終鵠的。即返得實性，圓明寂靜，而毋墜於迷亂虛訛之生活，故曰智慧之學也。但哲學雖主智慧，原不廢知識，故亦用其最精純之知識於事事物物。即於俗所謂宇宙之各方面，以行考察。因此得以根據各科學之系統，而作深密之評判與夫綜合而更進為本體之探討。特其真實著力處却不在此，而當開發其自明實性之智慧耳。夫有智慧為本，則知識莫非智慧之流。而徒事知識，則智慧之機芽永伏，只逞空泛理論，而於人生實性即自家本

[57] 同前註，頁414。
[58] 同前註，頁445。
[59] 同前註，頁498。

體，終不自明，長在迷亂虛訛中度其生活而已矣。此無始時來，眾生所以長處火宅也。豈不大可哀耶！此豈非言哲學者之責耶？又如世說，哲學果僅為對於科學而作綜合與評判者，則哲學徒為科學之附庸，何足獨立成一種學術耶？余於此一大公案，心所欲言又不忍不言者甚多，俟異日別為書。」（《唯識論》，1930年）[60]

4) 「吾嘗言：哲學之任務，即在引人以發現究竟理，使人生自得根據與活力，不至長此迷妄虛訛以漂流。哲學所發明者唯此一大事。除此以外，皆可讓諸科學。哲學若不能盡此任務者，則只足目為戲論，成繁瑣浮泛知識，即未盡哲學本務。」（《唯識論》，1930年）[61]

十一、《近人談感覺不許有能見之識誤》

近人談感覺者，以為正見光時未起推想，見與光是一件事，遂不許有能見之識。此乃大誤，當別論之。（《唯識學概論》，1926年）[62]

十二、《〈成唯識論述記〉十二解因能變有歧義辨》

唯是一切心、心所，通名現行。現者，顯現義。行者，相狀義。現行不無因而生，故復立種子為其因。每一現行心法，有自種子為因。每一現行心所法，亦有自種子為因。現行既有差別，種子足征萬殊。輕意菩薩《意業論》云：「無量諸種子，其數如雨滴。」見《瑜伽倫記》五十一第七葉。是也。種現既分，種現亦各有自體。故其談變也，亦析為二種，即以種子為因能變，由種子為音，生起現行故。然《成唯識論述記》十二解因能變有歧義，余別有文辨之。現體為果能變。（《唯識學概論》，1926年）[63]

---

[60] 同前註，頁504-505。
[61] 同前註，頁527。
[62] 同前註，頁439。
[63] 同前註，頁458。

十三、《天下只有善惡兩途更無中立之境論》

> 尋彼所謂三性標準，則以能招樂果名善，能招苦果名惡，俱非名無
> 記。俱非者，非善非惡之謂也。余以為無記之談，最無理據。天
> 下只有善惡兩途，更無中立之境。當別為文論之。（《唯識學概
> 論》，1926年）[64]

剛謹按：《唯識論》1930年版同此，而文義稍密，曰：「尋彼所謂三
性標準，則以能招樂果名善，能招苦果名惡，俱非名無記。非苦非樂名為
俱非，非善非惡名為無記。或問苦樂以何為標準？曰：以佛家義，苦樂不
以物質上之享受滿足與否為衡，而以其作業所成習氣影響於生命自身之退
墜與否，即順其本然與否為斷。退墜便違其本然，即苦也。不退墜便順其
本然，即樂也。此義精確不移。但所謂苦樂俱非之境，則無理據。須知不
樂即苦也，斷無有中立之境。有尋儒家孔、顏樂處，則知其於苦樂標準，
亦與佛家為近。余以為無記之談，最無理據。不善即惡，實無中立。」
（《唯識論》，1930年）[65]1944年《新唯識論》語體文本中亦曰：「舊說
於善與染之外，更立無記性，此不應理。諸心所，其性非善即染，非染即
善，無有善染兩非者。此義當別論。」（《新唯識論》語體文本，1944
年）[66]

十四、《佛學評判》、《中國哲學思想述論》、《中國文化略論》

> 先生欲俟《新唯識論》成書後，次為書評判佛學。大抵先勘定佛家
> 根本主張，而後其系統雖博大而無可窮其蘊也，其條理雖紛繁而無
> 不可究其歸也，其議論雖圓妙而無不可測其向也。先生嘗言，唐以
> 後言佛者務為八面玲瓏，而實陷於浮泛雜亂。……夫各家學說，自
> 非絕對無相通處，吾亦豈不云然。但系統不堪紊亂，未可以節取之
> 同，而忽其全體之異。若乃博涉諸家之後，而融會貫穿於無形，此

---

[64] 同前註，頁473、474。

[65] 同前註，頁552、553。

[66] 肖萐父主編：《熊十力全集》，第三卷，頁436。

正古人所謂別有會心之境。如動植等養料入口後，經胃消化而成為體中精液，斯則自有創新，而非雜取各家陳言以為比附勾勒者所及喻也。今日言古學者無不樂為浮亂，而佛學尤甚。且佛家之弊不自今始，唐已下則皆然矣。先生蓋深惡之，殆欲一掃其弊。次為書論述中國哲學思想。大抵以問題為經，家派為緯。問題則隨時代而有初民先發及後來繼續進展，抑或向不經意而後應境創發，皆一一窮其所以焉。則此土哲學之根柢與其進展之序，大端可睹矣。先生嘗言，凡人思想，大抵先具渾淪的全體，而後逐漸明瞭以及於部分之解析。故哲學發端，只是一個根本問題，曰宇宙實體之探尋而已。方其探尋不獲，而欲罷不能，孜孜求進，卻因此一個根本問題，而劈分無數問題來。若其人善疑，富於勇氣不肯輕舍者，則其所劈分之問題必愈多。及夫析理入微，豁然大通，才把元來一個根本問題解決了。到此便見得道理平鋪地顯現地不勞探尋，前此直是枉費氣力，然欲不枉費，卻沒奈何。又曰：哲學家談實體者，各有所見，仁智淺深，千差萬別。此等差別，不須厭棄，直大可玩味。各人所見，雖錯誤亦必有其所以錯誤之故，須理會得來。又曰：凡人對於實體之探尋，其動機則有二：一曰求真之欲，主乎智也；二曰人生之感，發乎情也。情之至而真知出，則足以究極真理而踐之不貳。至其失也，則易以接近於宗教，如佛家大乘學，實哲學上最高之詣，而不能脫宗教思想。否則亦流於偏重倫理概念。如中國哲學，若三玄可謂致廣大、盡精微矣，然其言無不約之於人事。即程朱陸王諸大師，其思理亦莫不廣淵深邃，蓋亦博涉物理事變而後超然神解，未可忽視。然而彼等絕不發抒理論，只有極少數深心人，可由其零散語錄，理會其系統脉絡及其精微之蘊而已。蓋彼等不惟不作理論文字，即其語錄，亦只肯說倫理上底實踐工夫。此等精神固甚好，然未免過輕知識，則有流於偏枯之弊。若乃純粹主智者，則又徒逞空洞的和形式的理論與浮泛的知識，而毫不歸宿於人生所日用踐履之中，則吾不知人間學術必於科學外而另有所謂哲學者，其本務果何在也。故私懷嘗謂中國他無所見長，唯有哲學比於西人獨為知本。誠當舍己之短，求人之長，抑宜以己之長，救人之短。又曰：時人好言方法，後生唐慕，而卒莫知所運用。余以為學者須自發問題，不徒能發之已也，若旋發旋失，與不發等，直須一發便成

為問題，不容放下。如此認真，則解決問題之方法自出，否則日日空言方法，終不於自家相干。然則先生之書雖未及作，而玩其自得之辭，可知其於此土先哲必有獨見，而不容已於言者矣。又次為書略論中國文化。依據歷史，不侈空談，大旨期於復活晚周精神而擴大之，冀將有所貢獻於世界。凡先生所苦心自得，欲布之書，以俟來者，意念誠摯，固非外人所及喻。近年病苦，互患腦部及背脊空虛，時覺思想滯塞，以此鬱鬱，恒悼所志將不獲申。是秋復病疫，臥德國醫院，先生慮將不起，因友人來省視，先生與語以不及著述為懼。立民曰：學之顯晦，亦有其時，任之可也。先生曰：此理吾亦了然。吾即著書，天地間何嘗增得些子？吾不著書，天地間又何嘗減得些子？（《尊聞錄》，1930年）[67]

　　剛謹按：此先生弟子高贊非記錄整理其1924年秋至1928年秋論學語錄，經先生另一弟子張立民刪削編成，體現先生學術觀點變化及根本思想確立。可見先生出入佛學之轉變，更足徵先生於中國哲學、中國文化之自得自立。

　　　　　　　　　　　　以上為《熊十力全集》第一卷（1918年至1930年）

---

[67] 肖蕤父主編：《熊十力全集》，第一卷，頁614-617。

第十章　馬一浮詩學：從徐復觀先生所藏「馬一浮遺墨《詩人四德》」論「北學南移」

復旦大學
區永超

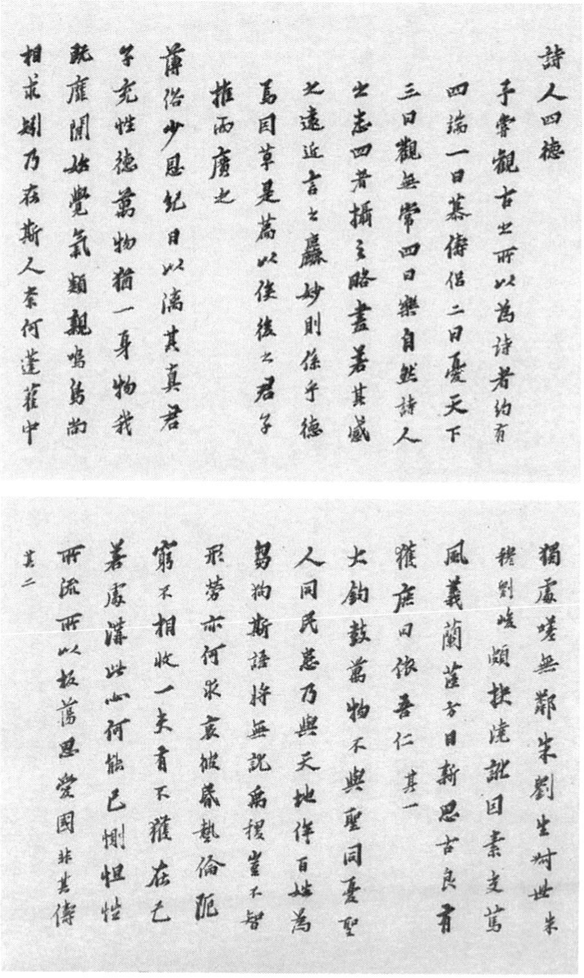
詩人四德
予嘗觀古之所以為詩者約有
四端一曰慕儔侶二曰憂天下
三曰觀無常四曰樂自然詩人
之志四者攝之略盡若其感
之遠近言之麤妙則係乎德
焉因草是篇以俟後之君子
推而廣之
薄俗少恩紀日以澆其真君
子充性德萬物猶一身物我
既靡間始覺氣類親嚶鳴尚
相求矧乃在斯人柰何蓬藋中
獨處嗟無鄰宋劉生對世米
稽劉峻頗訣澆訛因素交篤
風義蘭茝方日新思古良有
獲庶曰依吾仁　其一
大鈞鼓萬物不與聖同憂聖
人同民患乃與天地侔百姓為
芻狗斯語將無訛病摟豈不智
形勞亦何求哀彼蔡熱倫脈
窮不相收一夫有不獲在己
若虜溝此心何能已惻怛
所流所以牧萬思愛國非其傳
其二

一、引言

　　本文專題論中華人民共和國之學術史，中分兩個部分：一屬微觀，另一屬宏觀；微觀所論，為馬一浮詩學：「詩人四德」；宏觀所論，從「詩人四德」在香港接受史，探討1949政治轉變，人物遷徙，影響學術從國內傳至香港之發展情況。

二、馬一浮詩學

1.新儒家與文學

　　新儒家人物不少：熊十力、梁漱溟、馬一浮、馮友蘭、錢穆、唐君毅、牟宗三、徐復觀……等，其中能以文學著稱，則不多；本章討論的是馬一浮詩學。

2.終身吟詠

　　馬一浮曾自述其詩學云：

　　吾八歲初學為詩，九歲能誦《楚辭》、《文選》。十歲，先姊指庭前菊花命作五律，限「麻」字韻。應聲而就曰：「我愛陶元亮，東籬采菊花。枝枝傲霜雪，瓣瓣生雲霞。本是仙人種，移來高士家。晨餐秋更潔，不必羨胡麻。」先姊色喜曰：「兒長大當能詩。此詩雖有稚氣，頗似不食煙火語。菊之為物，如高人逸士，雖有文采而生於秋晚，不遇春夏之氣。汝將來或不患無文，但少福澤耳。」今年逾六十，幸不違先姊懸記之言。追念兒時光景已如隔世，才慧日減，神明日衰，將同秋後之菊矣。幼時所作，都不省憶，僅憶此篇，以母訓，故不敢忘也。[1]

[1]　丁敬涵編注：《馬一浮詩話》（上海：學林出版社，1999年），頁64。

　　可見馬一浮自幼學詩，誦《文選》、讀《楚辭》，十歲受母命限「麻」字韻作《菊花詩》，應聲即賦，詩學早有成就！

　　1958年馬一浮曾擬屈原騷體，寫成《自題墓辭》[2]：

> 孰晏息此山陬兮，昔有人曰馬浮。
> 老而安其惸獨兮，知分定以忘憂。
> 學未足以名家兮，或儒墨之同流。
> 道不可為苟悅兮，生不可以幸求。
> 從吾好以遠俗兮，思窮玄以極幽。
> 雖篤志而寡聞兮，固沒齒而無怨尤。
> 唯適性以盡年兮，若久客之歸休。
> 委形而去兮，乘化而遊。
> 蟬蛻於茲壤兮，依先人之故丘。
> 身與名其俱泯兮，曾何有乎去留。

　　詩中自道平生，為儒墨之同流，博學而篤志！《自題墓辭》寫成後，馬一浮再寫了一首詩贈沈尹默等友人，申明其意，《以豫制題墓辭寄平生執友附詩申意》[3]：

> 順俗謂有生，我行亦永久。
> 終當即壚墓，視日猶戶牖。
> 無身始免患，未化思速朽。
> 形潰將返原，名字復何有。
> 題辭比鳥跡，遺之在榛藪。
> 草木良易腐，知爾為誰某。
> 念我平生歡，相望各耆耇。
> 適去會有時，攬蓬可無叩。
> 附詩展戲謔，怳若接杯酒。
> 信拙或非誕，庶以報吾友。

---

[2]　夏宗禹編：《馬一浮遺墨》（北京：華夏出版社，1991年），頁213。
[3]　同前註，頁135。

馬一浮謂去會有時，題辭附詩，庶以報友。

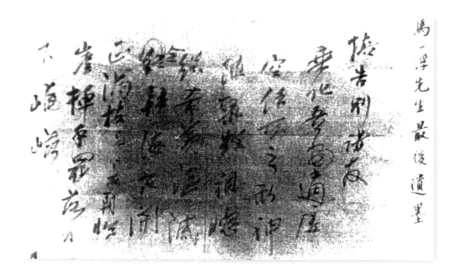

至一九六七秋，馬一浮在病床寫下了《擬告別諸友》[4]：

乘化吾安適，虛空任所之。形神隨聚散，視聽總希夷。
漚滅全歸海，花開正滿枝。臨崖揮手罷，落日下崦嵫。

馬一浮終身吟詠，遺下詩篇計有3000多首[5]！

3.詩作與詩論

先師徐復觀教授論馬一浮詩云：

凡是看到馬先生所寫的字，所作的詩的人，只要稍有此一方面的修
養，便不難承認這是當代第一流乃至是第一人的手筆。[6]

馬一浮詩之所以稱得上為第一流的作品，因其上承杜甫，寫下不少史
詩，如悼鑒湖女俠之五言排律《悲秋四十韻》[7]：

含涕辭歡侶，甘心赴國仇。
湛身原妾志，為虜是郎羞。
松柏西陵怨，燕支朔地愁。
懷人猶望歲，羈旅早驚秋。
絕島窮年思，清江萬里舟。
櫻花迷上野，芳草遍瀛洲。
暮雨遲歸夢，春風獨倚樓。
凝顰翻梵葉，帶笑佩吳鉤。
步擁青綾幛，門停白玉驄。
褰裳追海月，舞劍對靈湫。
錦字雲中訊，胡笳塞上謳。

---

[4] 夏宗禹編：《馬一浮遺墨》，頁212。
[5] 丁敬涵編注：《馬一浮詩話》，頁1。
[6] 《徐復觀文集》（武漢：湖北人民出版社，2009年），第二卷，頁358。
[7] 馬鏡泉，趙士華：《馬一浮評傳》（南昌：百花洲文藝，1993年），頁24。

鞓芬餘繡闥，鉛淚在香韝。
永夜何時旦？佳兵日未休。
傾城悲女媧，恤緯切婺憂。
鬱鬱求龍種，申申詈犬酋。
經過多俠少，感憤起同仇。
在野思嘗膽，中朝苦贅疣。
檄書時裂帛，侍從或兜鍪。
寶肆捐珠匣，芸房掩翠幬。
釵鈿閑不禦，粉黛黯誰收？
摵草雙蛾斂，鳴弦十指柔。
淩波無可語，轉袖待回眸。
謠諑盈當路，艱難恃半籌。
履霜宵報戚，多露敢逢尤！
世事浮雲變，年華似水流。
南山羅正設，東海石仍投。
痛絕黃門獄，冤沉北市囚。
豈知讒士口，竟斷美人頭。
絕古軒亭恨，崇朝皖郡謀。
可憐殉虎穴，猶得首狐丘。
太息三仁遠，誰為二子儔？
魯衰賢漆女，秦帝愧留侯。
遺憾逃文字，餘生戴骷髏。
漫天飛毒蠱，白日叫鵂鶹。
雨血天應泣，流沙地轉道。
起憤明大道，頓彎望長楸。
隱霧來玄豹，神飆動赤虯。
素車誰慟哭？青塚獨行遊。
斯事成千載，何人問九幽。
招魂慚後死，無復恫宗周。

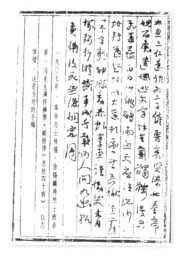

詩中記述秋瑾等人的革命，俠義千秋，可歌可泣！

馬一浮詩除了寫烈士外，亦寫了許多其他人物，如畫家，《贈豐子愷》[8]云：

> 昔有顧愷之，人稱三絕才畫癡；
> 今有豐子愷，漫畫高文驚四海。
> 但逢井汲歌耆卿，所至兒童識姓名。
> 人生真相貌不得，眼前萬法空崢嶸。
> 護生畫了畫無常，緣緣堂築禦兒鄉。
> 吳楚名城一朝爐，輾轉流離來象郡。
> 誰言殺盡始安居，此是無常非歲運。
> 亂峰為筆雲為紙，點染虛空如妙指。
> 晴陰昏旦異風光，萬物何心著憂喜。
> 每憶棲霞洞裡遊，仙靈魑魅話無休。
> 石頭何預三生業，國史猶爭九世讎。
> 吾欲因之鏟疊嶂，不見神堯天下喪。
> 書契結繩等膠漆，雞狗比鄰相譙讓。
> 琴台漢上已成灰，破罌焦原百事哀。
> 巴蛇吞象知無厭，黃鶴西飛遂不回。
> 豪情壯思歸何處，夢中勳業風前絮。
> 豈如華子解操戈，不信留侯能借箸。
> 伏波山下酒初醒，一別灕江入杳冥。
> 丹穴空桐堪送老，白龍青鳥惜零丁。
> 若知緣起都無性，始悟名言離四病。
> 如江印月鳥飛空，幻報何妨論依正。
> 畫師示現無邊身，癡與無癡共一真。
> 騎得虎頭作龍猛，會看地獄變天人。

---

[8]　丁敬涵編注：《馬一浮詩話》，頁95。

詩中除了寫豐子愷外，亦寫了很多哲理！

馬一浮先生的詩為第一流的作品，但能欣賞的人不多，熊十力曾說：

> 馬一浮的學問，能參百家之奧，其特別之表現在詩，後人能讀者幾乎等於零也！[9]

　　熊十力說馬一浮的學問表現在詩，後人能讀者幾乎等於零，看似誇張，並非事實！但以《贈豐子愷》一詩為例，後人四部著作，於首四句已誤讀！已不能讀！四部著作為：

---

[9] 同前註，頁170。

1.《馬一浮集》／虞萬里等校點
2.《馬一浮詩話》／丁敬涵編注
3.《馬一浮評傳》／馬鏡泉、趙士華著
4.《馬一浮詩學思想研究》／高迎剛著

把原文：

　　昔有顧愷之，人稱三絕才畫癡；
　　今有豐子愷，漫畫高文驚四海。

誤作：

　　昔有顧愷之，人稱三絕才，
　　畫癡今有豐子愷，漫畫高文驚四海。[10]

中有四誤：
1.句讀誤
2.對偶誤
3.押韻誤
4.用典誤

句讀誤後，不能對偶；（昔有顧愷之、今有豐子愷，對偶）
句讀誤後，不能押韻；（之、癡押韻）
句讀誤後，不能用典。（《晉書・顧愷之傳》[11]：「俗傳愷之有三絕：才絕、畫絕、癡絕。」）

馬一浮《贈豐子愷》詩，開首作法承李白而來，《夢遊天姥吟留別》[12]：

---

[10] 網上有齲戲書生曾指出斷句不妥，亦可參考。
[11] 〔唐〕房玄齡等撰：《晉書》（北京：中華書局，1974年），卷92，頁2406。
[12] 瞿蛻園、朱金城校注：《李白集校注》（上海：上海古籍出版社，1980年），卷15，頁898。

海客談瀛洲，煙濤微茫信難求。

越人語天姥，雲霓明滅或可睹。

馬一浮《贈豐子愷》詩作法承李白者有四：

1.句法（五言、七言、五言、七言）

2.對偶（第一句對第三句）

3.押韻（第一句與第二句）

4.轉韻（第三句）

馬一浮對人不解其詩亦早有先見之明，曾說：

> 吾昔有《贈郭起庭》詩，培老見之，以為渠與金匃翁詩均可廢。又
> 嘗贈弘一法師詩（詩軼），有句云「衲僧三印水空泥」，太炎見之
> 云，全章只解得三成，亦可見其坦率。[13]

當年章太炎也只解得三成，無怪乎熊十力說後人能讀馬一浮詩者幾乎
等於零了。

馬一浮重詩教，論詩上接詩騷，下繼唐宋，見解刊在《馬一浮集》及
《馬一浮詩話》中，其論詩有《詩人四德》四首。

4.「詩人四德」

馬一浮有《詩人四德》四首[14]論詩，詩前有序：

> 予嘗觀古之所以為詩者，約有四端：一曰慕儔侶，二曰憂天下，三
> 曰觀無常，四曰樂自然。詩人之志，四者攝之略盡。若其感之遠
> 近，言之粗妙，則係乎德焉。因草是篇，以俟後之君子推而廣之。

---

[13] 丁敬涵編注：《馬一浮詩話》，第64頁。

[14] 虞萬里等校點：《馬一浮集》（杭州：浙江古籍出版社，1996年），第三冊，第345頁。

薄俗少恩紀	大鈞鼓萬物	凡愚多計常	徇生非有樂
日以漓其真	不與聖同憂	反之成斷見	所樂在知天
君子充性德	聖人同民患	智者二俱遺	留惑焉可潤
萬物猶一身	乃與天地侔	非常亦非斷	我盡物自妍
物我既靡閒	百姓為芻狗	緣生即性空	太和保時育
始覺氣類親	斯語將無誷	功業見乎變	貞觀返帝先
鳴鳥尚相求	禹稷豈不智	詩人具隻眼	愛憎不為用
矧乃在斯人	形勞亦何求	頗復遺正觀	一性始得全
奈何蓬藋中	哀彼昏墊倫	攬境恆屢遷	流形既草木
獨處嗟無鄰	阨窮不相收	倏忽若流電	周覽亦山川
朱劉生叔世 <small>朱移劉峻</small>	一夫有不獲	驟驥無留際	即事多所欣
頗抉澆訛因	在己若處溝	朝華赴夕豔	意得匪言宣
素交篤風義	此心何能已	國邑隨丘墟	六合為我宅
蘭茝方日新	惻怛性所流	人靈苦征戰	元氣為我船
思古良有獲	所以板蕩思	剎那本無住	莊周不復遇
庶曰依吾仁　其一	愛國非其儔　其二	何為抱冰炭　其三	此曲孰為傳　其四

《詩人四德》論詩是承《論語》而來，《陽貨》篇記孔子論詩：

> 小子！何莫學夫詩？詩：可以興，可以觀，可以群，可以怨；邇之
> 事父，遠之事君；多識於鳥、獸、草、木之名。」[15]

《詩人四德》與《論語》記孔子論詩關係如下：

> 一曰慕儔侶，（群）
> 二曰憂天下，（怨）
> 三曰觀無常，（觀）
> 四曰樂自然。（興）

馬一浮《詩人四德》詩論，完全從《論語》興，觀，群，怨，而來。

---

[15] 〔清〕劉寶楠撰，高流水點校：《論語正義——十三經清人注疏》（北京：中華書局，1990
年），頁689。

5.影響：

（1）「以詩說法」[16]

馬一浮主張以詩說法，曾刻「以詩說法」印章，《詩人四德》中以詩說詩，以詩說經。影響先師蘇文擢教授以及鳴社各人，均有續作！

（2）「但傷知音稀」

馬一浮詩論，與《論語》興，觀，群，怨有重大關係。馬一浮曾於《蠲戲齋詩自序》[17]說：

> 詩以道志，志之所之者，感也。自感為體，感人為用。故曰正得失，動天地，感鬼神，莫近於詩。言乎其感，有史有玄。得失之跡為史，感之所由興也；情性之本為玄，感之所由正也。史者，事之著；玄者，理之微。善於史者，未必窮於玄；游乎玄者，未必博於史。兼之者，其聖乎！史以通諷喻，玄以極幽深。凡涉乎境者，皆謂之史。山川、草木、風土、氣候之應，皆達於政事而不滯於跡，斯謂能史矣。造乎智者，皆謂之玄。死生、變化、慘舒、哀樂之形，皆融乎空有而不流於誕，斯謂能玄矣。事有遠近，言有粗妙。是故雅鄭別、正變異，可以興、觀、群、怨，必止於無邪。

蠲戲論詩，原於《詩序》，本乎經學，說明要別雅鄭、知正變，才可以興、觀、群、怨。

---

[16] 夏宗禹編：《馬一浮遺墨》，頁10。

[17] 馬鏡泉編：《馬一浮學術文化隨筆》（北京：中國青年出版社，1999年），頁240。

國內著作談及《詩人四德》之書，見有四本：

1.《馬一浮詩話》／丁敬涵編注
2.《馬一浮評傳》／馬鏡泉，趙士華著
3.《馬一浮詩學思想研究》／高迎剛著
4.《六藝與詩：馬一浮思想論衡》／劉煒著

然而各書均只引《詩人四德》序文，並未引錄原詩四首，失去原詩四首，也失去馬一浮以詩說法主張，失去《詩人四德》中以詩說詩，以詩說經，更遑論說《詩人四德》本乎經學與《論語》興，觀，群，怨的關係了！這又再應驗了熊十力說後人能讀馬一浮詩者幾乎等於零的話。

（3）「人能弘道」

i.徐復觀

徐復觀（1903-1982年）湖北人，原名秉常，字佛觀，後由熊十力更名為復觀，取義《老子》「萬物並作，吾以觀復」。

早年曾就讀於湖北省立第一師範學校、湖北國學館，在此奠定其國學基礎。後東渡日本，相繼就學於明治大學和陸軍士官學校。後棄武從文，精研儒學，是新儒學的重鎮，先後任教於臺灣省立農學院（國立中興大學前身）、東海大學、香港新亞書院。

著作有《中國人性論史》、《中國藝術精神》、《兩漢思想史》、《中國思想史論集》、《學術與政治之間》、《中國經學史基礎》、《中國文學論集》、《中國文學論集續編》等。

先師徐復觀教授把馬一浮《詩人四德》的法書墨寶帶來了香港，因而把馬一浮的詩論發揚光大！

ii.蘇文擢

蘇文擢（1921-1997），廣東順德人，祖父蘇若瑚，為舉人；父蘇寶盎，亦能文。生於上海，肄業無錫國學專修學校。後往香港，在香港中文大學任高級講師，教授經子、詩詞、文論等課。八十年代中期從中大中文系轉到教育學院，幾年後受聘於珠海文史研究所。蘇教授工詩文，善書法，古文宗韓愈，詩歌學陶潛、杜甫、蘇軾諸家。書法學蘇東坡，雄宕多姿。著作頗豐，有《黎簡先生年譜》、《韓文四論》、《說詩晬語

詮評》、《經詁拾存》、《淺語集》、《蠲戲齋講論集》、《蠲戲齋詩文集》、《蠲戲齋叢稿》、《三峽吟草》等。

先師蘇文擢教授看過徐復觀先生所藏馬一浮《詩人四德》的法書墨寶後，寫了詩、作了序、以贊頌馬一浮之《詩人四德》。

蘇文擢《詩德四章》[18]：

曩歲於徐復老教授座上見馬一浮先生所書詩人四德詩，心儀其說，頃暑居閒暇，踵其意而少易其序，不辭續貂之誚，成詩四章，今海內外為詩者若恆河沙數，而知德者鮮，因書與鳴社詩侶共勵焉。

一樂自然	二憂民患	三觀變常	四慕儔侶
淵明脫塵網	有懷天下士	炎涼無定候	山崩洛鐘應
所樂返自然	端居念世紛	陵谷還滄桑	蟲喓躍阜螽
文章聊自娛	吉凶民同患	況此人間世	物態有微尚
要寫胸中天	鳥獸不可群	虎鼠誠荒唐	翹茲人性同
胸天何所有	真言流悲聲	看朱行成碧	蘇李河梁詩
雲鳥相迴旋	逸響干青雲	昨綠今已黃	元白賡郵筒
即事誠慨欣	奔騰板蕩思	詩人覽物心	我懷吉甫誦
意得言難詮	哀此昏墊民	處變貴觀常	穆穆如清風
喧彼狂馳子	哀思亦云爾	君看李杜詩	思古期有獲
冰炭徒相煎	吟懷有餘春	流為萬古光	嚶鳴今在躬

---

[18] 蘇文擢：《蠲戲齋遺稿》（香港：鳴社，1998年），頁162。

詩德四章

纍歲於　徐復光教授座
上見馬一浮先生所書詩人
四德詩心儀其說頃暑居
關暇睡腥其意而少易其
序不辭續貂之誚成詩
四章今海內外為詩者若
悒何沙數而知德者鮮因
書之鳴社詩侶共勵焉

一樂自然
淵明脫屣網罟所樂返自
然文章聊自娛要寫胸
中天旬天何所有雲鳥
相回旋即事誠慨欲意
得言難詮嗟彼狂馳
子冰炭徒相煎

二憂民患
有懷天下士端居念世
紛吉山民同憂鳥獸
不可羣真言流悲聲
逸響千青雲奔騰板

蕩思哀此昏墊民哀思
亦云爾吟懷有餘春

三觀變常
炎涼安定條陵谷還
滄桑洊此人間世虎鼠
誠荒唐肴朱行成碧
昨綠今已黃詩人覽
物心屢變貴觀常
君看李杜詩滋浩萬
古光

四蒪傳侶
山崩洛鐘應裒唾躍
阜蠡物態有微尚翔
荏人性同蘇李何梁詩
元白廣郵簡我懷吉
甫誦穆穆如清風思古
期有獲嚶鳴今在躬
壬申七月初一日
文擢

iii.鳴社

鳴社為香港詩社，成立已二十多年，曾出版詩集：《鳴社詩輯》、《鳴社詩輯續編》。

鳴社中人其後和作蘇文擢《詩德四章》，弘揚馬一浮之《詩人四德》的作品不少，有四言詩，有五言詩，也有七言詩，收錄如下：

吳振武《蘇師詩德四章讀後敬題》[19]：

其一（樂自然）	其二（憂民患）	其三（觀變常）	其四（慕儔侶）
在心為志	道心之微	陰陽窮達	鐘鳴山應
發言為詩	人心惟危	成壞相持	今古交輝
明心覽物	世情多苦	桑田滄海	蒹葭伊人
無遠弗隨	惟貪嗔癡	觀復明夷	念茲在茲
鳶飛魚躍	憂喜雲集	非無非有	知己海內
春夏有時	寧不相悲	緝緝熙熙	比鄰天涯
上天下地	齊登彼岸	存神過化	鳴樂有朋
動靜咸宜	以是永期	不絕如絲	習樂有師
流行大化			願彼同心
樂何如之			四德不移

吳振武以四言詩四首弘揚了馬一浮之《詩人四德》。

楊利成《敬和蘇師詩德四章》[20]：

樂自然	憂民患	觀變常	慕儔侶
詩人貴物色	黃唐一去後	縱轡馳縣圃	有鳴斯相應
寓目皆欣然	舉世徒紛紛	折木拂扶桑	草蟲與阜螽
春草池塘綠	抱持天地心	天地不盈瞬	託根或苔異
荷香消暑天	不忍獨離群	何事漢與唐	氣味蘭臭同
蒹葭沾白露	蓬首遲河晏	春吟煙柳綠	興來發高詠
朔風繞枝旋	萬目望卿雲	秋詠霜菊黃	元白傳詩簡
羇羈風塵客	帝鄉非所期	既來復自去	韓孟古君子
真意焉能詮	生死同下民	處變如履常	千秋仰遺風
哀彼狂馳子	願為五彩筆	此意誰能喻	世情好輕薄
冰炭終自煎	吟來萬家春	萬古真流光	輔仁保餘躬

---

[19] 《鳴社詩輯續編》（香港：鳴社，1997年），頁106。

[20] 同前註，頁71。

楊利成以五言詩四首弘揚了馬一浮之《詩人四德》。

招祥麒《夜讀蘇師文擢詩德四章》[21]：

廣矣陳芳國	千秋代有人
詩騷傳雅麗	後進遙相因
或寫胸中天	山川契入神（樂自然）
或寫生民患	異代潛悲辛（憂民患）
寓物觀無常	滋味來日新（觀無常）
慨然慕儔侶	心聲樂獻陳（慕儔侶）
析為四德論	大音希所聞
珠玉吟哦出	詩教流清芬
養正開儕輩	夜闌展讀珍
忽見窗前月	孤高耀秋旻

招祥麒以五言詩一首弘揚了馬一浮之《詩人四德》。

區永超《鳴社祝遼加師九十冥壽》[22]

香江人傑遼加公	天界階升為文雄
旗山星火仰儒宗	今夕壽祝千歲松
傳經弘道追司農	出漢入宋推晦翁
五箴貽後進中庸	西銘作疏承正蒙
詩廣四德碧紗籠	興觀群怨羅心胸（《詩人四德》與興觀群怨）
感物不齊來無蹤	翰音子嗟賦毛蟲
法書妙筆走蛇龍	金箋墨寶造化工
魏唐三昧筋骨豐	題詠九州雪泥鴻
朗誦屬響思晨鐘	庠序高吟偓古風
桐城義理因聲容	韻律神存浩氣充
講學解惑光黌宮	素位求己與爾同
愛之勿勞焉建功	溫故知新日月從
大哉蘇子勳業崇	及門安雅入鳴叢
杏壇好景花正紅	鄉泉夜雨夢迷濛

---

[21] 同前註，頁40。

[22] 此稿於遼加師九十冥壽席上派發恭讀。

　　區永超七言柏梁體古詩一首，其中說明蘇文擢先生弘揚了馬一浮之
《詩人四德》，並說明《詩人四德》與興觀群怨有關。

　　以上所錄四詩，對馬一浮《詩人四德》均有所發揚，前三首以不同
詩歌體裁說明：慕儔侶，憂天下，觀無常，樂自然。後一首指出《詩人四
德》與《論語》興，觀，群，怨的關係。於此可見《詩人四德》詩的傳
承，由馬一浮傳至徐復觀，再傳至蘇文擢，又傳至鳴社各人。舉一反三，
是1949以後，學術、詩歌、文學、歷史、文化由國內傳至香港繼續發展，
馬一浮遺墨《詩人四德》詩可作為其中之一個例證。

　　鳴社中人，除了以詩作說明詩人四德外，郭偉廷亦有論文《邃加室憂
民患詩管窺》[23]論及詩人四德。

　　反觀國內，《詩人四德》詩似被忽略，1949以後，古典詩歌文學發展
似未如香港蓬勃。

三、餘論：「乘桴浮於海」

　　1949年，政治轉變，大量士人流徙至香港，所謂「人能弘道」，文學
亦因此在香港蓬勃發展。以下舉二書以觀其況：

1.《嶺雅》

　　《嶺雅》為刊載粵籍文士作品之文學刊物，李國明曾撰文記述，《廣
東日報嶺雅副刊始末簡述》[24]：

> 近代畢生致力推動吾粵文化藝術不遺餘力而建樹最著者，應推番禺
> 葉恭綽、陳顯庵二公，葉公客宦京華，陳公坐鎮羊城，相互呼應，
> 陳顯庵更設顯園於越秀山下，接待南北文士，並於四十年代末，在
> 廣州印行之廣州日報倡辦嶺雅副刊，廣東日報一九四九年四月初合
> 併於中央日報，嶺雅副刊仍持續刊出，溯該副刊創刊於一九四八年
> 五月三日，結束於一九四九年十月三日，每週一版，合七十一期，

---

[23]　「中西與新舊——香港文學的交會」學術研討會，2010，香港中文大學舉行。

[24]　李國明等編：《嶺雅》第29期（香港：嶺雅詩刊編輯部），頁117。

全皆用以刊載吾粵文士之作品，然其中偶有非粵籍者，嶺雅副刊前五十期主編為懷集陳寂先生，後廿一期則為番禺傅靜庵先生，每期刊載時人詩詞文章外，間有前賢遺稿，並設陳顯庵黃梅花屋詩話，熊潤桐厄閏集，後名羿彀集，胡隋齋香脾集等專欄，前後刊載作品者合共一百七十餘人，或前清太史，或當時飽學之士，或年少後進，人才濟濟，文風盛極一時，嶺雅副刊雖為時短暫，然參與者之眾，水準之高，其號召力之大，可以知之矣！

可見《嶺雅》創刊於一九四八年，發表詩文之作者，或為前清太史，或為飽學之士，水準高，參者眾！

1949年《嶺雅》結束。以後，《嶺雅》此一文學刊物，亦從廣州流徙到香港，李國明曾撰文記述，《香港嶺雅詩刊簡介》[25]載：

五十年代初，前廣東日報嶺雅副刊主編傅靜庵先生由廣州移居香港，環境雖變而吟詠不斷，治學之勤如故，更於一九八三年為闡揚中國古典文學，與趙大鈍、潘思敏、梁耀明、潘新安、何竹平、鄧瀚鈞等商定創印詩刊，定名嶺雅，其意謂繼承嶺雅副刊也，嶺雅詩刊每年出版二至三次，由同仁醵資刊印後免費分送同好，作者只限本港人士，以年齒為序，內容分文錄、詩錄、詞錄，間或附談藝錄、社課等專欄，第一期、第二期由趙大鈍主編，鄧瀚鈞管印務，因趙大鈍、鄧瀚鈞先後移居海外，第三期至第九期由潘思敏主管編輯與印務，至一九八八年停刊，一九八九年，經何叔惠先生介紹，嶺雅詩刊得何耀光先生及其至樂樓藝術發揚（非牟利）有限公司協助復刊，負責全部印刷費用，於是傅靜庵先生決定重組編務，親任主編，由潘思敏任副主編，何乃文、洪肇平任編輯，予任執行編輯，處理稿件及往來書函，作品擴展至粵籍人士移居海外者及非粵籍人士而曾久居粵地者，內容除在原有文錄、詩錄外，並設談藝錄、詩課、遺音、簡訊等，更特增嶺外之音一欄，專刊各地文友之作品，志在加強與各地文友之聯繫及交流，傅靜庵先生於一九九零年回穗定居，辭去主編職務，與潘思敏改任顧問，然二人

對編務仍關懷不已，使每期均如常刊出，可惜傅先生於一九九七
年於穗病逝，緬懷賢哲，倍增傷感，嶺雅詩刊自一九八三年至今
（一九九八），已共刊出廿六期，復刊後每期出版一千本，並分寄
世界各地文友，自此知有嶺雅詩刊者漸眾矣！

　　可知嶺雅副刊主編傅靜庵先生由廣州移居香港，吟詠不斷，繼承嶺
雅，後何叔惠先生介紹，嶺雅詩刊得何耀光先生及其至樂樓藝術發揚（非
牟利）有限公司協助復刊，負責全部印刷費用，每期出版一千本，分寄世
界各地文友，嶺雅詩刊，知者漸眾，可見詩人與詩刊均由廣州移至香港，
是詩歌文學由國內移至香港發展。

2.《香港古典詩文集經眼錄》

　　鄒穎文《香港古典詩文集經眼錄》著錄香港開埠以來共514位作家，
所撰808種古典詩文集。是書前言謂：

> 香港自開埠以來，曾從事古典詩文創作者眾，據編者統計逾1,700
> 人，當中不少舊學深醇，更有詩書畫兼善者，惟詩文資料迄今尚
> 未經妥善整理著錄，有關文獻如個人文集、詩社詩輯、詩刊、詩話
> 等，零落散見不同圖書館，或待鈎沉於私藏。[26]

　　可見香港自開埠以來，古典詩文創作者眾。前言又引余少颿《近代粵
詞蒐逸補編續編》1972年弁言云：

> 百年以來，中原迭經變亂，香江為遷客騷人避地之所。[27]

　　可見香港詩歌文學得以發展，在於香江為遷客騷人避地之所！士人紛
至，文學得以發展。

---

[26] 鄒穎文：《香港古典詩文集經眼錄》（香港：中華書局，2011年），頁9。
[27] 同前註。

書中何乃文序云：

> 香港九龍雖彈丸之地，然自開埠以來，每值世變，輒為國人僑寄之
> 所，不特粵籍人士而已。戰後易幟，來者滋多，或長居以終老，
> 或暫憩仍他遷，是中不乏文章鉅公，所撰著足以上繼前賢、下開來
> 學。[28]

何序說明戰後易幟，來港滋多，文章鉅公，繼前賢、開來學，令香港
文化藝術得以發展。

總而言之，香港學術文化得以發展，乃由於國內人口遷徙至香港，
其中不乏飽學之士，至於其人與學案之研究，以及1949年以後錢穆、徐復
觀、牟宗三、唐君毅、陳湛銓、饒宗頤……等學人來港，北學南傳之史
事，則尚待深入探討。

後記：本文寫成後，見新出版之《馬一浮全集》，已重新編輯校點，謹誌。

---

[28] 同前註，頁5。

第十一章　羅香林教授及其香港前代史研究

珠海學院中國文學系
蕭國健

一、生平

羅香林教授（1906-1978），字元一，號乙堂，廣東省梅州市興寧縣寧新鎮水樓村下石陂窩人。羅幼山（師揚）幼子。父羅幼山，家名曜生，號師揚，晚號希山老人。

羅教授1906年生於廣東興寧。1924年畢業於興民中學。1930年獲國立清華大學文學士學位。1931年入燕京大學歷史研究所。1932年獲哈佛燕京學社獎學金。師從梁啟超、王國維等著名學者。1932年研究院畢業，任國立中山大學校長室秘書、兼廣東通志館纂修。1934年，任教於國立中山大學歷史系，同年九月兼任國立暨南大學文學院教授。1936年，任廣州市立中山圖書館館長、兼國立中山大學教授。

抗日戰爭期間，羅教授任職廣州中山圖書館館長，費盡心力，將館藏善本及重要圖籍，舶運至柳州石龍，使免罹戰火。1941年，發起成立中國史學會。1945年，任廣東省政府委員、兼廣東省立文理學院院長。1947年至1949年任私立廣東國民大學特約教授。

1949年後，香林教授自國內遷居香港，任教廣大書院，新亞書院及香港大學中文系，1951年，與妻子及子女同於粉嶺崇謙堂領洗。1955年至1965年任崇謙堂長老。1956年至1968年任香港大學中文系教授，更曾出任系主任，獲香港大學終身名譽教授銜。1957年任崇謙堂幼稚園校監兼註冊校董。

1969年後，教授任香港珠海書院文學院院長、中國文史研究所所長及珠海書院出版委員會主席。1968年至1973年，任崇謙堂董事會副主席。

1971年至1972年，兩度被瑞典諾貝爾文學獎金委員會邀請作為諾貝爾文學獎候選人之推薦人。1977年至1978年任基督教香港崇真會會長。1978年，於香港逝世，享年七十二，葬粉嶺龍躍頭崇謙堂村崇真會崇謙堂教會墳場。

　　長子羅文，美國佛羅里達大學歷史系退休教授。二子羅武，美國醫學科學院院士，擅長內科。三子羅成，幼年夭折。四子羅康，多年來在港任中學校長。女兒羅渝，獲神學博士，曾在香港從事教會工作。侄羅桂詩，1942年出生，暨南大學退休教授。

二、羅香林教授之香港前代史研究

　　香港歷史之研究，於本世紀初期，有清朝遺老等之酬唱詩文，[1] 及早期英人著述有關香港割讓之經過，及英屬初期香港社會之情況；[2] 其後繼有考古學者對新石器時代之考古發現，[3] 及中外人士對香港開埠後之歷史著述；[4] 惟對開埠前之香港歷史研究，則為一片空白。其時，港人認識之香港，於一八四二年之前，為一小漁村。

　　二次大戰後，羅香林教授自國內遷居香港，任教香港大學中文系，對香港古代歷史加以發揚，以中國歷代地方志乘、民間譜牒、及碑銘文物中載之香港歷史資料，研究英屬之前之香港歷史，並名之為「香港前代史」，蓋以英人治港期間為「近代」及「現代」，而英人治港之前為「前代」。

---

[1] 著者有蘇澤東之《宋台秋唱》及《宋台圖詠》，及陳伯陶之《瓜廬詩賸》及《瓜廬文賸》，部份序文有香港史蹟資料。

[2] 其著者有威廉塔蘭WILLIAM TARRANT之《香港：由割讓至一八四四年》（*HONG KONG : A HISTORY OF HONG KONG FROM THE TIME OF ITS CESSION TO THE BRITISH EMPIRE TO THE YEAR 1844*），及艾陶爾E.J. EITEL之《香港史：由初期至一八八二年》（*EUROPE IN CHINA: THE HISTORY OF HONG KONG FROM THE BEGINNING TO THE YEAR 1882*）。

[3] 著名之考古學者，有韓義理醫生DR. C. HEANLEY、蕭思雅教授PROFESSOR J. SHELLSHER、芬神父FR. DANIEL J. FINN、陳公哲、及戈斐侶WALTER SCHOFIELD。

[4] 許地山之《香港與九龍租借地史地的探略》及《香港小史》，活特W.A. WOOD之《香港簡史》（*A BRIEF HISTORY OF HONG KONG*），施爾G.R. SAYER之《香港早期及少年時代》（*HONG KONG: BIRTH, ADOLESCENCE & COMING OF AGE*），狄龍D.R. FRANK J之《香港新界略》（*NOTES ON THE NEW TERRITORIES OF HONG KONG*），及韓頓W.J. HINTON之《香港的歷史資料與統計簡述》（*HISTORICAL & STATISTICAL ABSTRACT OF THE COLONY OF HONG KONG, 1841-1930*）及《香港在大不列顛的地位》（*HONG KONG'S PLACE IN THE BRITISH EMPIRE*）。

　　此外，教授對國父在香港之歷史遺蹟，常往遊訪，並加研究，先後著有「國父在港史蹟訪問記」一文，[5]並於其後出版「國父在香港之歷史遺蹟」一書，[6]對國母楊太夫人墓地、國父受洗之公理會、肄業之皇仁書院、畢業之西醫書院，與牧師會晤之道濟會堂、商討革命事宜之楊耀記、及興中會總部之乾亨行、中國日報遺址、策劃革命運動之青山農場等現存之遺蹟，作詳細介紹。

　　教授對香港地區之國父革命歷史遺蹟，作率先研究，近人乘其後，再作研究整理，並將各現存遺蹟，串聯成文物徑，名「中山史蹟徑」，[7]供人遊訪憑弔。

　　教授對香港前代史之研究，著述甚豐，且多新發現，現擇其要者介紹於後：

　　一、屯門之位置及其歷代交通之發展

　　二、香港古代之特產及其歷朝之隸屬

　　三、宋末二帝之海上行朝與香港之關係

　　四、香港新界鄧氏之源流及其在新界地區之發展

　　五、香港地區英屬之前之史蹟分佈情況[8]

　　六、香港李鄭屋村及該地發現之漢墓之研究[9]

　　七、香港新界發現南明永曆四年所造大炮之研究

　　八、香港早期之打石業及籐織業之研究[10]

　　九、理雅各、歐德理、王韜、容閎等對中國文化之影響

　　十、何啟與其西醫書院對香港醫術與科學之貢獻

　　十一、中國文學在香港之演進與影響

　　十二、香港大學中文系早期之發展[11]

---

[5]　〈國父在港史蹟訪問記〉，載《大地勝遊記》（香港：香港亞洲出版社，1959年）。

[6]　〈國父在香港之歷史遺蹟〉，論文載《國父百年誕辰紀念論文集》（台北：國史館，1965年。香港：香港珠海書院出版委員會，1972年增補成書，入珠海書院叢書）。

[7]　中山史蹟徑，為一九九六年中西區區議會所推廣，位港島中區半山，共十三史蹟點。香港中文大學歷史系教授撰寫小冊及單張，介紹各史蹟點之歷史。

[8]　一至五項收入羅教授專著之《一八四二年以前之香港及其對外交通》。

[9]　〈李鄭屋村與香港地區自漢至清初之沿革〉一文，載《慶祝李濟先生七十歲論文集》，及〈香港李鄭屋村漢墓之發現與出土古物〉一文，載《國立台灣大學考古人類學刊》第37、38期合刊。

[10]　〈香港早期之打石史蹟及其與香港建設之關係〉，載《食貨月刊》第1卷第9期，及〈香港藤器源流考〉，載《食貨月刊》第1卷第11期。

[11]　九至十二項收入其專著《香港與中西文化之交流》。

十三、國父在香港求學期間之歷史及所存之歷史遺蹟[12]
十四、從族譜中研究新界地區各家族之歷史[13]

三、羅香林教授有關香港歷史之著述

- 《國父家世源流考》（1972年與《國父之大學時代》合而為《國父之家世與學養》，由臺灣商務印書館出版），商務印書館，1942。
- 《國父之大學時代》（1972年與《國父家世源流考》合而為《國父之家世與學養》，由臺灣商務印書館出版），獨立出版社，1945。
- 《香港崇正總會三十週年紀念特刊》，香港崇正總會，1950。
- 《國父與歐美之友好》，中央文物供應社，1951
- 《大地勝遊記》，亞洲出版社，1959。
- 《一八四二年以前之香港及其對外交通：香港前代史》，中國學社，1959。
- 《香港與中西文化之交流》，中國學社，1961。
- 《客家史料匯編》，中國學社，1965。
- 《國父的高明光大》，文星書店，1965。
- 《傅秉常與近代中國》，傳記文學出版社，1970。
- 《國父在香港之歷史遺蹟》，香港大學，1971。
- 《中國族譜研究》，中國學社，1971。
- 《國父之家世與學養》（將《國父家世源流考》及《國父之大學時代》合而為一），臺灣商務印書館，1972。
- 《客家源流考》（此亦收入羅翽雲《客家話》，臺灣文藝出版社，1984），世界客屬第二次懇親大會籌備委員會，1973。
- 《梁誠的出使美國》，香港大學亞洲研究中心，1977。

---

[12] 詳《國父家世源流考》、《國父之大學時代》、及《國父在香港之歷史遺蹟》三書。
[13] 詳《中國族譜研究》、及《客家史料匯編》二書。

四、結語

　　上述為羅教授對香港社會、文化、及文物之部份成果，可使吾人認識英人開埠前之香港，已相當發達。時人多對開埠後之歷史，作研究介紹，而羅教授之香港前代史研究，著重開埠之前之香港地方之社會、文化、與文物之研究，開後人之先河，其功甚偉。

第十二章　論葉嘉瑩閱讀李商隱詩的三次視野改變──審美、感覺的閱讀

中央大學中國文學系
李宜學

一、前言

葉嘉瑩〈讀羨季師載輦詩有感〉云：

> 宮殿槐安原是夢，歌殘玉樹總成塵。吟詩忽起銅駝恨，我亦金仙垂
> 涕人。我本談詩重義山，廋辭錦瑟解人難。神情洽醉醇醪裏，箋註
> 難追釋道安。（頁35）[1]

時維一九四三年春，葉氏二十歲，輔仁大學國文系三年級學生。據此，則
葉氏至少於此歲之前，即已熟讀〔唐〕李商隱（812-858[2]）詩。其後，喜
愛李商隱詩之心，有增無減，蓋五十六年後，一九九九年八月，葉氏自
陳：「我對於義山確實頗為偏愛」，又說：「我平生教詩，自以為興趣頗
為廣泛，對於各種不同風格的作品都可以欣賞和接受。但其中最使我感受
到一種無可抗拒的吸引之力量的，則是義山的一些深微要眇的詩篇。」[3]
僅此二例，即可覘李商隱詩在葉嘉瑩「心中的詩詞家國」[4]裡的重要性。

---

[1] 文中所引葉嘉瑩詩、詞，率依氏著：《迦陵詩詞稿》（北京：中華書局，2007年），為節篇幅，
　　稱引之際，但於文後註明頁碼，不復一一加註。

[2] 〔唐〕李商隱之生卒年，據劉學鍇：《李商隱傳論》（上）（合肥：安徽大學出版社，2002
　　年），第二章、第十六章，頁23-32、頁461-466。

[3] 葉嘉瑩：《我的詩詞道路・第四輯「創作集」序》（臺北：桂冠圖書股份有限公司，2000年），
　　頁14-15。

[4] 2011年11月9日，《文史參考》雜誌社、清華大學時代論壇主辦之「文史大講堂」，邀葉氏於北

　　此重要性具體展現在三個層面上：創作、評賞及文學批評。就第一項言，葉氏《迦陵詩詞稿》中明顯標註為「用義山詩句」之作，計有詩三首、詞一闋，分別為：〈夢中得句雜用義山詩足成絕句三首〉、〈鵲踏枝〉（囓鎖金蟾銷篆印）。前三首集李商隱詩〈代贈二首〉、〈端居〉、〈鈞天〉、〈和韓錄事送宮人入道〉、〈聖女祠〉、〈青陵臺〉、〈昨夜〉七首（頁119）；後闋前有小序，云：「晚唐詩人李義山與溫庭筠同時，溫為當時詞壇之重要作者，李之詩作雖有意境頗近於詞者，然卻並無詞作，友人有頗以為憾者，因用義山詩句為小詞一首。」集李商隱詩〈無題〉（金蟾囓鎖燒香入）、〈燕臺〉、〈落花〉、〈冉冉〉、〈西溪〉數首（頁227）。甚至，葉氏還有一首題為〈讀義山詩〉（頁53）的七言絕句，亦是通首櫽括李商隱詩而成為，集〈霜月〉、〈有感〉、〈錦瑟〉。凡此，除了說明作者蕙質蘭心、才情高妙之外，更顯示其對李商隱詩非常熟稔，乃能信手拈來，俱納於一首詩中，並融會得渾化無跡，不見斧鑿。另據葉氏〈木蘭花慢・詠荷〉小序（頁233-234）及日後口述[5]，十六歲之所以寫〈詠蓮〉詩，一方面是自己生於「荷月」（陰曆六月），雙親喚其小名為「荷」，因而本能地留心、喜愛荷花；二方面則是讀了李商隱〈暮秋獨遊曲江〉、〈送臻師二首〉其二，有感而發，發而為詩。晚近所作，仍時見李商隱詩蹤影，如2001年的〈鷓鴣天〉（皎潔煎熬枉自癡），序云：「友人寄贈《老油燈》圖影集，其中一盞與兒時舊家點燃者極為相似，因憶昔年誦讀李商隱〈燈〉詩，有『皎潔終無倦，煎熬亦自求』及『花時隨酒遠，雨後背窗休』，感賦此詞。」詞的上片第二韻且云：「當年愛誦義山詩」（頁241）。又如2007年6月的〈絕句二首〉，序云：「連日愁煩以詩自解，口占絕句二首。首章用李義山〈東下三句苦於風土馬上戲作〉詩韻而反其意；次章用舊作〈鷓鴣天〉詞韻而廣其情。」[6]藉創作而對李商隱詩進行創造性的閱讀。至於其它闇合義山詩情韻、深得李商隱詩

京清華大學經濟管理學院國際報告廳演講，題目為：〈我心中的詩詞家園〉。

[5]　葉嘉瑩演講：〈《迦陵詩詞稿》中的荷花〉，網址：http://blog.sina.com.cn/s/blog_c00b66690101878q.html。又，葉嘉瑩口述，張候萍撰寫：〈少年讀書〉，《紅蕖留夢──葉嘉瑩談詩憶往》（北京：生活・讀書・新知三聯書店，2013年），第二章，頁49-51。

[6]　葉嘉瑩演講：〈《迦陵詩詞稿》中的荷花〉。此詩為葉氏2008年6月所作，故尚未收入2007年出版的《迦陵詩詞稿》。

神髓之作，更是不勝枚舉，朱曉海〈讀《迦陵詩詞稿》記隅〉一文已有深細鉤沈[7]，茲不贅述。

　　就第二項言，葉嘉瑩第一篇詩歌評賞的文章，即論李商隱詩：〈從義山〈嫦娥〉詩談起〉[8]，這不惟標誌著其李商隱詩研究的起點，更象徵著其全幅詩歌生命的原點，誠深具意義。其後，毋論教學、演講，李商隱詩恆為葉氏口中常見的話題。前者可舉《葉嘉瑩說中晚唐詩》為例，該書係葉氏二十世紀八十年代中於加拿大溫哥華不列顛哥倫比亞大學講授古典詩的實錄[9]，中有〈中晚唐詩人之七　李商隱〉一節，析論了〈海上〉、〈瑤池〉、〈東下三旬苦於風土馬上戲作〉、〈行次西郊作一百韻〉、〈韓碑〉、〈安定城樓〉、〈錦瑟〉、〈寄遠〉、〈昨夜〉、〈謁山〉、〈燕臺四首〉等詩，詩歌體製包括七絕、七古、五古、七律；情意表現兼攝抒情與敘事、想像與寫實、平易與艱澀。可見其對李商隱詩的評賞，範圍相當廣泛，審美標準也非常多元，並不獨沽一味。這份資料，大抵最能體現葉氏李商隱詩教學的全貌、精華，2013年最新出版的《迦陵詩詞講稿選輯》，「李商隱」一目，即收錄此文。[10]至於後者，則可以葉氏應邀參與臺灣大塊文化出版社「經典3.0」的演講為例，該項活動的用意在於：「邀請華文世界的名家，各自挑選他們希望推薦閱讀的中外經典予以導讀」，「讓讀者能掌握他們所認為這部經典最核心的精神與價值」[11]，而葉嘉瑩「挑選」、「推薦」的「經典」，便是李商隱詩，並為之導讀〈怎樣解讀迷人的詩謎——李商隱詩〉[12]，「經典」，屬於客觀的判斷；「迷人」，則為主觀的感受，葉嘉瑩從這兩個向度給予李商隱詩高度肯定。

　　就第三項言，葉嘉瑩的古典詩歌體驗，歷經一段由「從主觀到客觀、從感性到知性、從欣賞到理論、從為己到為人」的轉變過程[13]，轉變

---

[7]　朱曉海：〈讀《迦陵詩詞稿》記隅〉，收入張紅主編：《葉嘉瑩教授八十華誕暨國際詞學研討會紀念文集》（天津：南開大學出版社，2005年），頁227-252。

[8]　原發表於夏濟安主編：《文學雜誌》第三卷第四期（1957年12月），頁9-16，後收入氏著：《迦陵談詩》（二）（臺北：三民書局股份有限公司，〔1960〕1991年），頁157-170。

[9]　葉嘉瑩：〈中晚唐詩人之七　李商隱〉，《葉嘉瑩說中晚唐詩》（北京：中華書局，2008年），頁106-181。該文由曾慶雨整理、寫定。

[10]　葉嘉瑩：《迦陵詩詞講稿選輯》（天津：南開大學出版社，2013年）。

[11]　見大塊文化出版社「經典3.0」網址：http://classicsnow.net/classic/index.php?view=about。

[12]　2009年9月6日於北京演講，其後，轉錄為文字，出版：《迷人的詩謎　李商隱詩》（臺北：大塊文化出版股份有限公司，2010年）。

[13]　葉嘉瑩：〈談多年來評說古典詩歌之體驗〉，《迦陵論詩叢稿》（北京：北京大學出版社，2008

過後，其專論李商隱詩的文章就有三篇：〈舊詩新演之一：李義山〈燕臺四首〉〉（1967）[14]、〈談義山〈燕台四首〉之人、地、時與命題〉（1970）[15]、〈李義山〈海上謠〉與桂林山水及當日政局〉（1976）[16]，而〈從比較現代的觀點看幾首中國舊詩〉（1970）[17]、〈漫談中國舊詩的傳統──為現代批評風氣下舊詩傳統所面臨之危機進一言〉（1973）[18]等文，亦并論及李商隱詩。這幾篇文章，或勇於攻堅，詮釋李商隱詩中向稱千古難解的〈燕臺四首〉、〈錦瑟〉、〈無題〉，或於不疑處有疑，辨析未為爭鳴焦點的〈北樓〉、〈海上謠〉，而所論皆鞭辟入裡，發前人之所未發，令人信服，自此奠定其為李商隱詩研究專家的鮮明形象。其中，論〈燕臺四首〉一文，尤為大手筆之作，亦必其得意之作，蓋葉氏於1998年與〔美〕海陶瑋（James R.Hightower，1915-2006）合著出版的英文論著：《中國詩歌論集》（*Studies in Chinese Poetry*）[19]，2004年、2005年連續出版的兩本自選集：《多面折射的光影──葉嘉瑩自選集》[20]、《漢學名家書系──葉嘉瑩自選集》[21]，乃至於2013重出的《多面折射的光影──葉嘉瑩自選集》[22]，始終收錄此文。又，這三部自選集，論詩文稿僅收三篇：〈談古典詩歌中興發感動之特質與吟誦之傳統〉、〈論杜甫七律之演

年）、〈後敘〉，頁368-387。

[14] 原發表於林海音主編：《純文學》第二卷第二期（1967年8月），頁1-40。後收入氏著：《迦陵談詩》（二），頁171-241，但將原題中的「之一」字樣刪除。或葉氏本擬有一系列「舊詩新演」的寫作計畫，後未悉何故不能完成？

[15] 此文原即葉氏〈舊詩新演之一：李義山〈燕台四首〉〉文中的部份內容，投稿《純文學》時，「不幸音郵寄往訪失落了」，「經作者重新整理」，發表於林海音主編：《純文學》第七卷第一期（1970年1月），頁81-88。後兩文重新合併，收入氏著：《迦陵談詩》（二），頁171-241。

[16] 原發表於香港雜誌：《抖擻》第十八期（1976年11月），頁1-19。後收入氏著：《中國古典詩歌評論集》（香港：中華書局，1977年）。筆者所據，為臺北源流文化事業有限公司1993年本，頁72-108。

[17] 原發表於《現代文學》第40期（1970年3月），頁272-299。後收入氏著：《迦陵談詩》（二），頁242-283。

[18] 原文分上下篇，發表於《中外文學》第二卷第四期（1973年9月），頁4-24、《中外文學》第二卷第五期（1973年10月），頁30-46。後改題為〈關於評說中國舊詩的幾個問題〉，收入氏著：《中國古典詩歌評論集》（香港：中華書局，1977年）、《迦陵談詩二集》（臺北：東大圖書股份有限公司，1985年），頁31-79。筆者所據，為東大圖書本。

[19] 葉嘉瑩：《中英參照迦陵詩詞論稿》（天津：南開大學出版社，2013年）。

[20] 葉嘉瑩：《多面折射的光影──葉嘉瑩自選集》（天津：南開大學出版社，2004年）。

[21] 葉嘉瑩：《漢學名家書系──葉嘉瑩自選集》（濟南：山東教育出版社出版，2005年）。

[22] 葉嘉瑩：《多面折射的光影──葉嘉瑩自選集》（天津：南開大學出版社，2013年）。

進及其承先啟後之成就〉及〈舊詩新演──說李商隱《燕台》四首〉，去取極為精嚴；三篇文稿中，首篇可視為葉氏詩論的總綱領，第二、第三篇則便是在此綱領下的個別分論，而一論杜甫、一論李商隱，不證自明地昭示了李商隱詩在葉氏心中的地位。

　　綜合以上三項所論，可知李商隱詩在葉嘉瑩的「詩詞家國」中，不獨具有重要性，更兼有獨特性，誠為把握葉氏詩學的關鍵樞紐。目前學界的葉嘉瑩研究，已累積了頗為豐碩的學術成果[23]，但似乎較集中於詞學[24]，縱有涉及詩學，於其李商隱詩研究，或囿於篇幅、或限於於論題，所述仍不免稍嫌簡略，尚待發覆之處猶多。凡此，構成了本文的研究動機。

　　一九九一年，葉嘉瑩發表〈論納蘭性德詞──從我對納蘭詞之體認的三個不同階段談起〉一文，文中借青原惟信禪師的「三般見解」與〔德〕接受美學家姚斯（Hans Robert Jauss，1921-1997）《關於接受美學》（*Toward an Aesthetic of Reception*）書中所提「三個閱讀層次」的觀點，描述了其體認《飲水詞》的三個不同階段。[25]私意以為：葉氏長達八十餘年閱讀、研究李商隱詩的進程中，也經歷了三個不同階段，發生了三次視野轉變，逐步形成其獨具特色、自成一家的李商隱詩學論述，值得深入探究，因仿其〈論納蘭性德詞──從我對納蘭詞之體認的三個不同階段談起〉一文的提法，並參照姚斯的「三個閱讀層次」之說[26]，嘗試勾勒這三個階段、三次視野轉變的緣由、內涵，及其體現的詩學意義。

---

[23] 如張紅主編：《葉嘉瑩教授八十華誕暨國際詞學研討會紀念文集》（天津：南開大學出版社，2005年）、朱巧云：《跨文化視野中的葉嘉瑩詩學研究》（北京：中國社會科學出版社，2008年）、王萬象：《中西詩學的對話：北美華裔學者中國古典詩研究》（臺北：里仁書局，2009年）、徐志嘯：《華裔漢學家葉嘉瑩與中西詩學》（北京：學苑出版社，2009年）、徐志嘯：《北美學者中國古代詩學研究》（上海：上海古籍出版社，2011年）等。

[24] 如安易：〈葉嘉瑩詩學理論新框架初探〉，《天津大學學報（社會科學版）》第3卷第2期（2001年6月），頁97-101、郭玉如：《葉嘉瑩論唐宋詞之研究》（嘉義：南華大學文學研究所碩士論文，2001年）等。

[25] 原發表於《中外文學》第19卷第8期（1991年1月），頁4-33，後收入氏著：《清詞論叢》，《迦陵文集》（石家莊：河北教育出版社，1997年），頁137-172。

[26] 〔德〕Hans Robert Jauss,"The Poetic Text witin the Chang of Horizons of Reading: The Example of Baudelairs's"Spleen Ⅱ","in *Toward an Aesthetic of Reception*, trans, Timothy Bahti (Minneapolis: University of Minnesota Press, 1982), pp.139-185. 中譯參周寧、金元浦譯，滕守堯審校：〈閱讀視野嬗變中的詩歌本文：以波德萊爾的詩「煩厭（Ⅱ）」為例〉，《走向接受美學》，第五章，收入《接受美學與接受理論》（瀋陽：遼寧人民出版社，1987年），頁175-229。

　　姚斯論「閱讀視野之改變」，將文學詮釋活動分為三個層次：（一）初級：審美、感覺的閱讀；（二）二級：反思、解釋的閱讀；（三）三級：歷史性的閱讀。而這三個層次、三種閱讀視野，並非截然劃分、互不連屬，而是相互包孕、彼此融攝，於實際的閱讀活動中展現為三者瞬間融合的統一體。[27]在這三位一體的文學詮釋中，居前的審美、感知閱讀，只意味著視野的優先權，卻非時間序列上的絕對優先；換言之，審美的閱讀視野階段中，也同時滲透著反思的、歷史的視野[28]，反之亦然。據此，本文描述葉嘉瑩之李商隱詩閱讀的三個不同階段時，雖亦各有其大致的時間範圍，卻不嚴格畫分斷限，為清晰呈現三種閱讀視野的發展脈絡，輒或沿波討源，或循流觀瀾，突破各階段的界線，實乃基於上述方法論上的自覺操作，並非自亂體例。惟限於時間精力，僅先論初級閱讀。

二、審美、感覺的閱讀

　　姚斯對於初階的審美、感覺閱讀，有非常繁複的論證說明，葉嘉瑩將其要旨撮述如下：

> 　　所謂第一層次的閱讀，主要是指在審美感覺範圍內的直接理解（immediate understanding within aesthetic perception），即如在他分析波特萊爾〈厭煩（二）〉一詩時所指出的這首詩在文本（text）之表面上的一些現象，所給予讀者的直接的審美的感受。[29]
> 　　第一個層次是對於作品的形式和聲音等各方面直覺的美感的感受。[30]

言簡意賅，更有助於我們借鑒姚斯的理論以分析中國古典詩。

---

[27]　〔德〕Hans Robert Jauss,"The Poetic Text witin the Chang of Horizons of Reading: The Example of Baudelairs's"Spleen Ⅱ"", p.139.

[28]　Jauss, p.148.

[29]　葉嘉瑩：〈論納蘭性德詞──從我對納蘭詞之體認的三個不同階段談起〉，《清詞論叢》，頁144。

[30]　同前註，頁172。

（一）葉嘉瑩的古典詩期待視野

葉嘉瑩〈論納蘭性德詞——從我對納蘭詞之體認的三個不同階段談起〉云：

> 如果從葛德莫之詮釋學及姚斯之接受美學的理論而言，則即使在此第一層次的美感直覺之理解中，作為一個讀者也是將此種理解建立於他自己的期待視野（horizon of expectations）之上，而一個讀者的期待視野之形成，則與個人的生活之經歷及閱讀之經歷都有著密切的關係，……。[31]

以下即就「生活之經歷」及「閱讀之經歷」兩點申述葉氏古典詩歌的期待視野。

葉嘉瑩為蒙古旗人，一九二四年出生於北平，書香世家，自幼背詩、吟詩、寫詩成習。葉氏曾多次談及幼年在曾祖父所購置的那座「深宅大院」裡的生活，鄧雲鄉〈女詞人和她家的大四合院〉一文以為，葉家位於北京西城察院胡同的這座四合院，「那種靜寧、安祥、閒適的氣氛」，「本身就是一幅瀰漫著詞的意境的畫面。女詞家的意境想來就是再這樣的氣氛中薰陶形成的。」[32]此說也獲得葉氏的認同，還寫了一篇回應文章〈我與我家的大四合院〉，云：

> 正如鄧先生大作中之所敘寫，我家故居中的一種古典詩詞的氣氛與意境，則確曾對我有過極深的影響。這所庭院不僅培養了我終生熱愛中國古典詩詞的興趣，也引領我走上了終生從事古典詩詞之教學的途徑。[33]

---

[31] 同前註，頁146。
[32] 鄧雲鄉：〈女詞人和她家的大四合院〉，收入葉嘉瑩：《迦陵雜文集》（北京：北京大學出版社，2008年），頁6-8。
[33] 葉嘉瑩：〈我與我家的大四合院〉，收入氏著：《迦陵雜文集》，頁3-6。

其與中國古典詩詞長達八十餘年的這段「不解之緣」[34]，就從這座大庭院開始。

　　要言之，由於幼承庭訓，葉嘉瑩三、四歲時即開始背詩，能隨口背出〔唐〕李白（701-762）的〈長干行〉；又曾因臨摹小楷〔唐〕白居易（772-846）的〈長恨歌〉，覺得「詩中所敘寫的故事既極為感人，詩歌的聲調又極為諧婉，因此我臨摹了不久就已經熟讀成誦，由此也就引起了我讀詩的興趣。」[35]讀詩過程中，伯父、伯母對她的影響尤大：

> 伯父古典文化的修養極深，他特別喜歡詩歌，又見我也喜歡詩歌，自然是更加欣喜和愉慰。但其實伯父始終沒有一本正經地教過我，只是喜歡和我聊天。他熟知很多詩人詞人的掌故，有了工夫就和我閒談。……真正第一次拿著《唐詩三百首》當課本教我的是伯母。……其實她也不教什麼，就是背。[36]

於是，葉氏遂由《唐詩三百首》開篇〔唐〕張九齡（678-740）的〈感遇〉背起，「遇有問題，就去向伯父請教」。[37]偶然前後翻閱，讀到〔唐〕杜牧（803-852）的〈秋夕〉、李商隱的〈嫦娥〉，就此埋下二十五、六年後，寫出第一篇論李商隱詩、同時也是第一篇詩歌評賞文章：〈從義山〈嫦娥〉詩談起〉（1956）的機緣。時當葉嘉瑩七、八歲。[38]至十一歲，又在伯父指導下，開始學寫詩、聯語，曾習作〈殘月〉一詩。

　　這段「閱讀之經歷」的背景，主要養成了葉嘉瑩兩點詩觀：其一，是對詩歌韻律、節奏美感的重視。蓋其家教除了要求背詩，還要求吟誦，「不能光禿禿的就只是這麼背」，「一定要把這個詩歌的音節、聲律掌握好」。[39]初中時學古文，葉氏也照樣長篇累牘地大聲吟誦，為此，還引起

---

[34] 此先生自用語，見2011年11月9日，《文史參考》雜誌社、清華大學時代論壇主辦之「文史大講堂」於北京清華大學經濟管理學院國際報告廳「我心中的詩詞家國」。

[35] 葉嘉瑩口述，張候萍撰寫：〈少年讀書〉，《紅蕖留夢——葉嘉瑩談詩憶往》，第二章，頁34。

[36] 同前註，頁12、頁38。

[37] 葉嘉瑩：《我的詩詞道路》（臺北：桂冠圖書股份有限公司，2000年），前言，頁32。

[38] 原發表於夏濟安主編：《文學雜誌》第三卷第四期（1957年12月），頁9-16。後收入氏著：《迦陵談詩》（二），頁157-170。

[39] 葉嘉瑩主講：《鏡中人影》（臺北：臺大出版中心，2009年），頁5。

當時租賃於外院南房之許世瑛（1910-1972）先生的注意[40]，促成日後引薦其進入臺大教書。總之，就在潛移默化下，中國古典詩特有的韻律、節奏之美，早已內化、融入葉嘉瑩的血脈裡，成為生命中不可分割的一部份。故當伯父鼓勵她寫詩時，儘管從未受過正式的平仄譜訓練，卻「可以說一句詩出口就自然合乎平仄了。」[41]因為深闇其中奧祕，所以評詩論詞，葉氏總不廢聲律討論，也因此，更能深中肯綮、別具隻眼。猶有進者，葉嘉瑩還努力將其理論化、系統化、現代化，於一九九三年撰〈談古典詩歌中興發感動之特質與吟誦之傳統〉[42]，視此為支撐其「詩歌中興發感動之作用」的重要基礎，並大力推廣詩歌吟誦傳統。種種因緣，即源於幼年的詩歌訓練。

其二，是對詩有一種生命的直覺把握與感受。儘管從小背詩、誦詩，但大多數的時候，葉嘉瑩「對於詩中情意並不見得正了解，只不過是像唱兒歌一樣，隨口唱誦而已。」

至於生活經歷，葉嘉瑩出生第二次直奉戰爭的一九二四年，此後，中國陷入戰亂頻仍之局。這樣的紛擾世變，似乎並沒有對葉氏造成太大的衝擊，因為正如葉氏多次提及的：「我是關起門來在家裡長大的」，家族中「新知識、舊道德」的教育主張，使她十歲前沒有上過新式學校；再加上「喜歡蹈空夢想之性格，重視內心之感受，而忽視外在之現實」，因此，除了除書，「對於外在社會之種種現實生活，幾乎一無所知，對於官場政治有關之事務，則尤為厭惡」[43]，始終過著一種近乎與世隔絕、不問世事的生活。這樣的個性、背景，自然會影響其對文學的認知，以為文學與外在環境無涉，抱持著一種為文學而文學、為藝術而藝術的文學觀。及至一九七零年、四十六歲，仍如此看待文學。那年，葉氏赴美研究王國維，於哈佛燕京圖書館遇臺大歷史系畢業的校友，對方和她「談起文學有沒有階級性的問題」，葉嘉瑩的回答是否定的，認為「文學是超然的，只是藝術方面好壞的問題，沒有政黨和階級之分」。[44]因此，葉氏很長一段時間談詩論詞的文章，幾乎都抽離時代背景，而只就文本、語言文字分析其美感。

---

[40] 葉嘉瑩：〈許詩英先生挽詩〉，《迦陵詩詞稿》，頁117：「舊居猶記城西宅，書聲曾動南鄰客。」

[41] 葉嘉瑩：《我的詩詞道路‧前言》，頁34。

[42] 原發表於《中外文學》第二十一卷第十一期（1993年4月），頁6-41。後收入氏著：《迦陵論詩叢搞》（北京：北京大學出版社，2008年），頁36-74。

[43] 葉嘉瑩：《我的詩詞道路‧前言》，頁22。

[44] 同前註，頁23。

　　此外，葉嘉瑩看似平穩、寧靜的四合院生活裡，其實也仍上演著人世間的悲歡離合。葉氏六、七歲時，父親即因工作的關係，遠住上；一九三七年「七七事變」後，更隨國民政府輾轉南遷，自此斷絕音信。母親則在其甫入大學，即生病猝世，致令她有「本是明珠掌上身，於今憔悴委泥塵」（〈哭母詩〉其六，《迦陵詩詞稿》，頁12）之嘆。凡此，養成葉氏纖細、敏感的個性，也因此，喜歡親近表現這樣特色的文學作品。

　　簡述這段幼年學詩歷程，主要是想呈現此階段的葉嘉瑩如何型塑其古典詩歌的「期待視野」（horizon of expectations），而彼時她對李商隱詩的理解，又是如何建立在這樣的期待視野之上。下文即轉入其對李商隱詩的閱讀、理解。

（二）葉嘉瑩對李商隱詩的接受

　　誠如前文所述，葉嘉瑩與李商隱詩的初次接觸，是透過〈嫦娥〉詩開始的。其間緣由、經過、感受，葉氏於二十五、六年後，撰〈從義山〈嫦娥〉詩談起〉（1956）時，有清楚描述，其言曰：

> 我初讀義山這首嫦娥詩時，年歲不過只有七八歲。當時家人正教我讀唐詩三百首，而唐詩三百首是按詩的體裁編的，……我常無事時，拿著這本唐詩三百首前後翻尋，覓取我自己所喜愛的作品──就是沒有生字難辭，而且讀起來頗為順口的──自選自讀。而義山這首嫦娥詩便是這樣經我自己選讀而背下來的。這首詩，我後來纔知道實在並不容易懂，但當時以我幼稚的眼光來看，則「屏風」、「燭影」、「長河」、「曉星」，既都是我所認是的事物，「嫦娥偷靈藥」而奔月宮，也是我所熟悉的故事。於是我自以為讀懂了這首詩。但當時我所喜愛的，只限於首二句，因為首二句境界之靜美我尚頗可領會。至於後二句，則我以為李義山實在是對嫦娥自作多情，強為解人，未免好事。既已先有此成見，因之當我年長以後讀義山專集時便將這一首詩輕易地忽略了過去，而未嘗一作深思。[45]

---

[45] 葉嘉瑩：〈從義山〈嫦娥〉詩談起〉，《迦陵談詩》（二），頁157-170。

晚年口述回憶，仍主此說：

> 像李商隱的「雲母屏風燭影深，長河漸落曉星沈。嫦娥應悔偷靈
> 藥，碧海青天夜夜心。」我也覺得不錯，唸起來也很好聽，嫦娥、
> 銀河、燭影、屏風這些詞彙也都是我熟悉的，我就背下來，並沒有
> 什麼深的理解，後來也一直沒有理會。[46]

甚至到了大學，再次讀到李商隱〈嫦娥〉時，仍只「覺得這首詩念起來挺
好聽的」[47]。綜言這三段資料可知：彼時的葉嘉瑩，乃是以一種「直感的
體會去學習」李商隱詩，近乎陶淵明所說的：「每有會意」、「不求甚
解」，而這也正是姚斯所主張之初級閱讀的內涵。

　　而這段時間，葉先生對李商隱詩的興趣、閱讀，應該與日俱增，所以
才會於此之際說出「我本談詩重義山」如此老成的話。

　　此外，葉嘉瑩與李商隱的相遇，還有一段彷若與生俱來的宿世前緣。
〈木蘭花慢・詠荷〉小序云：

> 余生於荷月，雙親每呼之為「荷」，遂為乳字焉。稍長，讀義山
> 詩，每誦其「荷葉生時春恨生，荷葉枯時秋恨成」，及「何當百億
> 蓮花上，一一蓮花見佛身」之句，輒為之低迴不已。曾賦五言絕詠
> 荷小詩一首云：「……。」（頁233-234）

序中所提觸發其寫〈詠荷〉的李商隱詩，一為〈暮秋獨遊曲江〉：

> 荷葉生時春恨生，荷葉枯時秋恨成。深知身在情長在，悵望江頭江
> 水聲。

一為〈送臻師〉：

---

[46] 葉嘉瑩口述，張候萍撰寫：〈少年讀書〉，《紅蕖留夢──葉嘉瑩談詩憶往》。

[47] 葉嘉瑩口述，武雲溥、胡元著：〈不能讓詩詞從我這代斷絕〉，《文史參考》2011年第22期，頁
64-67。

昔去靈山非拂席，今來滄海欲求珠。楞伽頂上清涼地，善眼仙人憶
我無。苦海迷途去未因，東方過此幾微塵。何當百億蓮花上，一一
蓮花見佛身。

〈嫦娥〉一詩，《唐詩三百首》曾選錄，葉氏固可因翻閱而接觸到，但
〈暮秋獨遊曲江〉、〈送臻師〉二詩卻是《唐詩三百首》所無、葉氏自行
找尋李商隱詩集而得寓目：

> 我小時候讀了《唐詩三百首》不滿足，就另外找詩集來讀。因為我
> 們家裡藏書很多，家是住在一個很古老的大四合院，南房的三間跟
> 圖書館一樣，統統都是書架，我要看什麼書，就到裡邊亂翻，找到
> 一本喜歡的詩集，就拿到我自己的房間來看。我當時很喜歡李商隱
> 的詩，……所以我就把李商隱的詩拿出來翻，翻到一首與蓮花有關
> 係的詩，題目是〈送臻師〉，……我也不完全懂，……我就只有很
> 幼稚、直覺的感受。[48]

也仍然是出於本能的喜愛。但葉氏就在這樣似懂非懂之間，寫下了一首跟
李商隱對話的詩〈詠蓮〉：

> 植本出蓬瀛，淤泥不染青。如來原是幻，何以渡蒼生。（頁6）

詩寫於一九四〇年夏天，當時葉嘉瑩十六歲。

　　綜上所述可以發現：此時葉嘉瑩提到的李商隱詩，體製都是七言絕
句——這絕非偶然現象，而與其當時對七言絕句之韻律、音響最能掌握有
關。前已述及，葉嘉瑩自幼即養成吟誦的習慣，這使她對詩歌的音律有種
親切、真實的體認，已能分辨出不同體製、不同聲律所帶來的不同審美效
果，她覺得：古體詩的音律不夠美：

> 當時家人正教我讀唐詩三百首，而唐詩三百首是按詩的體裁編的，
> 開首便是五言古詩，當時我對「美服患人指，高明逼神惡」，及

---

48 葉嘉瑩：〈從幾首詩詞談我回國教學的動機與願望〉，《文學與文化》2012年第一期，頁4-18。

「欣欣此生意，自爾為佳節」等哲理，既不能體會，古體詩的音節韻律，似乎也不及近體詩的諧和優美，因此我對家人所教得並不感到滿足。[49]

與此相反，近體詩、尤其是近體詩中的七絕，不但音調鏗鏘、諧美，而且篇幅短小，對當時的她而言，寫作起來駕輕就熟，今《迦陵詩詞稿》中所收其年輕時的作品，也幾乎都是七言絕句。因此，葉嘉瑩也帶著這樣的眼光，掃描了李商隱的七絕詩作。

再就這幾首李商隱詩的外在形式來看，遣詞用字相對淺顯，沒有典故，清新易解，而內在情意表現，則纏綿深曲，一往情深。葉嘉瑩論其初級閱讀納蘭性德詞時，其詞「以其清新流利的風格與悲悽哀婉的情思，給了我一種直覺的美感的深深地打動。」[50]準此，彼時葉嘉瑩所接受的李商隱詩亦屬此類。更擴大來看，「少女情懷總是詩」，荳蔻年華的葉氏，也有其對愛情的憧憬、想像，觀其詩集中的〈擬採蓮曲〉（頁37）可知，而描寫愛情，正是李商隱詩之勝場，恰好滿足了葉嘉瑩的閱讀期待視野。

一九四五年夏，葉嘉瑩大學畢業，先後在北平三所中學教書；同年秋，抗日戰爭結束，舉國歡欣。一九四八年三月，離開北京，南下上海結婚，也曾短暫於南京教書；同年十一月底，即隨丈夫搭海軍「中興輪」抵達臺灣基隆，後赴高雄左營。自此，葉氏平順的讀詩、教書生活，急轉直下。

六、七年後，歷經憂患波折的葉嘉瑩，終於在臺大找到棲身之所。一九五四年先任兼職，隔年即改為專任，展開長達十五年的臺大教學生涯。相對平靜、安穩的生活，使得原本久已無心於詩詞的葉氏，終於再次與詩相遇，這次，尋來的正是李商隱〈嫦娥〉：

> 我偶然為學生們講資治通鑑的淝水之戰，至「獲秦王堅所乘雲母車」一句，忽爾一時因「雲母」二字之觸發，而憶起多年前所讀的「雲母屏風燭影深」一首嫦娥詩。課後返家途中，這首詩便一直在

---

[49] 葉嘉瑩：〈從義山〈嫦娥〉詩談起〉，《迦陵談詩》（二），頁159-170。

[50] 葉嘉瑩：〈論納蘭性德詞——從我對納蘭詞之體認的三個不同階段談起〉，《清詞論叢》，頁147。

我心中徘徊不能去。驀然間，我覺得這首詩我懂了，因為此時我忽
然體味出這首詩後二句的好處所在，而且有了頗真切的感受。[51]

距離當年六、七歲剛接觸此詩，已過了近二十三年，從小因背詩、「以直
感的體會去學習」的期待視野，於焉產生效用。

　　一九五六年夏，葉嘉瑩代替臺大教授鄭騫（1906-1991）至教育部主
辦之詩詞欣賞系列講座演講，會後，為主辦方寫了〈說靜安詞〈浣溪沙〉
一首〉文稿，引起迴響，臺大外文系主編之《文學雜誌》遂向其邀稿，葉
氏乃將新有所得的李商隱〈嫦娥〉感想，化而為文，寫下其「詩之評賞的
第一篇文稿」[52]：〈從李義山〈嫦娥〉詩談起〉（1956），自此開啟了葉
嘉瑩李商隱詩研究的序幕。

　　該文中，葉嘉瑩對李商隱〈嫦娥〉詩提出了一空依傍[53]的新解：

　　　　那天當我在路上默誦義山這首詩時，我忽然極為這首詩中所含蘊的
　　　　一份詩人的悲哀寂寞的心情所感動。[54]

具體分析，葉先生以為，前二句寫的是「現實生活的『身』的寂寞」，而
二句則寫的是「超現實生活的『心』的寂寞」。而當初頗不以為、認為
「李義山實在是對嫦娥自作多情，強為解人，未免好事」的三、四句，則
在「寂寞心」期待視野的觀照下，有了全新的體會：

　　　　「嫦娥應悔偷靈藥」實可視為詩人之自謂。「偷靈藥」者，即是詩
　　　　人所得之高舉遠慕之理想之境界。……這一句中的「應悔」兩個
　　　　字，這兩字說得極真摯，極誠懇，絲毫沒有「自喜」「自得」的意
　　　　謂。……我對義山用「應悔」兩個字的一片沈痛深厚的感情，是覺
　　　　得極為可貴，也極為同情的。最後一句「碧海青天夜夜心」是總寫
　　　　其寂寞的悲哀，寫得極沈痛，也極深刻。碧海無涯，青天罔極，夜

---

[51] 葉嘉瑩：〈從義山〈嫦娥〉詩談起〉，《迦陵談詩》（二），頁160。

[52] 《我的詩詞道路》，〈前言〉，頁42。

[53] 此為葉先生語。葉氏：《我的詩詞道路》（臺北：桂冠圖書股份有限公司，2000年），〈前言〉，頁43。

[54] 原發表於夏濟安主編：《文學雜誌》第三卷第四期（1957年12月），頁9-16。後收入氏著：《迦陵談詩》（二），頁157-170。

夜徘徊於此無涯罔極之碧海青天之間，而竟無可為友，無可為侶，
這真是最大的寂寞，也是最大的悲哀。……結尾著一「心」字，元
遺山論詩絕句有云：「朱絃一拂遺音在，卻是當年寂寞心」，義山
這首詩的「碧海青天夜夜心」之「心」，便真是寂寞心。[55]

這樣的詮釋、閱讀，真是石破天驚！綜覽〈嫦娥〉一詩的接受史，從未有
過這樣的論述。實則這樣的論述，完全籠罩在葉嘉瑩長久以來對古典詩的
期待視野，觀其對「應悔」二字的深入玩味，豈非基植於幼年養成的「對
詩歌韻律、節奏美感的重視」？對於通首詩中寂寞心的體會，又寧非醞釀
自幼年以來視詩為一種「生命的直覺把握與感受」？葉氏云：

> 我這篇小文，則既不想將義山詩作完整具體的介紹，也不想對義山
> 詩作優劣軒輊的批評。我所要寫的，只是我個人因讀義山〈嫦娥〉
> 一首小詩觸發引起的一些感想而已。[56]

正是最好的註腳。

　　而葉嘉瑩這樣前無古人的論述，還不以此為止境，更進而比較了三位
詩人的寂寞心：王國維、王維、李商隱。試將其見解簡化、列表如下：

	王國維	王維	李商隱
由寂寞心所生之果	哲人的悲憫	修道者的自得	純詩人的哀感
境界	有心求而無心得	有心求得	無心求而且無心得
	深陷於此寂寞之中，雖極悲苦，而竟不能自拔。	所以此一境界雖然寂寞，卻頗有點甘而樂之的自喜之情。	
	哲人之想	得道之心	與生俱來的一份深情銳感覺

---

[55] 葉嘉瑩：〈從義山嫦娥詩談起〉，《迦陵談詩》（二），頁162-163。
[56] 同前註，頁157。

對此比較，葉氏仍清楚自覺：「乃全出於自己讀詩時之一點自我的體會和感受，我既未曾對這三位詩人做全面的研討和衡量，也未曾抄襲或依傍任何前人所已有的見解和感受」。[57]一言以蔽之，仍是出於一己主觀之聯想與感受。這樣的接受態度，完全與姚斯所提的初級閱讀理論相符應。

　　此種感性、直覺的理解，在其1958年寫的〈幾首詠花的詩和一些有關詩歌的話〉也留下了痕跡。該文寫作動機，葉氏曾有具體說明：

> 李義山詠蟬詩曾有「一樹碧無情」之句，……此二句頗可與「其葉青青」一句相發明。一個人，尤其一個善感的詩人，當他面對著「一碧無情」的青青綠葉時，自會產生一種悲哀的寂寞的難以述說的微妙的感情。這種觸發，全屬無意的感情的直覺，絲毫沒有理念的思索比較存乎其間。所以「樹」之「碧」可以令人有「無情」之感；「草」之「碧」可以使人有「斷腸」之悲；於是「葉」之「青青」，亦令詩人生出了「不如無生」的哀感，這正是詩人極自然的感觸。[58]

「基本上卻仍是一種『為己』的自抒所感的作品」，和寫〈嫦娥〉一文一樣「投注有自己在經歷憂患之後的一種主觀的感性的情意」。[59]

　　又有〈序夢蝶的「還魂草」〉（1965），係葉嘉瑩應臺大中文系同事張健之邀，為現代詩人周夢蝶詩集所寫的序。此文必較特別的是，葉氏為一傳統詩人，周氏則為現代詩人，看似水火雲泥之別，葉氏卻找到一個共通點：「美之為美，天下有目之所共賞，我對於現代詩中的一些佳作，也極為賞愛。」文中為說明周夢蝶的詩境，葉氏提到「詩人對自己感情的一份處理安排之態度與方法」不同，則「詩人們所表現的境界與風格也各異」，隨後歸納、例舉了幾類重要詩人，也有李商隱，葉先生言曰：

---

[57] 葉嘉瑩：〈略談多年來我對古典詩歌之評賞及感性與知性之結合──《迦陵談詩二集》後敘〉，《迦陵談詩二集》（臺北：東大圖書股份有限公司，1985年），頁61。

[58] 原發表於夏濟安主編：《文學雜誌》第六卷第二期（1959年4月），頁8-22。後收入氏著：《迦陵談詩》（二），頁290-315。

[59] 葉嘉瑩：〈略談多年來我對古典詩歌之評賞及感性與知性之結合──《迦陵談詩二集》後敘〉，《迦陵談詩二集》，頁204。

有著一種從來對悲苦無法奈何的詩人，如「九死其未悔」的屈靈均，「成灰淚始乾」的李商隱，他們固未嘗解脫，也未嘗尋求過解脫，他們對於悲苦只是一味的沈陷和耽溺。[60]

這是葉嘉瑩對李商隱其人、其感情樣態的總體把握。

　　總結以上幾篇文章，所論李商隱詩，葉嘉瑩都慣以「寂寞」來詮釋；不惟如此，葉氏還有〈說杜甫〈贈李白〉詩一首──談李杜之交誼與天才之寂寞〉（1966）一文，從標題上即就清楚得知，所談仍是兩大詩人的「寂寞」。[61]這樣的寂寞心、天才的寂寞心、天才而不被理解的寂寞心，對照葉氏彼時的生活經歷，又何嘗不是其個人生活、心情的寫照？那樣的寂寞心，既是李商隱的，也是葉嘉瑩的。對此，葉氏也是頗為自覺的，嘗言：

　　也許就正因我自己的寂寞悲苦之心情與靜安詞和義山詩有某種暗合之處，因此反而探觸到了他們詩詞中的一些真正的感發之本質，也未可知。

綜言之，葉氏是將自己當時的身心感受，投射向李商隱，因而賦予了嫦娥、蟬以寂寞的心情，也就開放了這些詩歌文本的詮釋「潛能」。

三、小結

　　「葉嘉瑩先生是當代講授古典詩詞，最富盛名，成就最高、影響力也最廣的學者。」[62]其一生的學術事業，奠基於北京，開啟、發揚於臺灣，在臺灣大學任教達十五年之久，春風化雨，衣披數代人，影響力至今不輟，允為中國學術「北學南移」的代表性人物。

---

[60] 原發表於《文星》第十六卷第三期（1965年6月），頁65-66。後收入氏著：《迦陵談詩》（二），頁284-289，改題為〈序「還魂草」〉。

[61] 原發表於《現代文學》第28期（1966年5月），頁1-17。後收入氏著：《迦陵談詩》（一）（臺北：三民書局股份有限公司，1991年），頁129-155。

[62] 拙文：〈簡介葉嘉瑩先生《照花前後鏡──詞之美感特質的形成與演進》〉，國立中興大學文學院電子報《鹿鳴》創刊期（2008年4月）。網址：http://www.deer.nchu.edu.tw/nchu-epaper/?p=92。

　　基於此，本文乃常試探究其李商隱詩學，描述其閱讀李商隱詩三次視野轉變之初級：「審美、感覺的閱讀」，期能抉幽闡微，清楚呈現葉氏李商隱詩學與其個人、乃至於整個時代的互動。至於葉氏苦心孤意、慧心獨具為古典詩詞所拈出的「興發感動」力量，則如拙文〈簡介葉嘉瑩先生《照花前後鏡──詞之美感特質的形成與演進》〉所言，「已化身千萬，充溢於全書的字裡行間，遺其形而得其神矣！」[63]故不具論。

────────
[63] 同前註。

第十三章　南流臺灣的鄒文海景蘇先生

珠海學院文學院
胡春惠

一、前言

　　梁啟超、孫中山同處於十九世紀末二十世紀初之中國，二人同是中國政治的推盤手與開拓者。中國在他們的撥弄下，曾有過翻天覆地之變化。他們對於近代中國政局之影響，也頗像《水滸傳》中的洪太尉那樣，一旦將上清宮鎮魔的石碣移開，將那股沖天黑氣放了出來，化成了一百零八位英雄好漢。當這些好漢在中國大地上動刀動槍動炮的時候，那位洪太尉固然是提心吊膽後悔不迭，而晚年的梁啟超（1873-1929）也只能夠躲在家裡，無奈地告訴令嫻女兒：「生當亂世，要吃得苦……以後日子也許要比現在加多少倍」，「若風聲緊，我便先回天津，……京將有大劫臨頭，但天津之遭劫，總會稍遲稍輕，……在津寓或可稍安。」[1]梁啟超對於中國內戰，固然已像洪太尉般無可奈何，但是他至少還有天津的洋人租界可躲。而一般百姓在兵荒馬亂中，便不免要遭受池魚之殃了。此不正如1927年湖南名學者葉德輝被革命的農民協會所殺後，胡適之（1891-1962）在「悼葉德輝」詩中所說的：「三十年來是與非，一樣殺人來翼教」[2]嗎？特別是緊接八年抗戰勝利不久的1945年之後，野獸般的日本鬼子剛走，緊接著便有四年多中國人自己的國共內戰，又使成千上萬的中國人，不得不拋妻離子再度走向流亡之途。手無縛雞之力，不會造反，適應能力又差的知識份子秀才們，不少人只好選擇了南流。特別是在國、共交替之際，中華大地

---

[1] 丁文江：《梁任公年譜長編初稿》（台北：世界書局，1956年），頁732。

[2] 引自「湖南大學」胡適演講詞條（見網址：baik.baidu.com/p/483662671）。

一片嘶殺之聲，不少知識分子，只得像大樹崩倒中的花果般，隨風飄零，有的遠渡重洋，托蔭英、美，有的南下星馬，避難南洋，多數無錢無力者群湧向港澳及台灣，在山非山、水非水之他人墙角下，沾泥分潤，求得立足之地，托蔭避日，冀得滋生[3]。本文論及的鄒文海景蘇先生（1908.2-1970.1），正是這些南流人潮中的一位苦難學人。

二、鄒文海先生的生平

鄒文海教授，因為自幼欽佩宋代的蘇軾，所以取字景蘇，他是江蘇無錫梅裡人。梅裡鄉文風特盛，係全中國唯一有「鄉志」之鄉。景蘇先生生父為前清秀才，因伯母早寡無子，以先生為嗣。自幼受兩位太夫人垂愛，能受良好之培育。1920年送入原為明代東林書院之東林小學，因成績優異畢業後被選入江陰之南菁中學，與錢鍾書同窗共讀，相互標榜[4]，並由校長親授英文，該校學生英文均在水準之上。後先生考入清華大學政治系，因同舍關係又與羅香林先生同室共硯。1930年先生清華畢業，因受系主任浦薛鳳（1900-1997）教授等器重，被留校任教學助教，負責為教授搜集教材並評改學生考卷。助教六年期間，先生在圖書館前後閱讀了近400本西文典籍[5]，而先生家中藏書又豐，擁有四庫備要等珍藏，強化了先生中學、西學的紮實基礎。

1935年鄒先生被清華大學公費送往英國留學，選擇入倫敦政治經濟學院，師從舉世聞名的政治學大師拉斯基（Harold J.Laski，1893-1950）、及懷納（Herman Finer，1898-1969），攻西洋政治思想史及各國政治制度，終成為中國四十年代有名的政治學教授。

先生學成歸國後，先在上海擔任短時間的滬清中學校長，不久便被聘為江蘇學院政治系主任。1937年暑假日軍大規模侵華，國家面臨危急存亡之秋，抗戰大後方需才孔急，先生應江西中正大學之請，經福建繞道前往，後被廈門大學薩本棟校長（1902-1949）強行留在長汀（廈大於抗戰後遷往閩西山城）任教。在廈大任教兩年後，因日軍日益攻擾，再應國

---

[3] 唐君毅：《說中華民族之花果飄零》（台北：三民書局，1977年），頁1-27。

[4] 顧立三：〈敬悼景師〉，載國立政治大學政治學系編：《鄒文海先生逝世三十年紀念文集》（台北：國立政治大學政治學系，1999年）。

[5] 趙賡揚：〈念才德兼備的鄒景蘇兄〉，《清華校友通訊》新31期，台北出版。

立湖南大學皮宗石（1887-1967）校長之請，間關奔赴湖南大學任教，直到抗戰勝利，在全國復員聲中，先生急於返回上海，半途又被廈門大學薩本棟校長一再請求，留在廈大為法學院學生主講政治學。此後國立暨南大學已復員遷回上海，為了協助李震東（名壽雍，字震東，1902-1984）校長辦好暨大，鄒先生再回滬濱，出任暨南大學法學院院長兼教務長，先生仍把學術重心放在政治學系上。原因是先生認為中國之現代化之重要目標是政治之民主化，政治民主化之重要癥結，乃在為社會先行培養民主之苗種。

　　然而此時，舉國雖然高唱民主，輿論也強烈要求國民政府應立即還政於民，而中國國民黨也在召開全國國民代表大會，制定憲法準備實行憲政。但是國共之間鬥爭已白熱化，各地學潮風起雲湧。學生運動也在上海暨南大學出現，部份激進學生有見於先生乃暨大之台柱教授，是暨大之穩定力量所在。部分學生為了打倒鄒先生此一學術權威的形象，決定由經濟學會學生社團之名，堅決要求先生就經濟學專業作一次學術報告，否則便不配當法學院院長。他們私下準備了幾道難題，好使先生受困。不料先生除政治學之外，於旁及其他歷史、社會、法律、經濟學領域本就甚廣。所以先生乃以十分恬淡輕鬆之言辭，將經濟學與政治、社會甚而國家之關係作一深刻之剖析，在有問必答的情況下，最終以熱烈的掌聲結束，反而贏得了更多非政治系學生的敬重[6]。這正印證了英儒羅素（Bertrand Russell，1872-1970）所說，知識的本身也存儲著極大力量，也是一種權威所在。

三、鄒先生南漂臺灣的過程

　　受到暨大學生風潮的影響，鄒先生知道在國共爭奪中，上海各大學校園中已日非學術淨土，先生開始有孔子乘桴浮於海的想法。不久國共戰爭已接近江南，鄒先生乃命夫人畢惠芳女士回往故鄉，變賣土地籌措南下盤纏，不意此際江陰發生軍變，路途隔絕，無錫已是一片風聲鶴唳兵荒馬亂，道路不通，接著共軍已逼近滬郊，人心惶惶之下，先生祇得攜帶正在上海讀書的長女，搶搭軍船南渡台灣基隆。

---

[6]　胡開誠：〈先師鄒文海先生逝世三十周年紀念〉，《鄒文海先生逝世三十年紀念文集》（台北：國立政治大學政治學系，1999年）。

　　從1948年春到1949冬，大陸各地湧入臺灣的逃難人數，將近兩百萬之眾。整個臺灣呈現出人浮於事的狀態，不少大學教授祇得到中小學找工作。所以先生抵台初期，也祇能在彰化與花蓮蟄居[7]，直到臺灣省立行政專科學校成立，先生才又回到大專學校的教授位子上來。

　　1954年暑假，國立政治大學奉准在臺北南郊復校，陳大齊百年先生（1886-1983）及浦薛鳳先生分任校長及教務長，先生應邀到政大任副教務長，輔佐二公籌措建校工作，並在政治研究所講授各國政府與政治。翌年大學部正式招生，先生開始兼任政治系系主任，常訓勉入學新生在大一時務必將中英文底子弄好，才能為未來進一步做學問創條件。之後隨著學校規模擴大，先生先後擔任了教務長、法學院院長及政治研究所所長，其中特別在晚年政治研究所所長任上，先生與研究生們早夕相處，坐而論道，有較多的空間將先生的學術思想傳承下來[8]。可惜天不假年，在群醫束手情況下，先生竟於1970年元月五日在臺北棄世。一代學人從此長逝，此豈政治大學研究所師生之損失哉。

四、先生之學術與恕道精神

　　1937年，先生自英倫歸來不久，便有一部《自由與權力》專著由上海中華書局印行。此書除受拉斯基及羅素理念之影響外，應代表了先生青壯年時代的主要思想。因為個人與群體、人民與國家政府之間，主要就是自由與權力如何調適的問題。但由於對日抗戰不久就在上海全面爆發，此書發行並不廣泛，不過還是引起學界相關人士的重視。

　　先生南流臺灣之後，生活相對穩定。在傳道授業教課之餘，乃重拾筆桿，在參考資料圖書不足情況下，僅憑博學及超人的記憶力，完成了《代議政治》一書，交由中華文化出版事業委員出版。該書以淺顯的文字，來說明西方文明中代議政治發展的過程，透露出代議制度雖不若直接民權更為民主，但仍是人類追求完美民主化過程中，於多數決較為可取的方式，特別是對於人口眾多幅員遼闊的社會為然。《政治學》乃是先生在臺灣的第二本著作，此書出版之目的，在於提供政治系、外交系、公共行政系及

[7]　趙廣揚：〈念才德兼備的鄒景蘇兄〉。

[8]　金耀基：〈我的老師鄒文海教授〉，《第七屆政大校友世界嘉年華會紀念特刊》（台北，2011年10月）。

法律系大一新生對政治學的基礎概念。出版之後，因文字淺顯系統完整，一時洛陽紙貴，被各圖書館及鄉鎮之民眾服務社購作開發民智之叢書。所以對於臺灣政治之民主化，此書助益不少。

先生自早便入清華大學修習政治，而先生也鼓勵學生從事政治工作，但先生本身卻從不從政，除偶到政府之憲政研討會對民意代表公開發表憲政意見之外，先生堅守教育崗位。在學校上課之外，便是著書立說。1957年起先生先後在政大與臺灣大學開設過西洋政治思想史、政黨政治、各國政府與政治、比較憲法等課程。應學生之要求，次第又完成了由正中書局出版的《各國政府與政治》，及由三民書局印行的《比較憲法》。此外，還有由門生為先生六十華誕祝壽慶祝會印行的《鄒文海先生政治科學論文集》等。至於學界公認先生最拿手、最精彩，也涉及最深的「西洋政治思想史」一書，則因先生晚年長期受癌症糾纏，在痛楚中遲遲未能完成，先生逝世後才由先生最得意的學生朱堅章教授，根據先生生前講課內容整理補充，以《西洋政治思想史稿》付印，而諸書之版稅則用作對日後學生之獎學金。

先生富正義感，但卻勇於恕人，一生從不肯單方面說誰不對。為人為學，總是虛懷若谷，多為他人著想，甚而包括玩橋牌打麻將在內，輸了從不抱怨partner，贏了卻會故意放牌給輸者，以慰撫其低沉情緒。一生中即使有人曾對先生作過極不利的事，他卻常以「誤會了」三字輕輕帶過[9]。先生日常行為常常如此，而在學術思想文章中卻也常持此一恕道立場。例如他在講評英國之內閣制度時，便大加讚譽英國內閣舉閣一致的磋商；而介紹美國兩院制時，則標榜其各州能相互妥協的精神。蓋民主政治雖取決於多數決，但卻不要出現以眾暴寡的局面，給迫害者以反迫害，因為少數委屈者的存在，也絕不是公道社會所能漠視的。鄒先生雖主研西洋思想，但其絕不忽視中國國粹。他的「人格世界」，基本上是「中國的」，但他的「學術世界」則似乎是「西方的」，他飽覽中西典籍，他的書不但讀得廣，而且讀得深；不但讀得深，而且讀得活，因此出現景師手下的文章總是有廣度、有深度，並且真正成為他自己[10]。其學術堪稱具中西合璧之美，在其一篇「論恕道與民主」的文章中先生就說：

恕是我國儒家基本的做人功夫，而恕之意義，與民主的精神極為相合。個人能真正盡到恕道，則其人決不至於有違於民主的作風。因為這個

---

[9]　趙廣揚：〈念才德兼備的鄒景蘇兄〉。
[10]　金耀基：〈我的老師鄒文海教授〉。

關係，我國古時雖無民主制度，但不少人有民主風度，故君臣之間、士庶之間，凡能實現恕道者皆不至於以欺壓為事。反觀當代有的國家行選舉、設議會，表面上有一套民主制度，甚至還自稱為新民主主義，然其所提倡的哲學為鬥爭，為予迫害者以反迫害，處處以不恕為尚，故黨的首腦與首腦之間、領袖與徒眾之間、政黨與民眾之間，無不流行著殘賊陰狠的行為，這個強烈的對照，使我們發現恕道的作用，可以使無民主制度者猶可沖淡其專制的色彩；有民主形式而不能行恕道者，民主的精神依舊無從發揮。是則選舉與議會等制度，不過是民主之軀殼，而恕道實為民主之精神，欲追求祥和合作者，誠不能不講求恕道。[11]

在學術思想中，先生一再宣導恕道的深層意涵。他說人類近代民主理論宗師洛克（John Locke，1623-1704），便是以恕道立場來檢討人類認知之根本，用以論證思想意見的自由與寬容，是免於愚昧無知，來增進知識的條件的[12]。

接受不同的意見，正是我們遠離愚蠢增進真知的至佳途徑[13]。所以先生多次告訴我們：民主政治是不推崇「超人」的，所以柏拉圖（公元前427-前347）的哲學家皇帝，似乎在追求公道與正義而卻反趨向專制。這就是超人不懂恕道，不會體會下階層庶民立場的缺失。

五、學界對一代名師的懷念

對於鄒先生因癌症去世，大家均是不捨的。而群聚殯儀館靈堂的一眾門生更是哭紅了眼眶，原因是他們失去了一位再也找不到的這樣的名師。誠如先生治喪會所書先生事略中所言：

> 世人皆以立德、立功、立言為三不朽，先生之德，霽月光風；先生之功，時雨春風；先生之言藹然仁風。嗚乎先生，固可以風世而不朽也。[14]

[11] 鄒文海：〈論恕道與民主〉，《鄒文海先生政治科學文集》（台北：鄒文海先生六十華誕受業學生慶祝會，1967年）。

[12] 朱堅章：〈景師學術上的恕道精神〉，《憲政思潮》第10期（1970年）。

[13] 同前註。

[14] 引自《鄒文海先生事略》（台北：鄒文海先生治喪會，1970年）。

　　先生之被認為是難得的名師大師，蜚聲在外甚早，如在抗日戰爭期間畢業於湖南大學的老學生黃君曾說：「鄒老師上課，就常一包煙，兩支粉筆，邊抽煙邊講課，間或在黑板上寫兩個生詞。他以重要思想家為驛站一站一站前進。對每位思想家思想源頭、思想體系、思想影響，講的脈絡清澈，一線穿珠，又照顧到同時其他思想家的關聯分野，比照貫通。進而深入到背景，剖析當時的社會、經濟、民族、宗教等因素的影響，讓人領會思想不是憑空冒出來的。總之他是既博又精又通，又有高度組織與驅使語言的藝術，兩堂課……把筆記複閱一遍，就是一篇不須修改的學術論文。聽梅蘭芳的戲、楊大鈞的琵琶是一大享受，聽先生的課，我以為也是一種享受，享受之外，更有教益。」[15]而當年上海暨南大學的逸君日記中也記到「聽鄒先生的課，像是上了癮，一分鐘也不能遲到」[16]。聽先生的課，如坐春風，所以慕名而來旁聽的人也不少。1945年廈門大學的一位同學，在講起他們大學最有名的教授鄒文海教授時，便說鄒先生演講時，大禮堂門窗都擠破了。可知先生受人之愛戴推崇，不是一時一處之偶然[17]。

　　如此以傳道授業為終身職志的名學人，他在1949年北上或南下的選擇上，確是冒著風險的。然而鄒先生決心南下的果斷，卻使臺灣的學子們有福氣能直接承師恩受教澤。如在臺灣大學法律系的沈君，當時便對同班同學說：「此時此地，我們還能受一代宗師的教誨，真是機運。」[18]的確，這是臺灣學子的機運，也是臺灣社會科學界的機運。但進一步說，這又何嘗不是中華民族的機運呢？因為我們追本溯源，文海先生等早在近一世紀前後，即進入水木清華攻讀政治學系，其目的何在？俟先生自英倫返國後，更投身教育，苦口婆心地培養後進，無非是在能為黃炎子孫，創建一個人人平等、人人自由幸福的國度及家園。

---

[15] 黃粹涵：〈一位老門生的遙祭〉，《鄒文海先生逝世三十年紀念文集》（台北：國立政治大學政治學系，1999年）。

[16] 逸扶東：〈鄒師不朽〉，《憲政思潮》第10期（1970年）。

[17] 孫以繡：〈哭鄒師〉，台北《中央日報》第9版，1970年1月2日。

[18] 陳寬強：〈我為何要考政研所〉，《鄒文海先生逝世三十年紀念文集》（台北：國立政治大學政治學系，1999年）。

第十四章　融貫耶儒，交匯中西的教育思想與實踐：以何世明法政牧師[1]的文化教育事工為例

聖公會鄧肇堅中學

張文偉

　　今日的香港是一個多元化的社會，雖居民以華人為主，但經歷英國長達一百五十多年之殖民統治，在文化上，制度上都深受英國影響，黃宗智教授曾於《現代中國》（Modern China）學刊中發表《現代中國與中國研究中之二元文化性》（Biculturality in Modern China and in Chinese Studies）指出了香港是體現這一種跨文化處境之佼佼者[2]，而黃文江之《跨文化視野下的近代中國基督教史論集》一書中更引伸黃宗智之見，指出教育是表現香港這一種二元文化性的三大面向之首。[3]香港近百年來之教育，不論是課程，學制，甚至是辦學機構，均多與英國有關係，其中，現在香港第二大之辦學團體——聖公會——便是英國的國教會。1849年其於香港建立聖保羅書院為在港辦學之始，至今，轄下共有中學三十四所，小學五十七所，一所特殊學校與四十四所幼稚園。[4]聖公會中不少神職人員與平信徒均對香港教育界有極大之貢獻，如黃羨雲法政牧師曾任教於九龍真光

---

[1] 法政牧師即是領有法政（Canon）銜頭之牧師，聖公會傳統中主教座堂（cathedral）之牧師會被座堂議會委任為法政，與座堂主任（Dean）共商與座堂相關之崇拜、牧民、教導及管理之工作，但亦有不需於座堂工作之法政牧師，法政在此成為了對教會有功者之人的榮譽，本文之主角何世明法政牧師與後文提及之黃羨雲法政牧師皆為聖公會港澳教區聖約翰座堂之名譽法政牧師。〈正解座堂主任及法政〉，《靈西集》第45期（2011年9月），頁8。

[2] Philip C.C.Huang, "Biculturality IN Modern China and in Chinese Studies" *Modern China*,26:1 (Jan. 2000).

[3] 黃文江：《跨文化視野下的近代中國基督教史論集》（台北：宇宙光，2007年），頁12。

[4] 夏永豪：〈聖公會教育的回顧與展望〉，載黎敏編：《香港聖公會教省成立十周年紀念特刊》（香港：香港聖公會教省辦事處，2008年），頁103。

中學，又先後出任聖多馬小學及約榮小學之校長及聖公宗小學監理委員會副主席兼主教代表[5]；陳佐才法政牧師於崇基神學組任教多年，更曾任該組主任。[6]而平信徒則有沈宣仁教授曾任香港中文大學文學院長，崇基學院院長等。[7]可見，聖公會及其聖品人[8]、信眾均對香港教育貢獻極大。

　　何世明法政牧師亦是其中一員，何法政牧師生於一九一一年生於廣東順德大良，一九九六年於香港去世，其貢獻是多方面的，包含教會中之牧養與教導，融貫神學之探討與學校教育工作；然而，對何法政牧師之研究主要習中於其對國學化的神學[9]之研究，或言其對香港聖公會發展之貢獻，而其中對何法政牧師之生平事跡有較深入探討之著作，當是李志剛牧師與馮達文教授所編之《思想文化的傳承與開拓》一書，此書源起於廣州中山大學比較宗教研究所開設之《何世明博士文化講座》，此講座目的在於繼承何法政牧師之志——促進基督教思想與中國傳統思想文化之對話和交匯。[10]而且，1992年。何法政牧師亦因其學術上之貢獻而得美國杜威聯合大學頒授榮譽人文學博士學位。[11]但是，何法政牧師一生從事長達五十二年之教育工作卻未受研究者之重視，尚未有就其教育思想與實踐工作有關之研究，故本文將就此作一初步的探討。

　　何世明法政牧師由年少起已接受了跨文化的教育，何牧師之父母是基督徒，更是中華基督教會大良堂之值理與執事，其極重視家庭宗教教育，何牧師之父母自其年幼時已在床邊及吃飯時與他分享聖經故事，一同與他背誦禱文，並訓練他於家中主持崇拜及教導他登台講道。[12]而且何氏最初進入之學校是教會之主日學美德學校，當中學習基礎之共和國國文、算術與修身，後又進入了順德縣立高等小學，接受了正式的現代學校教育，其中他曾參與童子軍，擔任學校之號角手，參與每天國旗升降禮，由此而得到了愛國教育。[13]其後又轉至廣州就學，先後入讀培英學校及培正中學。

---

[5]　〈黃羡雲法政牧師生平簡歷〉，《教聲》1997年8月3日。

[6]　江大惠編：《亞洲宣教神學》（香港：基督教文藝出版社，2010年），頁234。

[7]　范晉豪：《Faith一般的信：寄天國的生命師傅》（香港：突破出版社，2010年），頁19-21。

[8]　聖品人是聖公會對神職人員的稱呼，聖品人分為三級：以主教為最高，牧師次之，會吏又次之。

[9]　亦有稱之為神學化的國學或融貫神學。

[10]　李志剛：〈何世明博士思想的傳承與開拓〉，載李志剛，馮達文編：《思想文化的傳承與開拓：何世明博士文化講座》（成都：巴蜀書社，2002年）。

[11]　同前註，頁8。

[12]　何世明：《生命的四重奏》（香港：基督教文藝出版社，1982年），頁15-16。

[13]　同前註，頁17。

可知何牧師中小學之教育主要是基督教教育。但何牧師所受之教育卻從未忽視中國傳統之儒學教育，他曾就學於書塾，師從大儒羅淡菴先生，學習中國儒家經典，繼有《四書》：《論語》、《大學》、《中庸》及《孟子》，另亦學習過《詩經》與《左傳》等，為何牧師打下了國學基礎亦影響他日後之教育與神學思想。[14]中學畢業後，何牧師先於上海僑務局工作，其後再先後在新會之鄉村小學與惠陽之鄉村中學任教，先在社會工作了三年而後再考入廣州國立中山大學英文系接受自由的教育。[15]何牧師既在基督教教育之氣氛下成長，又學習儒家經典，又曾在自由之環境下接受了高等教育，這為他融貫耶儒，交匯中西之教育思想與實踐奠下了根基。

　　由於香港經歷了英國長達一百五十多年之殖民統治，漸漸地發展出一種重英輕中的情況。正如蔡寶瓊教授談到了他成長的經歷便是在這一種重英輕中之環境之中，她說：

> 我自小學唸英文學校，進入香港大學仍然是接受英語教育……入了大學，學習經驗有些改變……不過，在語文方面，我的學習經驗跟以前沒有兩樣，因為港大的教學語言還是英語：例如在一個師生同是華人的課堂裡，一整個學期「中國社會」課程，無論講課或小組導修，我們都是用英語對答，參考資料也以英文著作為主，期終論文及考試當然也以英文作答。用外語思考切身的處境和問題，很難想像是沒有隔膜的。[16]

而且，蔡教授在生活與參與學術研討會時也時有發現這樣英語霸權。[17]這一現象在何世明法政牧師擔任青年會中學時更為明顯，1961年，青年會中學成立之初便被教育當局編入中文中學之列，何牧師也深知中文中學為當時社會大眾之唾棄，但何牧師卻致力在青年會中學營造一個中英雙語並重之環境，何牧師認為：

---

[14] 何世明：《生命的四重奏》，頁17。
[15] 李志剛：〈何世明博士思想的傳承與開拓〉，《思想文化的傳承與開拓：何世明博士文化講座》，頁7。
[16] 蔡寶瓊：《我很蠢，但我教書》（香港：進一步多媒體有限公司，2007年），頁53-54。
[17] 同前註，頁55。

依照當年的香港學制，中等教育有所謂英文中學與中文中學。分別以英文或中文為第一主要的教學語言；又分別使用以英文與中文寫作的課本。對於這一學制，我個人自始至終都不以為然。若是辦理的是國際性的學校，那是另一問題；但是專為教育華裔子弟而開設的學校，為甚麼偏要以英文為第一語言，而對於作為自己民族的中文母語，卻反而要視之為可有可無，甚或加以輕視與蔑視呢？但從較現實的角度說，英文的確是較具世界性的國際語言。而香港又是國際性的城市，所以無論工商事業、學校研討、文化交流、以至國際上的往來交際，都非要使用英國語文不可。然而中國人注重自己的中國語文，卻是天經地義之事。數典固未可忘祖，因噎亦不必廢食。若是徒然為了功利的原因，把原屬自己民族本身的母語置於慘被鄙棄之境地，總是非常不合理的。[18]

因此，何牧師在創辦青年會中學之初便編訂其獨特之課程，如中一、二時多用英文，中三時則中英文教授之課程各半，中四、五時因為了應付中文中學會考而主要以中文授課。[19]

不但是中國語文，在香港，作為中國主流文化之儒學，重視者亦不多，正如作為中國文化在香港最具代表性之高等教育機構——新亞書院——在其校刊之創刊號談及新亞文化講座時，便有如此說法：

> 香港向為商業社會，文化空氣比較稀薄，然一九四九年起，國內智識分子先後來港者眾，其中多社會各階層之中堅分子，對思想與知識的要求，且較一般青年為急切。新亞書院為適應此需要，擴大教育工作，從學校到社會，特在九龍桂林街開設一自由的學術文化講座，邀請各方面專家，作有系統的學術講演，每週一次，歡迎各界熱心人士聽講，所講範圍，涉及整個人文及社會科學各部門。[20]

---

[18] 何世明：《基督教教育經驗談》（香港：基督教文藝出版社，1987年），頁92。

[19] 同前註，頁89。

[20] 周愛靈著，羅美嫻譯：《花果飄零：冷靜時期殖民地的新亞書院》（香港：商務印書館，2010年），頁47。

新儒家學者們致力在民間推動中國文化，但此中亦有鼓勵儒家文化思想與
基督教融會者，如牟宗三教授雖曾有「不希望一個真正的中國人，真正替
中國作主的炎黃子孫相信基督教」之言論，但牟先生更重視的卻是提倡信
仰自由而非反對基督教，更嘗表達對基督教之尊重與欣賞，冀此兩大文化
能交通而不失其本性。[21]何法政牧師曾擔任新亞書院之校董及校務委員[22]，
更在教育上推動儒學與基督教之融貫，謝扶雅教授曾云：

> 我們不必躭心中國思想將會拒絕或貶低基督教，將會破壞或說走基
> 督教的正統信仰。反之，耶穌必要成全中國「人中心」的文化乃
> 至「人天交互」的觀念。祂必要於「道路」之外，豐富中國思想的
> 「真理」，賜給中國民族以永活的「生命」。[23]

何牧師亦認同基督教思想可以成全中國文化，他在〈基督化的儒家教育〉
一文中曾說：

> 以神為本的教育，是基督教對教育最重要的主張。然而以神為本，
> 並不忽視人的價值，更不會貶低人的地位。反之，卻使人的價值
> 更珍貴；人的地位更崇高。以神為本的教育，也並不「廢掉」儒家
> 教育的傳統，無視儒家教育的精義。反之，是要使儒家教育的傳統
> 更充實，又使儒家教育的精義更發揚。因為耶穌基督說：「莫想我
> 來要廢掉律法和先知，我來不是要廢掉，乃是要成全。」（太五：
> 17）[24]

何牧師認儒家教育重在教與學，而基督教則重在傳道與聽道，儒家重在人
學而基督教則人神並重，基督教能成全中國文化就是在於使中國文化重視
神之存在。[25]而且，儒家重視以禮樂為教化，何牧師亦重視此兩者：

---

[21] 牟宗三：《生命的學問》（台北：三民書局，1978年），頁82。

[22] 何世明：《基督化教育經驗談》，頁102。

[23] 謝扶雅：《基督教與中國思想》（香港：基督教文藝出版社，1980年），頁64。

[24] 何世明：《匯文集》（香港：基督教文藝出版社，1993年），頁43-44。

[25] 何世明：《基督教與中國倫理》（香港：基督教文藝出版社，1987年），頁136。

> 除宗教外，青中更特別注重學生的課外活動，特別在音樂方面，用
> 力最多。我之看重音樂，不因其為藝術之一，卻以之作為培養品
> 德的良好工具。我非常嚮往孔子所主張的「興於詩、立於樂、成於
> 禮」的教育理想…建立公平善意的適合於「禮」的制度，但我仍以
> 為一種和諧美好的「樂」的氣氛，卻最為重要。[26]

樂體現在音樂教育，禮則體現在訓導，輔導與宗教教育；何牧師擔任青年
會中學校長期間，便極重音樂教育，全校各級皆有音樂課之設，又舉辦古
典音樂唱片欣賞與邀請著名音樂家到校交流表演，而且每年夏天均動員全
校師生於大會堂舉行音樂會，又參與教育司署舉辦之音樂節，其中之木笛
隊便曾連續十五年獲全港冠軍，何牧師曾說：

> 青中之提倡音樂，有幾項主要原則：第一是道德化。凡意識不健全
> 的狂人音樂，下流歌曲，一律摒棄。第二是普及化。一切訓練，
> 以普及全校為主，並不單以造就一二出色人才為目的。第三是多樣
> 化。[27]

此外，何牧師亦能籍其對吹奏小號之熟悉而能與學生一同參與樂隊，與學
生打成一片，加以關心和欣賞。[28]

　　禮則主要體現於宗教教育中，何牧師既是校長亦是牧者，而且，青
年會中學是一所基督教背景之中學，故何牧師擔任校長時便訂定全校各班
均有三次早會崇拜，師生均必需出席，為此何牧師於該校禮堂按聖公會禮
儀陳設了一座聖壇，崇拜時師生均需面向聖壇以示尊重，又編《中華基督
教青年會詩歌禱文選》一書於崇拜中使用，崇拜中有唱詩、讀經與禱告，
亦有講道，初多由何牧師自己負責，所講的都多與校務與生活相關，後亦
有由其他老師負責，甚或邀請其他牧師學者擔任講員，縱於考試時期時間
緊迫，何牧師亦透過學校廣播系統，在考試前先作簡短之禱告靈修，而且
又在聖誕節與復活節舉行崇拜，並於學校設置小聖堂供學生與教職員靜思
靈修並每周舉行聖餐崇拜一次，以基督教禮儀融入學校生活中為宗教教

---

[26] 何世明：《生命的四重奏》，頁76。

[27] 何世明：《基督化教育經驗談》，頁85-86。

[28] 同前註，頁87-88。

育。[29]而且，何牧師對於訓導與輔導亦與基督教信仰拉上密切關係，其於〈訓導的總綱〉中指出訓導不是只懲罰學生，而是訓練指導，先積極勸人為善而後才是消極地抵制行惡者，而懲罰則當要公義仁慈俱備。[30]輔導方面，亦有極濃厚之基督教信仰氣息，如透過退修營會，不但有聖餐崇拜，研討會，專題講座及個人靈修之活動，營會中師生同儕共同生活，可以互相分享交流，加深了解，亦可籍此就各問題與以輔導。[31]何牧師在從青年會中學退休後仍關心香港的教育，一九八二年十月中文大學教育學院便應邀出席品德教育研討會，擔任講員，發表了〈學生問題的處理方法〉之專題演說，他主要從積極預防之面向談，指出學校應有明確之教育目標與理想，而學校之集會中當加以宣示解釋，使全校師生均能知所實踐，此外，何牧師又援引孔子與杜威之說，鼓勵師生多接觸，老師可通過日常生活言傳身教，學生可因之耳濡目染，從中學習。[32]

　　而且，香港是一個極受效益主義影響之地方，教育亦受這一方面之影響，僅有「用」之價值，五育之中受重視者僅偏重教授智識之智育，而更重要的是為工商業培育合用的精英。而其中這一種填鴨式教育之核心便是應付考試。[33]雖然，教育只為應試是絕不可取，何法政牧師亦認為：

> 教育的目的當然不能只在於求取考試的成績。尤其在特別著重公共考試的香港，會考成績的優劣成敗，在在影響學生此後升學與就業之前途，所以更非特別留意不可。可是過於著重考試成績，也會產生很大毛病：其中最易發生的，便是學生把智識的範圍，只局限於會考的課程之內，而且會徒重記憶而忽略思考，由是便會陷入「讀死書」與「死讀書」的死胡同，變成了食古不化，學而不思的書獃子。[34]

[29] 何世明：《基督化教育經驗談》，頁71-74；何世明，《生命的四重奏》，頁74-75；何世明：《十六載愉快時光》（香港：基督教文藝出版社，1982年），頁18-19。

[30] 何世明：《基督化教育經驗談》，頁75-76。

[31] 同前註，頁87-88。

[32] 何世明：〈學生問題的處理方法〉，載胡志洪編：《德育：知易行難？德育研討會紀念特刊》（香港：香港中文大學教育學院，1982年），頁30-32。

[33] 劉國強：〈論價值教育與香港教育改革──一個建基於哲學與文化的反省〉，《廿一世紀教育藍圖？：香港特區教育改革議論》（香港：中文大學出版社：香港教育研究所，2006年），頁56-57。

[34] 何世明：《十六載愉快時光》，頁22。

為此何牧師便注意在校內推動課外閱讀與課外活動，尤其是致力於推動課外閱讀，在各班之課室中置圖書櫃便學生按各自程度與興趣自行選擇合適之讀物。[35]

當何世明法政牧師從青年會中學校長之職位退休，該校之校刊《青草》特地刊出〈有關我們的校長何世明牧師〉一文，當中替何牧師在青中十六年之教育工作作了一個總結：

> 青中乃中、英、美式教育之三結合，此點是青中之最大特色。青中提倡中國道德文化，極重情義，而中文程度又極佳，蓋此乃何氏幼年所受中文教育及其在國立中山大學接受教育有關。青中極多課外活動，此點與美式之教會學校極相像，乃受培正培英等中學教育之影響。青中極注重會考成績，又重法治精神，與香港之書院相類，大約與何氏曾在聖保羅男女中學任教亦不無關係。[36]

因此，何牧師在任青年會中學時能使該校人才輩出，其中一位便是曾任香港浸會大學歷史系主任的周佳榮教授，周教授回憶其受何牧師的教導，使他終生受用：「何世明校長——當時學生私下都稱他為『何老牧』——在早會時段教給我們的，除了崇拜禮儀之外，還有人生道理、中外文化等等，有時像講道，有時像教誨，非常動聽。」[37]

總括而言，何牧師既能透過自己之教育經驗，又能適切香港之二元文化處境，並能連結自身與辦學團體之宗教信仰，推行優質教育，可見，何牧師之教育思想與實踐確是融貫耶儒，交匯中西的。

---

[35] 同前註。
[36] 何世明：《基督化教育經驗談》，頁110。
[37] 周佳榮、黃文江：《香港聖公會聖保羅堂百年史》（香港：中華書局，2013年），頁339。

第十五章 倓虛法師與北學南移──以《影塵回憶錄》和《香港佛教‧倓虛大師追思錄》為中心

南開大學歷史學院
侯杰

一、引言

今年5月應「東北三老佛學思想研討會」主辦者的邀請，筆者曾以《影塵回憶錄》[1]為中心探討倓虛法師與佛結緣及其在東北等地弘法的歷程，到香港就教於各位高僧大德，並參訪湛山寺，拜謁倓虛紀念塔，為出席此次「北學南移」國際學術研討會做進一步的準備。現筆者擬以倓虛法師與北學南移為題，再以《影塵回憶錄》和《倓虛大師追思錄》為中心展開探討，以求教於各位碩學鴻儒。

二、

倓虛法師[2]（1875-1963）是近代中國著名的佛教代表人物，曾為佛教在中國北方的復興付出很多心血，建樹頗豐，可謂居功至偉。實際上，早在他決志出家的時候就有這樣的意願。1917年，已經43歲的倓虛得知清池和尚到天津清修院做住持的消息，遂特意從營口趕到天津向清池和尚表明自己的態度：

---

[1] 倓虛大師說、大光記述：《影塵回憶錄》（香港：香港菩提學會，1978年）。

[2] 倓虛，俗名王福庭，1875年7月3日出生於河北省（今屬天津市）寧河縣北河口北塘莊。他中年出家，在北方弘揚佛法，不遺餘力。1949年來到香港，繼續傳揚佛教，成為中國現代佛教代表人物。

我出家的目的，並不是為了衣、食、住、也不是為逃避現實；我的
目的，是因為自己研究佛經，已經有七八年的工夫，仍然不知佛法
的宗旨落在何處，自己想出家受戒之後，到各地去訪明師，好好參
學參學。將來有機會，可以弘揚佛法，使佛經，流通世界，人人皆
知！不然，世風日下，人欲橫流，沒有一點挽救的辦法。[3]

清池和尚被他拋去萬緣，放下一切的抉擇所感動，遂建議他拜一位
尊宿為師，並說：「我小廟容不了你這位大神仙！拿研究佛經來說，我不
見得比你研究的深。你如決定要出家，我可以給你作介紹。現在南方有月
霞、諦閑二位老法師；北方有靜修（時任北京潭柘寺東寮）、印魁（時已
圓寂）二位老和尚。這四位大德之中，有一位已經圓寂，其他三人具在，
而且都是道高德重，與我很要好。你現在出家，無論想拜誰為師，我都可
以給你介紹。」可是倓虛並不以為然，提出「你不要會錯了我的意思！」
他說：「我認了師父之後，並不想仰仗師父的培養，希望師父給我留下多
少房產，做多少衣服，出家之後，住在小廟裡，衣暖食足的去享受，去安
閒，我決不是這種意思！我的希望，只是能在師父跟前出家掛一個號，受
戒之後，隨我的便，到各地去參方。享富也罷，受苦也罷，一切都用不著
師父來分心！將來我的機緣成熟時，可以到各地弘揚佛法，機緣不成熟，
我也可以用功修行！」[4]可見，倓虛是一位立志弘揚佛法者。

儘管於1914年，他曾在去北京附近的懷柔縣紅螺山資福寺聽寶一和尚
講解佛經時提出出家的請求，未果，「所以第一次出家是失敗了。」[5]但
他與清池和尚卻彼此熟悉起來。這次終於得償所願，最後通過佛前拈鬮的
方式，倓虛拈著了已經圓寂的印魁老和尚的名字。

於是，清池和尚領著倓虛來到河北淶水縣瓦宅村的高明寺，求純魁禪
師代其已經圓寂的師兄魁印禪師收其為徒。在高明寺落髮出家後，倓虛隨
清池和尚回到天津清修院，潛心學習佛法。因為尚未受戒，所以承擔起打
鼓撞鐘，收拾佛堂，打掃院子、挑水擔柴等各項沙彌職事，法號倓虛[6]。

[3]　倓虛大師說、大光記述：《影塵回憶錄》（香港：香港菩提學會，1978年），上冊，頁49。

[4]　同前註，頁50。

[5]　同前註，頁44。

[6]　關於法號倓虛的由來，還有一段故事。據清池和尚曾對他說：「有一個現成的名字，早就起好
　　了。因為在一月以前，我做了個夢，夢見自關外來了一個未受戒的沙彌，住在我們廟裡，他的名

1917年秋天，清池和尚讓倓虛去浙江寧波觀宗寺參加諦閑法師六十壽辰祝壽及傳授千佛大戒。他於9月間南下寧波，以諦閑為傳戒師，在觀宗寺受三壇大戒。

　　據《影塵回憶錄》披露：受戒之後，倓虛就留在諦閑法師所辦的佛學研究社學習天臺教法。在此期間，他受到諦閑法師的青睞。因為諦閑十分關心北方的佛法大體，很希望北方人能夠到南方學習佛法，將來學成之後，到北方開闢道場，弘揚佛法！[7]1918年3月，北京的佛教居士們發起「戊午講經會」，邀請諦閑法師到北京講《圓覺經》。諦閑法師念及倓虛是北方人，帶他同去，既方便語言上的溝通，又隱含此意。諦閑法師用南方話在北京江西會館講《圓覺經》3個多月，遇到語言上的隔膜，北方佛教徒不能深刻理解其意的時候，憑藉倓虛從中傳譯收到良好效果。北京之行，倓虛和葉恭綽、蒯若木、蔣維喬、江味農、徐蔚如等多位居士結緣，為日後弘法並得到這些居士的護持奠定了基礎。

　　7月間，倓虛隨諦閑南返，回到觀宗寺，繼續研習佛法不綴。1920年秋天，3年修學期滿，倓虛辭別諦閑法師回到北方。他先是應清池和尚的邀約，在天津清修院主持該院事務。1921年春，到北京請藏，很快「印藏經的錢，已經募到五仟多塊。請求印刷藏經的呈文，也得到政府的批准，這算都辦妥了。」[8]此外，倓虛還應邀到河北井陘縣城（現河北省石家莊市井陘縣天長鎮）的顯聖寺講解《金剛經》、《彌陀經》、《地藏經》等佛經經典，正式開始講經生涯。與此同時，他還不失時機地宣傳自己的理念，嘗說：

字叫倓墟。我並不認識這兩個字，在夢中我還覺得很奇怪！他在我們廟裡住了沒幾天就死了。廟裡的人請我給他茶毗焚化，我舉火的時候，還說了四句偈子，說完就醒了。這時候正是夜間二十點，我點著洋燈查字典，倓音談，作安靜不疑講，墟、音虛，作丘墟講，和我在夢裡所知道的意思一點也不差。我覺得這事很特殊！就拿起筆來，把這段事記在一本皇曆上，並注明某年某月某日作此夢。你現在是一個未受戒的沙彌，也是從關外來，正與這事相應。你出家以前的事，如同已經死去，出家以後的事，由我介紹得度，就等於死後由我茶毗焚化，這事情很相像，你就叫這名字吧！」對此，倓虛當時也覺得不錯，「清池和尚叫我用這個名字，我覺得叫起來很響亮，也不錯，當時我說：這個名字雖然很好，但是，我有一個要求，因為我已出家，可以把那個墟字的土傍去掉，以示離塵之意。清池和尚說：也好！那麼你的號就叫倓虛吧！」參見倓虛大師說、大光記述：《影塵回憶錄》上冊（香港：香港菩提學會，1978年），頁56-57。

[7]　參見倓虛大師說、大光記述：《影塵回憶錄》，上冊，頁59。

[8]　同前註，頁148。

淨化社會，改善人心，這都是出家人的責任。能夠以慈悲心輔政治之不足，助教育之不及，使人心潛移默化，改惡向善，這樣世界上就沒有爭奪啦！再進一步說，如果都當了和尚，我們這個污濁惡世，就成了清淨佛土！每一個人都是蓮花化生，再沒有這些殺人流血的事，就怕不能都當和尚。[9]

　　在此期間，以「看破、放下、自在」為座右銘的倓虛曾返歸故里，祭掃先人墳墓，後回到營口，探視妻兒和朋友。經他勸解，妻子拜禪定老和尚為師，作皈依徒弟，法名廣達，長齋念佛。翌年，他的兒子王維翰也發心出家，倓虛把他介紹給省源老和尚。可以說，這都是倓虛的度化之功。

　　原本禪定是介紹倓虛到奉天的萬壽寺協助方丈省緣興辦僧學，路經營口時，早年一同研究《楞嚴經》的王志一、陸炳南、於春圃等人都希望倓虛留在營口弘法，並表示支持他建立楞嚴寺，作為當年共同研修《楞嚴經》的紀念。此舉得到一位名叫薑軼庵的信佛善士之資助，以6000元買下70畝的土地。為籌集建築經費，倓虛先到奉天萬壽寺去辦僧學堂，並認識多位元願意慷慨解囊弘揚佛教的居士。陸炳南等人在營口也得到一些善士的捐助。於是，楞嚴寺開始興建。歷經10年之久，耗資30萬元，一所具有相當規模的佛教寺廟竣工了。其中凝聚了倓虛的大量心血，不論是採購建築材料，招工監修計價，還是施主間出現意見分歧，產生矛盾，都少不了倓虛的操持和調解。寺廟建成後，倓虛不任住持，而是推薦時任寧波天童寺方丈的禪定和尚充任營口楞嚴寺的首任住持。

　　應萬壽寺之邀請，倓虛來到瀋陽，在僧人學校內任主講，身體力行振興佛法，建立僧學。他前前後後花費3年時間，講完《佛遺教經》、《四十二章經》、《八大人覺經》等10部佛經，撰寫《般若波羅密多心經義疏》，在天津出版。由於他講經的時候，嗓音洪亮，言簡意賅，循循善誘，聲名遠播，各地寺院紛紛迎請。於是，倓虛在奉天的營口、吉林的長春等地創設僧學，並不辭辛勞地到海城、虎獐屯等地講經說法，弘揚佛教。其間，他不僅到過東北的哈爾濱、海城等城市講經，而且還收了許多皈依弟子。東北以往沒有講經的法師，倓虛可謂開風氣之先者。這使他在東北佛教界聲譽日隆。

---

[9] 同前註，頁180-181。

　　眾所周知，倓虛弘法絕不僅僅局限於講經，還在督建寺院、發展僧學、傳戒等方面均做出卓越貢獻。1923年，應黑龍江省佛教信眾的邀請，倓虛在哈爾濱講解《楞嚴經》。時任東北護路總司令兼哈爾濱特區行政長官朱子橋居士等人開會歡迎他；時任中東鐵路稽查局長的陳飛青居士早在1年多以前就和倓虛商議，要在哈爾濱建造1所寺院。這時機緣已經成熟，建寺工作得以進行。於是，倓虛出任極樂寺的首任住持，並承擔起繼續興建該寺的重任。1924年夏，在葉恭綽等居士的大力支持下，該寺全部竣工。在山門內兩側空地上，倓虛還建起了10多間瓦房，興辦了極樂寺佛教學校。在極樂寺，倓虛擔任了6年住持。其間，他應邀到長春講《金剛經》。居士馬靖東、丁樹敏、張子元等人發心修建佛寺，並得到倓虛的全力支持，般若寺才得以完成[10]。此外，他還倡議重修瀋陽般若寺、永安寺。

　　倓虛在主講奉天萬壽寺佛學院的同時，還奔赴長春、哈爾濱、營口等地講經說法，督建寺院，為東北地區弘揚佛法做出許多努力和貢獻。諦閑法師見倓虛弘法卓有成效，不僅建立寺廟，而且創辦僧學，於是在1925年親自寫下「嫡傳天臺宗第四十四代法卷」傳給他，並賜法名「今銜」。實際上，倓虛在觀宗寺受學時，因品學兼優，就深受諦閑法師的器重。在倓虛眼中，「諦老很慈悲，尤其對北方人求學，特別優待歡迎。因為北方人隔於言語，到南方去求學的很少。北方佛法零落，如果浙江寧波一帶的人到北方來弘揚，因為說話聽不懂，也是很困難的事。因此，諦老關心北方的整個佛法大體，很希望北方人，能夠到那裡去學學佛法，將來學成之後，可以到北方來，開闢幾個道場，在北方弘揚佛法！」[11]由此，50歲的倓虛繼承了天臺宗的法嗣。

三、

　　得到天臺宗的法嗣之後，倓虛在北方繼續弘教，書寫著新的輝煌。他除了在東北各地建寺興學培養僧才之外，還在1925年於北京柏林寺講解《楞嚴經》，並為彌勒院住持，開設佛學院。本來，倓虛想回哈爾濱，可

---

[10] 長春般若寺的興建緣於倓虛前來講《金剛經》，遂定名般若寺。由於籌款不易，工程時斷時續，一度因長春修建馬路，原先建造者為社會局賠款徵收，複選新址重建。直到倓虛去住持後，工程才得以順利進行。

[11] 倓虛大師說、大光記述：《影塵回憶錄》，上冊，頁59。

北京張景南居士語重心長的一番話打動了他：「法師的志向，是辦僧學，專門培養僧材，還沒滿願。現在北京出家人多，又有地方，得此機會何樂而不為？」其他還有許多居士，也請他留下來辦學。於是，倓虛便到坐落於西直門裡南小街的彌勒院去查看，見院子裡很寬敞，有兩個跨院，雖然已被住戶佔用其一，但是如果辦學的話，能夠容四五十名學僧。居士們分頭籌措經費，馬冀平和張景南等人擔任為董，聘請何一明為國文教員，從青年小和尚中招收了二三十名學生。

倓虛還參加了中華佛教代表團，於同年9月赴日本東京出席東亞佛教聯合會。此行使他對日本的認識更加深刻：「日本人對中國垂涎已久，處處發揚他國的團結精誠，宣傳文化思想。其實看看他做的事實，滿不是那回事。對人所謂親善，無非是一種口頭宣傳，炫惑人的耳目。這次召開東亞佛教聯合會的意義，目的也就在此。開會時，也並沒有什麼重要議題，無非表面上一種形式，為借開會機會，讓人看看他國的強盛。」[12]他經過深刻的反思，發出這樣的慨歎：

> 唉！日本人對中國既然早有存心，如果中國再不自強，將來必定受制於日本。試看中國人，精神萎靡，如癡如呆，和日本人比起來，簡直像大傻瓜一樣。這都是因為政府當局，只知為個人爭權奪利，而忽略了民眾教育；致使整個中國，陷於麻痺狀態，精神渙散，不能團結。還有當時東北一些要人，地盤都讓人占去了，他還在舞場跳舞，這樣國家如何能興！[13]

1926年，倓虛被推舉為北京著名佛教寺院——法源寺的住持，調節寺院內部的分歧和矛盾，清理廟產，整肅寺院。用他自己的話來說：「明知這是火湯，為了保留法源寺這個古剎，也要去蹈一下。」[14]待廟產清理完畢後，倓虛於1928年離開法源寺。對倓虛一直耿耿於懷，存在誤解的道階「看法源寺米麵都有，債亦還清，摺子收回，官司已竟都了結，學堂的六十畝地也給留下，事情都辦得有頭緒，乃喜曰：『倓虛法師，真吾好法弟也！』」[15]

---

[12] 倓虛大師說、大光記述：《影塵回憶錄》（香港：香港菩提學會，1978年），下冊，頁41-42。
[13] 同前註，頁43-44。
[14] 同前註，頁53。
[15] 同前註，頁62。

　　1929年春天，倓虛在哈爾濱極樂寺傳戒，請諦閑和尚到東北擔任傳戒本師和尚。等傳戒結束，送走諦閑和尚後，倓虛擔任住持的期限已滿，遂力薦多年在極樂寺協助其弘法的定西法師[16]繼任住持。1931年，九一八事變發生，日本侵略軍佔領東北。本準備在東北宏圖大展、傳揚佛法的倓虛不得不一度離開。從1931年底到1932年春，他多次接到朱子橋由西安發來的函電，催促他到西安傳戒講經。於是，他偕同景印涵居士經北京來到西安。

　　當時的西安，「地瘠民窮，又常鬧年荒」，佛教不昌。倓虛感到「在我去之前，當地因年月不好，餓死好多人，辦賑人員，都給設法埋葬。還有一些難童，男的女的一些無娘的孩子，有的給設法上學；有的給設法學手藝，學編織。我去到之後，一方面給那些難童講佛法，讓他們種善根；一方面給那些管理難童的首領人，講因果的事，讓他們以好心眼，以慈愛心，對那些無依無靠的失去母愛的孩子，善為管理照料。不然人們的業，會愈造愈大！」[17]倓虛先是在佛化社講解《維摩經》、《金剛經》、《心經》等，後又到各災區巡迴演講。在大興善寺建立僧學，招收21名學生。「陝西省主席楊虎城和戴傳賢各捐五百元，加在外所募共兩千元，作為辦學經費基金，學校吃飯由籌賑會供給。」[18]他在臥龍寺、大慈寺等地講經1個多月，「把學校都籌備就緒之後，居士們又請我去終南山圓通茅蓬講經，把學校的事委華清師代理。」[19]西安佛教界還請倓虛擔任了大興善寺住持。經過他半年多的努力，西安的佛法竟然出現某些興旺發達的跡象。同年夏天，倓虛驚聞諦閑和尚在觀宗寺圓寂，遂離開西安，歷經艱辛，擺脫土匪的糾纏，護送磧砂藏玻璃版[20]到上海、寧波。「到觀宗寺時，諦老發龕已過，我上一份禮，又從觀宗寺去慈溪五磊山，諦老墓前掃塔。」[21]

---

[16] 定西法師即於春圃居士，依寶一老和尚出家，初名如光，後改名定西。

[17] 同前註，頁66。

[18] 實際上，戴傳賢和楊虎城答應的各捐500元並沒有兌現，大興善寺佛學院在一年之內即告結束。同前註，頁69、89。

[19] 倓虛大師說、大光記述：《影塵回憶錄》，下冊，頁69。

[20] 「磧砂」為平江府陳湖中之一小州，南宋乾道八年（1172），有位出家人名寂堂，在上面蓋延聖寺。以後，磧砂文物漸興，佛法興盛，寂堂發心刻一部藏經，因在磧砂所刻，以地彰名，故名磧砂藏。最初刻版，是在宋理宗寶慶初年，由成忠郎趙安國發起。所印之經，屢遭世亂，殘缺無整。惟陝西臥龍寺和開元寺所存藏經比較完整。朱子橋將軍去陝西辦賑濟時見之，乃與上海各大居士商訂影印。自1932年冬起至1935年冬，始全出版。共6362卷，591冊。

[21] 倓虛大師說、大光記述：《影塵回憶錄》，下冊，頁86。

同年，倓虛應邀到山東青島民眾教育館講解《楞嚴經》。居士王湘汀深沾法益，為修建湛山寺而變賣古玩、住房乃至汽車。1934年，倓虛不僅開始主持建造青島湛山寺，而且出任該寺的首任住持。就在倓虛於青島湛山寺興建講堂、齋堂之時，天津甲戌講經會請他到天津講解《楞嚴經》。在這期間，居士李唐民等倡議修建佛教寺廟。

如前所述，倓虛在北方主持修建的各處叢林、寺院很多，可謂功勞卓著。他在重建天津大悲院過程中所付出的辛勞，特別值得一提。1940年，倓虛再一次應邀來天津講解佛教經典。居士周叔迦、靳雲鵬、龔心湛、劉鶴齡、劉子明、趙化民、張伯齡、李唐民、王紹賢等人發起修建佛教寺廟，並請倓虛主持其事。倓虛在居士的引領下考察了多處佛教活動場所，發現天津和上海雖同為中國最繁華之都市，但上海的廟宇和出家人比較多。天津的廟統計起來，大小也有幾十處，在這些廟裡，並沒有正式留單接眾的十方叢林。只有一處清修院，乃李嗣鄉之家廟[22]。最後選定大悲院為天津復興十方叢林之地。而天津大悲禪院的禹山和尚對倓虛極為信任，全力支持，慨允將舊廟全部交出，以利重修。1941年，駐在大悲禪院多年的法院、警察所、消防隊以及居民悉數遷出。一大批破舊不堪的房子至1942年均被拆除。1943年，倓虛推薦等慈和尚來天津，代行監理大悲禪院重建工程之事。

儘管如此，倓虛為重建大悲禪院付出巨大辛勞。為籌措經費，他不辭辛勞，多方勸募。當後殿建起來之後，因物價陡漲，出現5萬元的差額。他立即修書一封，請大康鹽業公司總經理劉子明、上海鹽業銀行總經理王紹賢發心捐助，渡過難關。1944年，大悲禪院修起前殿（即天王殿）三門，所用的磚瓦木料，都是趙化民居士自捐；並外募十數萬元早前買下的。臨時由劉元忠、閻棟臣兩位居士湊十幾萬工錢，才得以較順利地修建起來。1946年，為了修好大殿，倓虛不顧73歲高齡，抱病趕回天津，並在次年正月初三，冒著風雪，四處選購建造大殿的木料。經過與20多個木廠商洽，終於訂購了5條大美國松木和所有檁木，言明兩天交款，共費3000萬元。當時木料未運走，第二天物價就漲了一倍。第三天下午，居士們認捐的3000萬元才交到。給木廠送款時，木廠主人不願意成交，結果因晚交一天錢款，少賣給一根美國松。多虧有位居士慷慨解囊，複捐助2000萬元，才又購得2條美國松。此後，倓虛又費盡周折從啟新洋灰公司化得600

---

[22] 參見同前註，頁105。

袋洋灰，加上零星募得款項，購得幾千塊大方磚及舊琉璃瓦等[23]，保證工程順利進行。

因為工程費數目巨大，加之戰事緊張，物價飛漲，大悲禪院的建造費用不斷增加。為確保該工程順利完成，倓虛不僅僅依靠天津居士的力量，而且還遠赴東北募集部分款項。由於得到倓虛的關心、支持，天津大悲禪院終於在1947年重新建成並於次年開光。

1948年，倓虛離開天津來到山東青島湛山寺。湛山寺是倓虛主持修建的最為雄偉壯觀的一座佛教叢林，也傾注了他的大量心血。據倓虛回憶：「修湛山寺最初找地基的時候，也頗費躊躕！」[24]但是在持續十多年的建造過程中卻頗為順利，「雖然出錢的人不少，可是他們把錢拿出之後，什麼事也不管，完全聽修廟人來支配。」[25]因此，湛山寺的藏經樓頗具規模，共存有7部藏經，其中不乏清龍藏等精品，還有其他一些流通本經。此外，他還創立了佛教學校與成章小學，培養僧俗人才。前者初為1935年設立的佛學專科補習班，選取20名資質優秀的出家人，授以各部經典。以後人愈來愈多，補習班改為湛山寺佛教學校，分專、正、預三科，另外一個研究科，已畢業三班。平常住八九十位師傅，加居士及夥計等，一百二三十人。[26]後者於1946年創辦，最初招收學生300名。至1948年秋天，考入市立中學43名。其中，六年級畢業生男女共41名，五年級試考生2名。「當時各報揭露，蜚聲島上。據說：青島公私立小學，共五十餘單位，公認成章小學為冠⋯⋯經過報紙宣傳之後，一般人差不多都想把自己的小孩送成章小學去念書，這一來學校容納不下，以後又建校舍十二間，現已增至學額五百名。最近又擬往外擴展，已覓妥地點辦中學，可能時辦大學。出家在家，都以人才為重，多辦幾處學校，培養人才，造福社會，這是出家人應盡的責任。」[27]這位自號湛山老人的倓虛。當得到香港佛教界的邀約時，倓虛不顧自己七十有五，欣然南行。他偕弟子樂渡、演根、妙智、大光、寶燈等10余人於1949年離開青島，經上海到到香港，揭開了北學南移的序幕。

---

[23] 參見同前註，頁114。

[24] 同前註，頁126。

[25] 同前註，頁129。

[26] 參見同前註，頁169-170。

[27] 同前註，頁172。

四、

　　在香港的十餘年間，倓虛繼續從事創辦學佛院、培植僧才，建寺安僧、講經弘法等項工作。在北學南移的過程中，他不僅把在北方的一些成功經驗移植到香港，還根據當地的實際情況有很多新的創造。

　　初到香港，倓虛在東蓮覺苑講《金剛經》，「港地人士，久慕公之高風，多未沾法雨，此次初聆法音，如飫甘露，歎為稀有。」[28]於是，葉遐庵、林楞真、王學仁、王璧娥等居士紛紛護法，吳蘊齋、樓望纘、吳性栽等先後皈依。其中金融界鉅子吳蘊齋居士就是聽了倓虛的一堂經，如醍醐灌頂，於是放下萬緣，皈依座下。倓虛駐錫荃灣弘法精舍[29]，創辦華南學佛院，親任院長兼主講，葉遐庵、王學仁、黃傑雲、樓望纘、林楞真等居士為學佛院護法董事。倓虛還約請定西、樂果等法師蒞港助教。

　　華南學佛院先是從來港的廣州、上海學僧中考取10名學生，複有眾多青年學僧，由大陸湧來欲入院學佛。倓虛為造就僧材計，遂向董事會要求，再多收學僧10名，經費仍照原議。於是，第一期招收學僧21名。學制3年，共辦2期，課程和規模大同小異。[30]

　　因為一般都稱佛學院，而該校以學佛院為名，人們不免覺得異乎尋常。既便是倓虛過去在北平，在西安，在青島及東北各地所辦的培養僧才的學校，也都是以佛學院為名。現在忽以學佛院為稱，引發人們的思考，如過去佛學院重解而缺於行，為了糾正這種偏失，所以才以學佛院為名。學生們揣摩倓虛的辦學理念是要解行並重。[31]實際上，他的宗旨就是教人「由解起行」，即把學來的佛法、佛教和研究的佛學的理論，來躬行實踐，付諸實行。」[32]

---

[28] 火頭僧輯述：〈湛山倓虛衖公大師略傳〉，見《倓虛大師追思錄》，http://www.sdhhs.org/txfs/ShowArticle.asp?ArticleID=1402，以下追思文章同此。

[29] 弘法精舍為倓虛同學已故寶靜法師，連同黃傑雲、李素髮等居士所創建，兼辦弘法學社，專培養弘法僧才，約一年，因故停辦，學僧各自離去，寶老圓寂，此後除看守人外，無人居住。複為日人佔用多年。自抗戰勝利以來，一直空閒。管理弘法精舍之董事，為王學仁、黃傑雲、林楞真三人，經葉遐庵居士商談後，均歡迎倓虛蒞港弘法，創辦佛學院，借出弘法精舍為院址。詳見樂渡：〈追思恩師略敘創辦華南學佛院之經過〉。

[30] 參見樂渡：〈追思恩師略敘創辦華南學佛院之經過〉。

[31] 參見續明：《敬悼倓公老法師》。

[32] 怎麼樣行呢？在行持上守戒；在修行上止觀。倓虛認為：「止觀，是以慧門入手，先悟後修；參

　　香港華南學佛院與青島湛山寺佛學院雖然名稱有所不同，但是所授課程彼此大同小異，皆以天臺三大部為宗旨，講授法華玄義、法華文句、摩訶止觀，其他課程為輔。唯一與青島湛山佛學院所不同的是多了一門醫學——傷寒論，由倓虛觀臨指導，另有蔣維喬居士講述的《文字蒙求》。[33] 據學生誠祥回憶：「本院的課程，由院長倓老法師，講授妙法蓮華經。講經以前，先開示學僧修習止觀的法要，領眾靜坐十五分鐘，開靜授課。還有楞嚴經，摩訶止觀，教觀綱宗各門課程，另有輔講法師擔任授課。」[34] 另一位學生道海也念念不忘：

> （倓虛）講經時，銷文已，不加思索，稱性發揮。不是尋章逐句，而是宣揚經中要義，提綱挈領，圓融無礙。以生動的辨才，獨到的理論，灑脫的態度，莊嚴的詞藻，口似懸河，聲若洪鐘。能使聽者精神鼓舞，歷久不倦。而初入學者，時有對經不知講至何處；孜孜重習，始達其妙。語語皆是鏡經幽旨，照徹心源。具宿慧者，直下承當，中下鈍根，亦不令失之交臂，總歸自性流出，發人深省。修止觀時：每日親領學僧，靜修止觀。始而略示大意，例如調息、身、心，及如何作觀等，然後止靜，開靜，有時詳詢各位同學動靜功夫。大師真是乘戒俱急，解行並進。[35]

　　令學生暢懷印象深刻的是倓虛授課效果極佳，「此時公高齡雖近耄耋，但精神仍舊矍鑠，音如洪鐘，雙目明朗，猶似壯年，以從未見公戴過眼鏡，縱遇字小如蟻，無不粒粒入目，真乃得天獨厚。公每講法華，乘性發揮之時，滿堂弟子興奮，卻忘時間幾許……公之說法，深入人心，四眾聞之，莫不欣仰。」[36] 淨真則折服於「每逢他老上課，或對學生訓話，都

禪，是從行門入手，先修後悟。（上根利智，亦有修悟同時者）」對於初學修止觀的人，他說了一個簡便方法。就是：「如果最初修觀不能觀現前一念時，可以用眼睛定住了神。觀現前的境……把身心定住之後，然後再觀現前一念……觀的時候，也不要怕起妄想，要回過頭來觀妄想找妄想，看這個怕妄想的和知道妄想的是誰？到這時，一心不能二用，心裡明明白白的，全是觀照的力量，這種妄想就沒有根了，大家應當在這裡要眼地方多用功夫。」詳見梅山居士：〈憶天臺宗倓虛大師〉。

[33] 智梵：〈略談吾師倓虛老人二三事〉。

[34] 誠祥：〈追憶前塵痛悼師尊〉。

[35] 道海：〈追思倓虛大師法乳深恩〉。

[36] 暢懷：〈追悼倓公老人示寂〉。

是和顏悅色對著學生。遇著學生有時放逸失檢點，他老總是以慈悲和藹的態度，慢慢對學生說。用人格和面子來感化學生，讓學生自己去改正，養成自愛的心理。」華南學佛院，每天下午習止觀一堂，時間一句鐘，由倓虛領導。有一次，正當倓虛領導全體師生習止觀，「在大家功夫得力的當兒，其中有一位同學，可能用神太過。因此，坐起腿子就睡看。因為腿子不熟，坐得不穩。忽然磅隆一聲，從凳子上掉落地下，把全體驚得心往上跳。若按學院的規矩，這位同學是要受罰的。因為驚動大眾，打岔用功，可是到了開靜後，老法師不但不罰他，反說著：『看經不要太過度，該休息就要休息，現在有沒有跌傷』？」從這話的表面看，好似是姑息他。其實不然！倓虛不責罰他，反而說出這樣的話，就是要讓他自己改正，養成自愛的心理啊！[37]倓虛不在學生面前擺架子，屬聲訓斥，而是推心置腹，「常鼓勵我輩曰：出家之人，須要發大心，修大行，實行菩薩道，決志自利利他，纔能有所成就。如不發大心，而欲求無上菩提，則實不可得」。學生們「聞師教訓，皆歡忻之至，個個都認為，善智識者，是大因緣，能啟發人的智慧故」。[38]

除了課堂教學、實修之外，倓虛對於勤學好問的學生還有問必答，不管是在課堂上，還是下課之後。據宏量回憶「彼則如常上堂授課，入室談經（凡喜於請益者，在課罷後，入室求教，有問必答），事無大小，顧問無遺。」這種靈活多樣、隨時隨地進行的教授方式，對於學生解除學習中的疑惑大有幫助，對於年過古稀之年的倓虛之身體和精力來說確是一大挑戰。難得的是，他「唯圖大家福利，不知何謂為老，真可謂『老當益壯，甯知白首』」！[39]

不僅如此，倓虛還將創辦僧俗教育，培養人才的動機講授給學生們，以便更好地燈火傳薪。他常對同學們說：

> 凡事必須以人才為重要，無論什麼事，只要有了人才就可以辦得到，做得好。否則的話，如果沒有人才，不說什麼事都辦不到，就是做也做不好。人是一切事物的原動力，出家在家都是如此。父兄給子弟留下萬貫家財，沒有人也保守不住。拿佛法來說，也是同樣

---

[37] 參見淨真：〈追思倓公，看破，放下，自在〉。

[38] 寶燈：〈回憶師尊念將來〉。

[39] 宏量：〈追念院長倓公老人〉。

的。只要有人才，不怕佛法不往外弘揚。如果佛教裡面沒有人才的
話，那佛教就危險了。後來的出家人，一代不如一代，這樣長此下
去，佛法不用外人摧殘，自己本身就會慢慢斷滅，這多麼危險呢！
所以我出家後，除了自己修行外，到處都以培養人才為急務，見了
青年人，或中年人，如果有點學底，看他可以造就，總是設法讓他
上學，這是我的一點志願。希望大家，既然不以我為苦惱，來跟我
學，不要跟我學些空談理論，在事實上，要真實去做。比方我出家
的志願，一方面是自己修行。一方面是為培養人才弘揚佛法。我也
希望大家出家後，除了自己修行外，將來到處隨各人的緣法，多辦
幾處學校：多培養人才，如果自己沒有力量辦，也可幫忙人家給人
講學。出家人如果不受一番教育，不明白佛法，知識水準還趕不上
一般人，處處受人誣衊，這是多麼難過的事。[40]

　　倓虛的話，不僅切中時弊，而且得到學生們的認同。「因為教育之有
無，為一切事業盛敗興衰的關鍵，不論是一個國家或是一個宗教，有合理
優良的教育則興，沒有合理優良的教育則亡，那是必然的。尤其在今日這
個大時代裡，不受教育的人跟本就沒有他們立足之地，若是我們這一群被
稱為眾生師表，而又是代表著一個具有高深哲理的佛教的出家僧眾，連平
常一般人的知識水準也趕不上，甚至糟糕到竟是一個文盲，若我國佛教容
許這種情形繼續存在，將會應了老法師一句說話：『不用外人摧殘，佛法
本身自己也會慢慢的斷滅了。』」[41]

　　值得一提的是，倓虛在北方佛學院和在香港開辦學佛院不遺餘力，實
際上也是為了不辜負諦閑的期待。他曾語重心長地對一位學生說：「你尚
在青年，要努力勤學，你看我四十三歲出家，到寧波觀宗寺去求法，當時
諦老座下的學僧，位位都年青過我，我雖年紀老大，可是我想學了佛法以
後，還要去弘揚佛法呢，所以人家都貪博學，我就拿定老主意，要向佛學
精要處下手，明白了它的精要大義，其餘淺的道理就好辦了。曾有一次，
我覆講之後，諦老當眾讚揚過我一句：虎豹生來自不群啊！你們大家不要
看倓虛師年紀老大，你將來回到北方懂話的地方，還能弘揚佛法呢！你們

---

[40] 智梵：〈略談吾師倓虛老人二三事〉。

[41] 祖印：〈三虛先後歸去了，何人繼師說妙詮！〉。

比他年青的人，更加要努力才是。」[42]說得學生深受感動！激起并加強了其學法的志向，雖然自己覺得愚鈍不敏，但是學法不敢再退縮不前了。

一些從北方來的學生雖然深知華南學佛院規模和條件都比不上長春等地的僧侶學院，但在倓虛的領導之下，總是另有一番欣欣向榮的氣象。不論是在何處，倓虛開示弟子的辭句中，最引人注意的是看破、放下、自在。可是在經歷過一些磨難的學生那裡，「領悟可與前不同了。我聽到這幾句警語後，心中不斷的沉思，看破？放下？看破放下些什麼呢？放下之後，又有什麼自在呢？也許是經過一段沿途行乞的生活，把我鍛煉出來了，這回似乎隱隱約約得到了答案，也領悟到這正是倓公的心得。」[43]

或許這樣的啟發式、體驗式教育對於學生的成長似乎更有益處，所以學生們不約而同地感悟到：「自從入學，承蒙老人愛護，諄諄教誨，於此三年當中，聽經聞法，薰陶鉗錘，使我對於佛學更進一步的瞭解；同時身心亦感覺非常愉快，不知不覺，轉瞬三年，畢業後，同學們紛紛到各地弘法。」後因青年學僧頗難羅致，招生成為難題。學佛院改為研究性質，新舊學僧任選一科，專門自修。[44]

妙智在〈敬念恩師倓虛大師〉一文中，很有感情也頗為客觀地寫道：

> 創辦華南學佛院，教育僧材，經過六年，二期畢業，中間幾經艱苦，始將港九佛法扶起，欣欣向榮，其門人弟子遍於港九國外，皆對佛教文化，教育、各種社會福利事業，頗多貢獻。今老人撒手西歸，身命雖隨烈火而化去，但慧命則永垂世間，亙延不竭。

另外，為報諦閑大師法乳之恩，倓虛還率領學生們於1950年印製《諦閑大師遺集》百萬余言行世，成立華南學佛院印經處。1954年，他在九龍荔枝角創建天臺精舍及諦閑大師紀念堂。後來，明遠、妙智、圓智、寶燈、智梵與大光等人，被倓虛傳授天臺宗第四十五代記莂[45]，並傳法不傳座，使天臺宗在香港等地蓬勃發展起來。

---

[42] 智海：〈倓公老法師和我的因緣〉。
[43] 淨真：〈追思倓公，看破，放下、自在〉。
[44] 樂渡：〈追思恩師略敘創辦華南學佛院之經過〉。
[45] 智梵：〈略談吾師倓虛老人二三事〉。

　　在北學南移的過程中，倓虛還有一系列的創舉。例如他在1958年發現香港學佛人士日漸增加，欲研究佛學者，苦無參考經書可資借鑒，市內雖設有公私圖書館數處，但釋典寥若晨星，尤其清寒學佛人士，終日困於衣食，無暇至深山蘭若，參訪問道，又無經書可資研究，至堪憐憫，乃於九龍界限街144號購置一幢新樓，創設中華佛教圖書館，開香港佛教文化事業之創舉[46]。倓虛自任館長，吳蘊齋居士副之。金融界鉅子陳光甫及航業界名流楊管北均負起護法董事的責任。劉漢堃、吳在田居士均慷慨捐輸，故得設備完全，[47]搜集大正藏經、續藏經及各種單本佛經數萬卷。每週除星期一外，全日開放，任人借閱。又應弟子之請，於館中開講《心經》、《楞嚴經》等，由王憯居士進行粵語翻譯。王憯在《憶吾師倓公上人》中回憶道：

> 余敬師最誠，而師愛我慇切。不僅我之感覺如是，而曾沾其法乳深恩者莫不如是。戊戌四月。中華佛教圖書館開幕之初。心經結經之夕。師欣然語我。「予說此心經後，將分別再說楞嚴及法華。而傳譯工作。仍望撥冗為予擔任。」情詞惓惓，餘大感動。即不顧蝟務牽纏，毅然應曰。「師耄年碩德。猶化導不倦。弟子安敢不竭盡棉力。附驥吾師。幸母慮也。」師大笑，緊執餘手曰「本館徵兆祥瑞。必能大弘法事。今汝慨然承諾。後此予為佛說法。粵人當可了然矣。」[48]

　　於是，每逢周日開講之夕，聽眾擁擠，無插足之地，風雨無阻，寒暑不輟。倓虛教演天臺，行宗淨土，尤以日誦法華為常課。大需法雨，度人無算[49]。

　　有的聽者堅持數年，聆聽倓虛講法，並將他的話牢記心間。老人嘗言「吾人研究佛法，非如唱曲彈詞，只供視聽之娛。聽者解義與否不問也。而說法只在度化群萌，必須輾轉推求，令其徹悟心要，日漸薰陶，方能躅

---

[46] 據吳寬性在《追思倓虛大師》中披露：「圖書館成立的經過，因緣輻輳，煞費苦心。我亦幹旋其間，始覺老人深知灼見。」

[47] 葉若舟：〈感恩懷德話倓公〉。

[48] 王憯：〈憶吾師倓公上人〉。

[49] 誠祥：〈追憶前塵痛悼師尊〉。

除習氣，超生脫死。是故說法不嫌反復重贅。反之，複述愈多，抑亦愈助聽者解悟也。」又曰：「研習經教。以言解義悟理。猶非甚難。而悟理之後，複能使聽者輕易領略。不感煩厭。則更非易易也。」誠哉斯言。是以老人講經說法，出言爽朗，取意直率。不尚廣征繁引，以自炫閎博。不尚尋章摘句，以堅執名相。尤不喜閒談故事公案，以荒廢時光。而素所著重者，乃為啟發幽微，稱性闡論。每至經中要義，則縱橫辯妙。滔滔不窮。深邃難明之處，則百般設喻，深入淺出。如珠走玉盤。流暢無礙。務令聽者煩襟大開，身心日趨輕快。[50]與他有著相同感受的奚則文寫道：「周日講經，始得常親謦咳，飽飫法味，雖飲河之一勺，如茅塞之頓開，加以先後所閱文鈔回憶錄註釋講義等，使我如坐春風如沐時雨矣。」[51]

正因為如此，元果才不顧路程遙遠，事務煩雜，總是抽暇去聽經。他非常敬佩倓虛「雖屆八十高齡而講經聲浪洪亮，不減當年，從遠處聽來，猶如五十餘歲那麼壯闊、清晰，由這優美的聲色，把一聽眾的心都綰住在經文上，這就是他老一生法筵頻開，爭相競請說法的最有利條件」。[52]元果不禁發出這樣的感慨：真的，當一個講經的法師，聲調的柔和，優美，是籠絡聽眾的增上緣。

有的人是在中華佛教圖書館首次透過倓虛才真正曉得佛教的意義，黃河慧清楚地記得在楞嚴法會上，「我始聞佛法，第一次親聆倓老法師的音容笑貌，我才真正曉得佛教的意義，和為甚麼要學佛，學佛的目的何在。而含義深邃，耐人尋味使我百思不得其解的《大佛頂首楞嚴經》在倓老法師稱性而談，深入淺出的闡述下，我似乎懂得了一點。」[53]而有的人則是在中華佛教圖書館向倓虛皈依三寶，惠賜法號並即開示十善之路，皈依自性之義。[54]

周日開講，對於聽講佛經的人來說是「得未曾有」[55]的奇特體驗；對於講經者來說，是一種生命的付出和經驗。為了方便接引市區的人，同時也為了講經方便，免得經常來來去去，因此在臨終前的兩三年間，倓虛經

---

[50] 王黃雅儀：〈鶴樹潛輝悼師尊〉。

[51] 奚則文：〈佛門師表仰湛山〉。

[52] 元果：〈坐地參訪悼倓公〉。

[53] 黃河慧：〈倓公去矣　此後誰人為我說法華〉。

[54] 參見廖能量：〈我皈依倓公的因緣〉。

[55] 寶燈：〈回憶師尊念將來〉。

常住在中華佛教圖書館。[56]特別是經過數年之久剛講完一部《楞嚴經》之後，他又應四眾之請，在中華佛教圖書館講《金剛經》，每週一次。「夏曆五月初十，金剛經講到第十七分，便停講了。這時大師感到身體疲憊、氣弱、胃呆、飲食減少，而且痰多。」這離他去世只有1個多月。

五、結語

　　綜上所述，作為一位出生在天津的出家人倓虛為近代中國佛教特別是天臺宗在北方的傳播做出了歷史性貢獻。在「北學南移」的過程中，他不僅在香港創辦了華南學佛院、佛教印經處、中華佛教圖書館、諦公紀念堂、天臺精舍、弘法佛堂、青山極樂寺等，而且將天臺法脈傳至香港、臺灣等地。

　　本文依據的研究資料主要是倓虛法師口述、弟子大光記述之《影塵回憶錄》和倓虛法師的同參、道友、學生、弟子、私淑弟子及佛教信徒分別完成的《倓虛大師追思錄》。關於《影塵回憶錄》的成書過程，大光法師在序言中講述得非常明白，茲不贅述。然而大光在整理口述資料的過程中，所遇到的問題，即倓虛所經過、所創辦的事情，多是同一時期完成的，有些交叉，難以梳理清楚。「例如在奉天萬壽寺辦學時代，就開始修著營口楞嚴寺；修著哈爾濱極樂寺；修著長春般若寺；也修著瀋陽南關般若寺，同時還應各地去講經。事情的穿插，像亂絲般的團圞在一塊，講的時候，固屬要提前想後，說東顧西，可是在整理時，也是最感麻煩的事！如果按當時的事實經過，則茫無頭緒，按年代先後，則又恐顧此失彼，稍一思考抉擇不慎，便模糊過去了」[57]，這也給筆者撰寫此文造成一定的困擾。

　　然而，這部口述資料也為筆者認識和瞭解倓虛及其在北方弘揚佛教的歷史提供了重要的具有回憶錄性質的資料。雖然回憶錄形成距離事件發生的時間比較遠，加之口述者倓虛年事已高，難免有失憶、記憶錯誤、表述不清楚等問題，但倓虛法師既是一位虔誠的佛教徒，又是一位著名弘道人，所以恪守「不妄語」的戒律，加之大光的反復求證，在一定程度上保

---

[56] 參見大光：〈大師示寂前後〉。
[57] 大光：〈影塵回憶錄私記緣起〉，倓虛大師說、大光記述：《影塵回憶錄》，上冊，頁11。

證了《影塵回憶錄》所披露的史實之真實性、可靠性，為深入認識和瞭解他與佛結緣、在北方各地弘揚佛法的歷史奠定了史料基礎。儘管在口述的過程中，對某些具體內容有前後擺放位置與歷史發生順序不同的問題，語言也有過於口語化的傾向，但是這並不影響人們對歷史真實的探尋和具體細節之把握，而且還變成這部分資料的突出特色，值得尊重和珍惜。

　　為了再現倓虛北學南移的歷史，配合本次學術研討會，筆者在撰寫本文的時候還從《倓虛大師追思錄》中汲取了豐富的歷史資料。據部分作者在回憶錄中披露：因為「香港佛教月刊社，爰是發起徵文，印行紀念特刊，以為之褒揚」[58]，所以倓虛法師的同參、道友、學生、弟子、私淑弟子及佛教徒撰寫了58篇文稿，分別闡釋各自與倓虛結緣，及見證其在香港傳播佛教的部分歷史場景。透過這些親歷、親見、親聞的珍貴資料，倓虛不辭辛勞，創辦學佛院，建立中華佛教圖書館，講經弘法的大量歷史訊息撲面而來。毋庸諱言，這些回憶存在著一定的相似性。這是因為回憶者擁有共同或近似的經歷，所以才會形成相似或相近的記憶。正是基於這些個體的記憶，才組成集體記憶。其實，稍加留意便不難發現，這些回憶者在言說某一事件或過程時，也會有所不同，存在一些差異。筆者在詳細比對的情況下，盡可能尊重每一位言說者的主體經驗和價值。既要發掘倓虛在北學南移過程中的特殊作用，又不能忽略佛教徒對信仰、對倓虛的獨特認識和瞭解，以及言說者主體身份的變化和空間位置的移動。從回憶者身處香港、臺灣及美國等地的情況來看，更足以說明倓虛在北學南移，乃至中國佛教向海外傳播進程中扮演過重要的角色。

---

[58] 聖慈：〈引述禪教台宗思倓虛上人〉。

讀歷史60　PC0447

北學南移
——港台文史哲溯源（學人卷Ⅱ）

主　　編／鮑紹霖、黃兆強、區志堅
責任編輯／鄭伊庭
圖文排版／姚宜婷
封面設計／王嵩賀

發 行 人／宋政坤
法律顧問／毛國樑　律師
出版發行／秀威資訊科技股份有限公司
　　　　　114台北市內湖區瑞光路76巷65號1樓
　　　　　電話：+886-2-2796-3638　傳真：+886-2-2796-1377
　　　　　http://www.showwe.com.tw
劃撥帳號／19563868　戶名：秀威資訊科技股份有限公司
　　　　　讀者服務信箱：service@showwe.com.tw
展售門市／國家書店（松江門市）
　　　　　104台北市中山區松江路209號1樓
　　　　　電話：+886-2-2518-0207　傳真：+886-2-2518-0778
網路訂購／秀威網路書店：http://www.bodbooks.com.tw
　　　　　國家網路書店：http://www.govbooks.com.tw

2015年4月　BOD一版
定價：340元
版權所有　翻印必究
本書如有缺頁、破損或裝訂錯誤，請寄回更換

國家圖書館出版品預行編目

北學南移：港台文史哲溯源. 學人卷 / 鮑紹霖, 黃兆強, 區志
堅主編. -- 一版. -- 臺北市：秀威資訊科技, 2015. 04-
　　冊；　公分. -- (史地傳記類)
　　BOD版
　　ISBN 978-986-326-324-1 (第1冊：平裝). --
ISBN 978-986-326-325-8 (第2冊：平裝)

1. 知識分子　2. 學術思想　3. 香港特別行政區　4. 臺灣

673.84　　　　　　　　　　　　　　　　　104001305

讀 者 回 函 卡

感謝您購買本書，為提升服務品質，請填妥以下資料，將讀者回函卡直接寄回或傳真本公司，收到您的寶貴意見後，我們會收藏記錄及檢討，謝謝！如您需要了解本公司最新出版書目、購書優惠或企劃活動，歡迎您上網查詢或下載相關資料：http:// www.showwe.com.tw

您購買的書名：＿＿＿＿＿＿＿＿＿＿＿＿＿＿＿＿＿＿＿＿＿＿＿

出生日期：＿＿＿＿＿年＿＿＿＿＿月＿＿＿＿＿日

學歷：□高中 (含) 以下　　□大專　　□研究所 (含) 以上

職業：□製造業　□金融業　□資訊業　□軍警　□傳播業　□自由業
　　　□服務業　□公務員　□教職　　□學生　□家管　　□其它＿＿＿

購書地點：□網路書店　□實體書店　□書展　□郵購　□贈閱　□其他

您從何得知本書的消息？

　□網路書店　□實體書店　□網路搜尋　□電子報　□書訊　□雜誌

　□傳播媒體　□親友推薦　□網站推薦　□部落格　□其他＿＿＿＿＿

您對本書的評價：(請填代號　1.非常滿意　2.滿意　3.尚可　4.再改進)

　封面設計＿＿＿　版面編排＿＿＿　內容＿＿＿　文／譯筆＿＿＿　價格＿＿＿

讀完書後您覺得：

　□很有收穫　□有收穫　□收穫不多　□沒收穫

對我們的建議：＿＿＿＿＿＿＿＿＿＿＿＿＿＿＿＿＿＿＿＿＿＿＿

＿＿＿＿＿＿＿＿＿＿＿＿＿＿＿＿＿＿＿＿＿＿＿＿＿＿＿＿＿＿

＿＿＿＿＿＿＿＿＿＿＿＿＿＿＿＿＿＿＿＿＿＿＿＿＿＿＿＿＿＿

＿＿＿＿＿＿＿＿＿＿＿＿＿＿＿＿＿＿＿＿＿＿＿＿＿＿＿＿＿＿

11466
台北市內湖區瑞光路 76 巷 65 號 1 樓

秀威資訊科技股份有限公司　　　收

BOD 數位出版事業部

....

（請沿線對折寄回，謝謝！）

姓　　名：＿＿＿＿＿＿＿＿＿　年齡：＿＿＿＿＿　性別：□女　□男

郵遞區號：□□□□□

地　　址：＿＿＿＿＿＿＿＿＿＿＿＿＿＿＿＿＿＿＿＿＿＿＿

聯絡電話：(日)＿＿＿＿＿＿＿＿＿＿　(夜)＿＿＿＿＿＿＿＿＿＿

E-mail：＿＿＿＿＿＿＿＿＿＿＿＿＿＿＿＿＿＿＿＿＿